地域研究ライブラリ 6

アフリカ・サバンナの〈現在史〉

人類学がみたケニア牧畜民の統治と抵抗の系譜

楠 和樹

昭和堂

目次

略語一覧

略語	日本語名称
ALMO	アフリカ家畜流通機構（African Livestock Marketing Organization）
ASALs	乾燥・半乾燥地（Arid and Semi-Arid Lands）
CS	政務局長（Chief Secretary）
DC	県長官（District Commissioner）
DVS	家畜医療局長（Director of Veterinary Services）
FAO	国連食糧農業機関（Food and Agriculture Organization）
IBRD	国際復興開発銀行 （International Bank for Reconstruction and Development）
IMF	国際通貨基金（International Monetary Fund）
IPAL	ケニア乾燥地総合的プロジェクト （Integrated Project on Arid Lands in Kenya）
KADU	ケニア・アフリカ人民主同盟（Kenya African Democratic Union）
KAG	カベテ弱毒化山羊ワクチン（Kabete attenuated goat vaccine）
KANU	ケニア・アフリカ人全国同盟（Kenya African National Union）
KMC	ケニア食肉委員会（Kenya Meat Commission）
KPU	ケニア人民同盟（Kenya People's Union）
LMD	家畜流通局（Livestock Marketing Division）
MAAHNR	農務・畜産・自然資源担当評議員 （Member for Agriculture, Animal Husbandry and Natural Resources）
NFD	北部辺境県（Northern Frontier District）
NFP	北部辺境州（Northern Frontier Province）
NP	北部州（Northern Province）
NPPPP	北部州人民進歩党（Northern Province Peoples Progressive Party）
OAU	アフリカ統一機構（Organization of African Unity）
OIC	司令長官（Officer-in-Charge）
PC	州長官（Provincial Commissioner）
SIDA	スウェーデン国際開発協力庁 （Swedish International Development Cooperation Agency）
UNEP	国連環境計画（Nations Environment Programme）
UNESCO	国連教育科学文化機関 （United Nations Educational, Scientific, and Cultural Organization）
UNSF	国連特別基金（United Nations Special Fund）
USAID	アメリカ合衆国国際開発庁 （United States Agency for International Development）

序章　サバンナの民の統治と抵抗

1　はじめに――イシオロの広場にて

二〇一二年一一月のある日、筆者が滞在していたイシオロ（Isiolo）市は朝から落ち着かない雰囲気だった。当時、ケニア共和国ではケニヤッタ（Uhuru Kenyatta）率いるジュビリー連合（Jubilee Alliance）とオディンガ（Raila Odinga）を盟主とするCORD（Coalition for Reforms and Democracy：改革と民主のための連合）が大統領選挙を戦っていた。そしてこの日は、地理的にはケニアのちょうど中心に位置しているものの、政治的、経済的な点ではそうともいえないこの街に、両者の有力政治家が選挙演説に訪れることになっていたのだ。最初に登場したのは、オディンガだった。普段は子どもたちがサッカーをしている広場に、多くの支持者とともに姿を現した。聴衆は、彼の所属政党のシンボル・カラーであるオレンジ色のキャップや手旗、シャツを身に着けて、熱狂的に出迎えた。その数時間後には、ジュビリー連合の副大統領候補に指名されていたルト（William Ruto）が同じ場所にやってきた。彼の所属政党のカラーである黄色のシャツに身を包んだルトは、やはり黄色のシャツやグッズに彩られた聴衆を前に演説をおこない、支持を訴えた（写真0‐1）。両者が滞在した時間はそれぞれ短かったものの、その熱狂の余韻は、手旗やキャップなどのグッズとともにその後もしばらくのあいだこの街に残っていた。

所属政党も主張も異なる両者だったが、この地域がどのような課題を抱えており、今後どのような方向にすすんでいくべきなのかが話の中心であったという点では共通していた。イシオロは、その北に広がる広大な乾燥地域の玄関口に当たる街である。ハイランドと呼ばれる南西部の高地地方とは対照的に、資源も産業も限られたこの地域に次の政権が何をもたらしてくれるのかは、住民の大きな関心事でもあった。オディンガは、イシオロから北につづく道路

写真 0-1　ウィリアム・ルトの選挙演説（筆者撮影）

写真 0-2　建設中のイシオロの屠畜場（筆者撮影）

が最近舗装されたことをみずからの業績として強調し、それによって人とモノの流通が活性化されるだろうと語った。それに対してルトは、この道路事業はオディンガの個人的なイニシアティブとは何の関係もないと批判したうえで、治安を改善し、低所得者を対象とした低金利のローンや起業の促進などのプロジェクトを実施すると約束した。そして、第三世界のさまざまな地域で社会的、経済的な問題への解決策として提示されている、それらの標準化された「開発のパッケージ」以外にも、ルトは畜産部門の発展という問題を強調していた。畜産は、降雨量が少なく農業に適していない土地が多いこの地域で、唯一ポテンシャルの高い産業である。実際、予定の行程よりも遅れてはいたものの、街の外れではこのときすでに屠畜場や肥育場などの施設の建設がすすんでいた（写真0-2）。人びとは、そう遠くない将来に北ケニアの各地からこの街に多くの家畜が連れてこられるだろうと語っていた。それらの家畜は、肥育場で状態を整えたあとに屠畜場で屠畜、加工されるだろう。同様に建設が遅れている飛行場もそのうち完成し、加工された肉を国内外の消費地へと運んで、この地に富をもたらしてくれるだろう（写真0-3）。過去と比べて生業が多様化しているとはいえ、この地域における開発は依然として、牧畜をおもな生業としてきたこの地域の人びとと家畜との関係にお

写真 0-3　建設中のイシオロ飛行場（筆者撮影）

写真０-４　放棄された山羊・羊用の薬浴施設（筆者撮影）

いて約束され、切望されていた。

選挙演説や、それをきっかけとして語られた現状の認識と将来のビジョンは、筆者にとって興味深いものだった。まず、これらの語りが国家の過少さを問題としており、「近代国家がその周縁部においてようやく公共サービスを提供し始めた」というストーリーを含意している点が気になった。たしかに、ケニアの国家開発戦略を読むと、北部地域の重要性が近年高まっていることが分かる。しかし、現実はこのストーリーよりもやや複雑であった。というのも、似たような問題認識が表明されたのはこれが初めてではなく、国家による発展の約束はイギリスによる植民地期から現在まで、かたちを変えて繰り返し表明されてきたからである。とくに畜産の分野については、イシオロの街は植民地初期から開発の拠点として位置づけられてきた。現に、建設中の屠畜場からさほど遠くないところには、薬浴槽や皮革加工施設、機械作業場など、その時期に導入され、やがて放棄されたさまざまな設備や建造物が残されていた（写真０-４）。それらのなかにはごく最近まで使用されており、多少手入れをすれば利用可能に見えるものも含まれていた（写真０-５）。しかし、新しく表明された開発の青

写真 0-5　放棄された家畜管理局の作業所（筆者撮影）

写真のなかで、放棄されたそれらの「痕跡」は過去の取り組みの記憶とともに、慎重に覆い隠されているように思われた。

国家の過少さをめぐる言説と現実のあいだの微妙なずれは、後述するようにイシオロよりも乾燥しており、牧畜をおもな生業とする地域で調査をしていたときにも、何度か感じられた。たしかに、中央から遠く離れたこの地域では、行政や警察の機構が十分に整っているとはいいがたく、日常的な生活のなかで国家を体現する存在が目に入ることはなかった。筆者が調査していた家畜の市場では、徴税人を除いて国家を意識させるものは何もなかった。ちょっとした事件が起こっても、警察や軍が介入してくることはなく、大きなアカシアの木の下に長老たちが集まって善後策を講じていた。もっとも、だからといってこの地域で国家が不在だったわけでもなかった。この地域では、とくに乾季になると放牧地と水場をめぐって衝突が起きることから、警察と軍は牧野の様子に目を光らせていたし、殺人など深刻な事件が発生したときには、当事者集団どうしで解決を図るのではなく行政と警察が介入していたからだ。こうして見ると、植民地期から現在にいたるまでこの地域における国家の過少さは絶対的な意味でそうだったというよりは、調整と介入の産物と見ることができるのかもしれない。しかし、それにもかかわらず国家がつねにすでに不足し、遅れているという現状の認識が繰り返し語られることによって、さらなる調整と介入の条件が用意されてきたのだろう。この地域がどのような意味で近代国家にとって周縁的であったのかは、見た目ほど単純な問題ではなさそうである。

また、開発のユートピアが牧畜民とその家畜の関係において語られていたという点でも、それは興味深かった。というのも、植民地期に時代をさかのぼるならば、この関係はそれとはまったく異なるイメージを喚起していたと考えられるからである。たとえば、一九二六年にある法案が当時の議会に当たる立法評議会（Legislative Council）で審議されていたとき、原住民問題担当局長のマクスウェル（Gerald Maxwell）は次のように発言していた。

> 私たちは誰でも、アフリカ原住民の家畜に対する自然的な態度について知っています。彼らは、経済的な観点からこの問題を捉えているのではありません。というのも彼らは、長年のあいだ、文明化の影響を受ける前から家畜を所有してきたからです。彼らは、所有しているというプライドの観点からのみ、家畜のことを考えています。彼らの考えでは、多数の家畜を所持しているということは、偉大で強力な男であることの徴なのです。不幸なことに、彼らは量の観点からのみ家畜について考えており、質の観点から考えることを学んできませんでした。[1]

このような語りは、同じ時期にしばしば目にすることができる。マクスウェルによると、「自然的」な関係にあるアフリカ人とその家畜は隣接する集団間で戦争に明け暮れ、環境に過度な負荷をかけていた。彼らの家畜への態度は、植民地政府が体現していた文明的な作法とは対置されるものであった。人びとと家畜の関係においてイメージされていたのは、ある種のディストピアだったのだ。そして、このイメージはこの一世紀弱のあいだに大きく転換したことになる。

これらの点を念頭に置くと、いくつかの疑問が浮かんでくる。この地域における国家の過少は、どのような問題として捉えられていたのだろうか。その認識は、歴史的にどのように変化してきたのだろうか。その過程で、牧畜民とその家畜の関係をめぐるイメージはいつどのようにして転換したのだろうか。さらに、イシオロで見られたような国家と開発のユートピアや現実とのあいだのずれは、過去とどのようにむすびつくのだろうか。国家や開発をめぐる現在と、過去の取り組みやその痕跡をむすびつけるうえで、本書では「現在史（history of the present）」という概念を糸口とする。この概念は、哲学者のフーコー（Michel Foucault）が歴史に対するみずからの立場を表明する際に用いたものである（Foucault 1977: 31）。現在史とは、刑罰としての監獄制度や死刑制度など、現在では自明とされているものの問題を孕んでいる現象や実践を取り上げ、それがどのような諸力によって生み出されたのかを跡づける方法である。したがって、現在史では過去について歴史的に考察すること自体ではなく、歴史的な資料を用いながら現在を再考することに関心が向けられる（Garland 2014）。本書ではこの視座を参照軸としながら、植民地期から現在にいたるまでに近代国家がこの地域の牧畜民とその家畜をどのように理解し、そこにどのような問題を見出し、それを解決するためにどのような介入を試みてきたのかを跡づけていく。

以下の三つの節では、この考察をすすめるに当たって関連する先行研究の議論を整理する。第二節では、ケニア北部を含む東アフリカの牧畜民に関する研究を取り上げる。一見して国家の支配からは無縁に見える牧畜民について、近年の研究では国家の存在をも分析の対象としていることを指摘する。次の第三節では、この地域の研究に限らず、社会・文化人類学の分野で国家がどのように論じられてきたのかを見ていく。ここではとくに、統治性と呼ばれる観点の意義を強調する。さらに、第四節では人間と動物の関係についてどのような議論が展開されてきたのかを確認する。

2　東アフリカの牧畜民

本書の舞台となるケニア北部は、地理的にはアフリカ東部の乾燥・半乾燥地（Arid and Semi-Arid Lands：ＡＳＡＬｓ）に位置している。この地域は、地殻変動によってできた大地溝帯の東側に広がっており、高い気温、不確実で予測不可能な降雨、そして貧弱な土壌によって特徴づけられる（写真０‐６）。このように農業に適しておらず、あるいは農業の生産性が低い地域で、人びとは牛、ラクダ、山羊、羊などの家畜を組み合わせて飼養してきた。彼らは、人間が直接利用できない植物資源を、家畜を介して乳、肉、皮革、血など利用可能なかたちに変換することによって、この地域での生活を成り立たせてきたのである（孫 二〇一二）。

東アフリカの牧畜民を対象とした初期の研究は、生態学と社会人類学の分野に大別することができる。そのうち前者は、人間の行動と自然環境のあいだのインタラクションに焦点を当てた。たとえばダイソン＝ハドソン（Dyson-Hudson 1966）は、ウガンダ北東部に暮らすカリモジョン（Karimojong）で調査をおこない、乾燥地の生態系と遊牧活動のあいだの生態学的な関係について考察した。また、トリー（Torry 1976）は、ガブラ（Gabra）による家畜管理の形態が、婚姻後の居住に関する規則や姻族関係に与える影響を検討した。つまり、これらの研究は牧畜民の生業活動や社会制度を、降雨が不安定で乾燥した自然環境に対する適応として解釈したといえるだろう。

それに対して、これらの研究に時期的に先行していた社会人類学的な研究は、地域の気候、季節、植生などの記述に一章を割くことが一般的であったものの、その主眼は構造機能主義的な枠組みによる社会編成の分析にあった。具体的には、スーダン南部のヌエル（Nuer）を対象としたエヴァンズ＝プリチャードの古典的な著作（エヴァンズ＝プ

写真0-6　ケニア北部の乾燥した環境（筆者撮影）

リチャード 一九九七）を端緒として、分節リネージ体系、年齢体系、そして長老制などの政治構造や、社会を組織する諸原理に関する民族誌が生み出された。さらに、エヴァンズ＝プリチャードが「有用性とは関係なく、牛はそれ自体が文化的な究極目的となっており、ただ牛を所有するということ、あるいはまた、牛の側にいるということだけで、人の心は満たされる」（エヴァンズ＝プリチャード 一九九七：八四）と表現したような、牧畜社会を特徴づける人間と家畜のあいだの共生的（symbiotic）な関係が注目され、生殖と婚資交換を経て家族と家畜群がともに発展するメカニズムと、その政治構造との関係が分析された。また、スペンサー（Spencer 1997）はこれらの研究の成果を渉猟しながら、牧畜社会の「伝統」を静態的なシステムではなく、変化のなかで不断に再構成されつづけるプロセスとして論じた。

以上のように、牧畜民に関する初期の研究は、「国家なき社会」が自然的、社会的な秩序をいかにして維持するのかという問題を中心としていた。しかし、これらの研究は均質的で境界づけられた「統合体」としての社会という本質主義的な想定に依拠しており、近代における変化の引き金のひとつである国家の支配についてはほとんど触れることがなかった。このような言説状況は、一九七〇年代から以下に述べる三つの文脈を背景としながら変化し始めた。まず、第四章で後述するように、この時期から放牧計画（Hodgson 2001）、灌漑計画（Little 1992）、定住化政策（Fratkin 1991）、そして食糧不足に対する緊急援助（Hogg 1987）が実施された。それらの取り組みを通じて、東アフリカの諸地域で国家と国際援助機関のプレゼンスが高まったことを、第一の文脈として挙げることができる。第二に、一九七〇年頃から牧畜民の歴史研究が本格化した。アフリカ史は一般的に史料的な制約の大きさによって特徴づけられる分野だが、牧畜民は国家の中心から遠く離れた乾燥地域で遊動的な生活を送っていることから、彼らを対象とした研究では文献資料のみならず口述資料が積極的に活用された。植民地化以前については、シュレーら（Schlee 1989; Turton 1975）が、民族集団の成立と移動、そして民族間関係の展開のプロセスを再構成した。また、一九世紀末から始まった植民地支配に対して、牧畜民がときに軍事的な手段に訴えてでも抵抗したことや（Barber 1968; Cassanelli 1982; Simpson 1999）、逆に、周辺の諸民族との関係で優位に立つために政府と協力関係を築いた集団もあったこと（Waller 1976）が明らかにされた。植民地化は、それまでこの地域に存在しなかった牛疫などの家畜感染症をもたらしただけでなく、在来の対処実践に制限を加えることによって、生業としての牧畜に打撃を与えた（Anderson 1986; Ford 1971; Kjekshus 1996）。さらに、定住的な農耕民を主要なターゲットとする植民地期の原住民政策と、牧畜の生産性を高めることを目的とした各種の開発計画は、それらの社会の変化を促進した（Hodgson 2000）。これらの一群の研究は、世界各地の狩猟採集民社会の研究者が修正主義の立場から、境界づけられ外部から切り離されてきたとされる社会を政治経済的な文脈のなかに位置づけることによって、本質主義を批判したのと同様に（池谷 二〇〇二）、牧畜民に関する種々のステレオタイプや「神話」――経済が自給自足的であり、市場経済に対して閉鎖的で、畜群の増殖に不合理なまでに執心し、環境上の制約条件に対して無頓着な人びと――を解体していった。一八世紀から一九世紀末にかけて、牧畜民は広域的で複雑な交換システムの中心にいたのであり、その勢力図が書き換えられるプロセスで、植民地国家は無視することができない役割を果たしたのである

（Waller 2012）。

最後に、前二者に後続する第三の文脈として、初期の民族誌の人類学史的な検討がすすみ、人類学という学知の政治性が植民地主義との関連で分析されたことが指摘される。牧畜民の研究に限らず、現在は古典として位置づけられている民族誌を生み出したフィールドワークの多くは、植民地支配されていた国で実施されたものである。また、人類学の学知と職業的なアイデンティティ、そして大学における制度は、植民地主義に特有の状況のもとで形成された。さらに、その学知は植民地統治の手段として直接的に利用されることはなくとも、同時代の社会的・政治的文脈において意味づけられていた（Kuklick 1991; Tilley and Gordon 2007）。東アフリカ乾燥地域の場合、たとえば前述のエヴァンズ＝プリチャードはイギリス＝エジプト共同統治領スーダン政府の要望に応じて調査をおこなったのであり、そのプロセスと視座は政府との関係によって規定されていた（Johnson 1982）。エヴァンズ＝プリチャードはケニアの牧畜民の調査も予定していたものの、治安状況を不安視する植民地政府の反対によって実現にはいたらず、専門的な教育を受けた人類学者による調査はガリバー（Philip Gulliver）やバクスター（Paul Baxter）、スペンサーらの登場を待たなければならなかった。ガリバーはノッティンガム大学で社会学の教育を受けたのちに、ロンドン大学のＬＳＥ（London School of Economics and Political Science）でリチャーズ（Audrey Richards）から社会人類学の手ほどきを受け、一九四八年から植民地社会科学研究会議のフェローとしてケニアのトゥルカナ（Turkana）を調査した。オクスフォード大学でエヴァンズ＝プリチャードなどから社会人類学を学んだバクスターも植民地社会科学研究会議のフェローシップを獲得したものの、調査を希望したエチオピアのオロモ（Oromo）とイギリス領ソマリランドのソマリ（Somali）では政治的な理由から許可を得ることができなかった。最終的にはケニアのボラナ（Boran）で調査が可能となり、一九五二年から長期的なフィールドワークをおこなった。[2] このように、人類学という学問分野にとって国家は外部ではなく、むしろ「助産師」（Bierschenk and Olivier de Sardan 2015b: 46）に等しい存在であったことが明らかにされている。

以上を概括すると、当初は「国家なき社会」の秩序維持をおもなテーマとしていた牧畜民研究は、一九七〇年代から植民地期、ポスト植民地期の国家による支配を視野に含めるようになったといえるだろう。しかし、これらの研究は国家を一枚岩的で全能の存在として表象するという点で限界があり、その内部に生じた差異や転換、緊張状態を適切に捉えることができないという問題があった（Gupta 1995; Stoler and Cooper 1997）。そこで、次の節では牧畜民研究から離れて広く社会・文化人類学の学説史を振り返りながら、この分野で国家についてどのような議論が展開されてきたのかを整理し、牧畜民と国家に対する従来とは異なるアプローチの可能性を探っていく。

3　国家の人類学

よく知られているように、社会・文化人類学は「未開社会」を標準的な対象として始まった。しかし、後述するようにこの分野でも一九九〇年代から国家に関する議論が積み重ねられている。以下では、「国家の人類学」がどのような議論をもたらしたのかを具体的な民族誌的成果に言及しながら紹介したあとで、統治性という枠組みから国家について論じることの意義を指摘する。次いで、この枠組みが本書の問いにとっても重要だと主張する。[3]

(1)　人類学、文化、国家

学説史を繙けば、黎明期の人類学者にとって国家が明示的な考察の対象ではなかったことは明らかである。[4] イギリスとアメリカにおいて人類学の創始者として位置づけられているタイラー（Edward Burnett Tylor）とモーガン（Lewis

Henry Morgan）にとって、この学問の中心的な課題は社会進化の原理を解明することにあった（Stocking Jr. 1995）。一九世紀末から二〇世紀初頭にかけて、イギリスのリヴァース（William Halse Rivers）や、アメリカのボアズ（Franz Boas）とウィスラー（Clark Wissler）など、こうした進化主義的な議論から距離を置く研究者が現れた。しかし、彼らの関心は社会のあいだの文化的特性の伝播という視点から社会の変化を説明することにあり、その視界に近代国家が入ることはなかった。その後、研究者自身がデータを収集するフィールドワークが人類学の手法として重視されると、その経験主義によって進化主義や伝播主義の理論的な基盤が崩されていった（クーパー 二〇〇〇：二二）。この時期に人類学者として初めて長期間のフィールドワークを実施したのがマリノフスキー（Bronisław Malinowski）であり、トロブリアンド諸島を舞台として、外部に対して閉鎖的と想定される「未開社会」を共時的・機能主義的に分析した。彼の影響を受けた研究者たちはアジアやアフリカの諸社会を対象に生業様式や親族関係、政治構造に関する民族誌的な成果を生み出した。しかし、その理論的視座は、社会の歴史的な変化を軽視し、変化をもたらした植民地国家の存在を消去するという分析上の姿勢と表裏をなしていた（Firth 1936; Leach 1954）。

もっとも、いつまでも国家が分析の後景に退いていたわけではなかった。アメリカでは早くも一九二〇年代末から、チャップル（Eliot Chapple）など一部の応用志向的な人類学者が「未開社会」から遠く離れた先進国の諸機関を民族誌的調査の対象としていた（Bierschenk and Olivier de Sardan 2015b: 38）。他方でイギリスでは、マリノフスキーが一九二〇年代後半から植民地支配にともなう文化の変容の問題に関与し始めていた。彼の指導を受けた人類学者たちは、政治制度と土地所有の変化や、キリスト教の浸透など、植民地化がアフリカ諸社会にもたらした影響について文化接触の観点から検討した。また、南アフリカ出身のグラックマン（Gluckman 1940）は、文化接触の議論の枠組みが植民地における権力関係の非対称性を相対化する点を批判しながら、植民地化がもたらした危機的状況を、動態的に変化する諸構造を分析する契機として捉えた。グラックマンが一九四一年から所長を務めていた北ローデシア（現ザンビア）のローズ・リヴィングストン研究所（Rhodes-Livingstone Institute）には、コルソン（Elizabeth Colson）、エプスタイン（Arnold Epstein）、そしてミッチェル（Clyde Mitchell）など、数多くの若手研究者が植民地社会科学研究会議（Colonial Social Science Research Council）のフェローとして派遣された。彼らはグラックマンの指導のもとで、小規模な村落社会という典型的なフィールドとは異なる都市や銅鉱山で調査をおこない、社会変容の現状を報告した。[5] とはいえ、ローズ・リヴィングストン研究所の人類学者たちは現地のヨーロッパ人を人類学的に理解することにはほとんど関心を示さなかったとされる（Ferguson 1999: 31-32）。

近代国家の支配に地域社会がどのように対応しているのかという関心は、ポスト植民地期の人類学者にも引き継がれた（Ong 1987; Tsing 1993）。その代表的な論者であるコマロフとコマロフ（Comaroff and Comaroff 1992）は、南アフリカにおいて植民地支配、資本主義経済、そしてキリスト教が浸透していった歴史的な過程と、ボツワナとの国境地域に暮らすツィディ（Tshidi）の社会変容を分析した。南アフリカが一九世紀末に植民地化されたことで、農村に根づいたこの社会の基盤は損なわれ、人びとは小農か移民労働者としての生活を余儀なくされた。しかし、それによって地域の社会経済的なシステムが破壊されたわけではなかった。というのも、ツィディの人びとはシオニスト教会における宗教儀礼を通じて支配者側の文化を読み替え、それに対して抵抗を展開したからである。また、同様の視点からカメルーン東部のマカ（Maka）を事例に呪術実践を論じたのが、ゲシーレ（Geschiere 1997）である。彼によると、マカ社会でドゥジャンベ（*dujambe*）と呼ばれる呪術は、一般的に想定されるように近代化とともに消失したのではなかった。それは、資本主義経済下で経済格差が拡大し、国家機関によって対処されるべき問題として扱われていくなかでむしろ助長され、活性化していったという。したがって、宗教儀礼と同じく呪術もまた、国家システムの導入と資本主義の浸透に対する地域社会の対応として位置づけることができるのである（近藤 二〇〇七：六八―七六）。

さらに、人類学者は内戦や疫病の流行によって社会が混乱し、国家による統治が機能不全に陥っている状況も対象として、この問題を扱ってきた。ローデシア共和国のゲリラ闘争を描いたラン（Lan 1985）は、その好例である。彼によると、ローデシアの白人支配体制に反対したジンバブエ・アフリカ民族同盟・愛国戦線（ZANU-PF）のゲリラ闘争では、霊媒が重要な役割を果たしていた。つまり、先祖霊と交信可能なムホンドロス（*mhondoros*）と呼ばれる霊媒によって、この闘争活動に正当性が付与されていたのである。ハッチンソン（Hutchinson 1996）は、ヌエルの人びとが南スーダンの植民地化から内戦にいたる時期の困難を、人と牛を等式でつなぐ単一性のイデオロギーのもとで意味づけ、経験してきたことを明らかにした。

以上のように、地域社会の対応や抵抗が照準を合わせる対象として国家を位置づける議論は、しかしながら、国家／社会という西洋中心主義的な二項対立や、一枚岩で単一の実体としての国家を前提しているとして、批判を浴びてきた。つまり、国家による支配の拡がりを、「国家の諸機関が特定の文化的、道徳的な価値観を、それを共有しない地域の諸社会に対して強制的な手段を用いて押しつける」という図式において捉える点が問題視され、そうした図式のなかで国家／社会や権力／抵抗といった二項対立が再生産されるプロセスが注目されたのだ（Gupta 1995; Li 2005; Mitchell 1991; Nugent 1994）。このような問題認識を踏まえて、一九九〇年代から日常的な実践としての国家――「国家をおこなう（doing the state）」（Bierschenk and Olivier de Sardan 2015a: 14）実践――に関する一群の経験主義的な研究が登場した。たとえば、インド北部の地方都市でコラプション（汚職）について調査をおこなったグプタ（Gupta 1995）は、ヨーロッパにおける特定の歴史的な経験から生まれた「国家／市民社会」という文化的な配置に普遍性を付与するのは、「カテゴリーの帝国主義」ではないかと疑問を投げかけた。そこで、彼が大文字の国家について論じる代わりに注目したのが、地域住民の日常生活において国家を体現する存在である下級役人と、新聞などのメディアである。グプタは、コラプションをめぐる下級役人の日常的な実践や住民とのやりとり、そしてメディアにおける表象を通じて、国家が特定の場を越えた《トランスローカル》実体として認識されるようになることを示した。このように、コラプションは第三世界の国家において行政が機能不全に陥っていることの表れではなく、「国家」を言説的に構成するメカニズムとして捉えることができる（Olivier de Sardan 1999）。コラプションのトピック以外にも、同様の観点から日常的な実践としての国家を論じた研究としては、ベネズエラの国家が呪術的な諸力によって支えられていることを明らかにしたコロニル（Coronil 1997）や、空間的な領域を拡張し、その構成員としての市民の育成をめざす近代国家の単なるエージェントというよりは、国家と地域社会の狭間に立たされた存在としてペルーの周縁地域における学校を分析した、ウィルソン（Wilson 2001）などを挙げることができるだろう。

「国家をおこなう」実践という視点は、特定の国に関する研究のみならず、独立後の第三世界で国家と並ぶプレゼンスを占めている国際援助機関に関する研究でも重要である。というのも、援助機関によって決定された政策は、結局のところ特定の国家において、その制度とアクターから直接的・間接的な支援を受けながら実施されるからである（Bierschenk and Olivier de Sardan 2015b: 49）。開発という言説と装置は、さまざまな歴史的・政治的な背景をもつ第三世界の諸問題を、技術的に解決可能な問題へと変換する。それと同時に、開発に関する専門的な知識と技能を有する専門家が登場し、権威を確保する（Escobar 1994; Mosse 2004）。さらに、開発プロジェクトの立案と実施を通じて、その国の国家は異なる様式へと再編されることになる。その代表的な例としては、レソト王国の開発を分析したファーガソン（Ferguson 1990）の研究が挙げられる。レソトの山岳部に位置するターバ・ツェーカ（Thaba-Tseka）では、世界銀行やカナダ国際開発庁などの主導によって一九七五年から開発プロジェクトが実施された。このプロジェクトの主眼は、農業生産と家畜飼養という生業の近代化によって貧困削減を実現することであり、そのために首都のマセル（Maseru）までつづく全天候型の道路が建設され、プロジェクトの拠点であるターバ・ツェーカでは電気や水道などのインフラが整備された。また、制度面では地方分権化によって政策形成の権限を県レベルに移管するとともに、異なる部局間で分断された行政機能を統合することが構想され、県調整官（District Coordinator）の役職が新設された。しかし、実際にはこのプロジェクトは掲げた目標をほとんど達成することができなかった。生業の転換は地域社会の人びとから受け入れられず、県調整官の任命は地方分権化にも行政の統合にもつながらなかった。もっとも、表面的には失敗に終わったこの取り組みは、思わぬ副作用をもたらした。というのも、道路の建設やインフラ整備は、周縁に位置するこの地域と中央政府のあいだの結びつきを強化することになり、県調整官のポストは、県の行政機構を中央からコントロールするチャンネルとして機能し始めたからである。このように、レソトにおける開発は貧困削減という点では失敗にほかならなかったとはいえ、官僚主義的な国家権力を強化し、その周縁部へと拡大するための装置であった。ファーガソンのこの研究は、プロジェクトの実施に当たって国家機構の内部や地域社会との関係がどのように変化し、どのような実践が可能になったのかを検討することの意義を示唆しているように思われる。

ここまで言及してきた研究は、西洋で形成されてきた近代国家をモデルとして構築された理論に準拠する代わりに、国家が日常的な生活のなかでどのように作動しており、人びとによってどのように認識、表象されているのかに着目する態度において共通している。このように国家を文化的構成物として捉える試みは、文化主義的アプローチと呼ばれる（Das and Poole 2004; Sharma 2008; Sharma and Gupta 2006）。もっとも、ここでいう「文化」が対象社会の機能的・構造的な全体であるという従来の意味を含意しているわけではない、という点には留意しなければならない。とくにアメリカの人類学で中心的な地位を占めてきたこの概念は、一九八〇年頃からその構築主義的な側面や政治性が批判を浴びてきた（クリフォード・マーカス 一九九六、Fabian 1983; Fox and King 2002）。このような批判を受けて、対立や葛藤を孕んだ、特定の場所や空間に固定されない概念としての文化が結実した。文化はもはや「伝統」を構成する無時間的な実体ではなく、変化しつづける政治経済的な文脈によってかたちづくられるとともに、逆にそれをかたちづくるような領域として再構成されている（Gupta and Ferguson 1992）。国家に関する研究でも文化主義的な枠組みに依拠しながら、ローカルな実践や表象を、特定の場を越えた水準におけるプロセスとの接合において理解することが試みられてきた（Chalfin 2010; Ferguson and Gupta 2002）。

しかし、東西冷戦体制が崩壊し、第三世界では国際援助機関やＮＧＯが統治主体としての存在感を強めているなど、国家をめぐる状況は近年大きく変化している。そうしたなかで、分析概念としての文化の有用性について改めて問う必要があるという認識が広まりつつある。「国家の人類学」の読本を編集したシャーマとグプタ（Sharma and Gupta 2006）は、「グローバル化とともに国家の主権が衰退し、弱体する」という還元主義を批判したうえで、国家を文化主義とトランスナショナリズムのアプローチを組み合わせることによって分析することを提唱している。彼らによると、グローバル化と新自由主義の時代における国家は、ナショナルな位相における文化的な構成の動態と、トランスナショナルな位相における言説および制度の双方を分析することによって、初めて適切に理解できる（Ferguson and Gupta 2002; Sharma 2008）。しかし、このような議論は「トランスナショナルな統治性の文化」の存在をあらかじめ措定することによって、別の還元主義を招来する可能性があることが指摘されている（Elyachar 2005: 91-95; Roitman 2005: 6-7）。具体的には、インフォーマルな経済活動や国境を越えた「違法」なモビリティなど、国家によって周縁的と見なされる実践の論理の複雑さが捨象されることが懸念されるのである（Hansen 2010; Meagher 2010; Roitman 2005）。

(2) 統治性

上に述べたような議論の状況を踏まえたうえで、本書では統治性（governmentality）の観点に依拠した国家に関する人類学の研究に着目する。ここでいう統治の概念を説明するうえで有効なのは、それとは対極に位置づけられる支配（domination）の概念と対比することだろう。支配は、他者の行為する能力をないがしろにしたり、打ち砕こうとしたりすることを意味する。したがって、典型的な支配の場面においては、別様に振る舞うことができる主体が想定されることはない。それに対して、統治とはもっとも端的には「振る舞いの導き（conduct of conduct）」と定義される概念であり、より具体的には「他者――それが船の操舵手であれ、家族の一員であれ、上司のもとで働く部下であれ、家庭で養育される子どもであれ、特定の領土に暮らす住民であれ――の振る舞いを形成し、導き、方向づけるすべての営み」を意味として含む。それらの多様な人びとを統治するときには、いずれにしても彼らの行為する能力を打ち砕くのではなく、その能力を認めたうえで、みずからの目的のためにそれを活用し、調整することになる。したがって、統治という営みにおいては統治される者の自由が、別様に行為することの可能性が前提とされる（Rose 1999: 3-4）。

フーコーによると、一五世紀までにすでにさまざまな意味を含んでいた統治の概念は、一六世紀に入ると政治や国家に関する意味をもつようになったという（フーコー 二〇〇七b：一一〇、一四八―五二）。フーコーは、一九七〇年代後半にコレージュ・ド・フランスでおこなった講義で、この時期に構成された「国家と呼ばれる何かに関する統治のやり方の規則づけを可能にするようなある種のタイプの合理性」（フーコー 二〇〇八：六）、すなわち国家理性の分析を展開した（米谷 一九九六）。フーコーによると、国家に固有のこの合理性は、一六世紀初頭から一九世紀初頭にかけて氾濫した、マキャヴェッリの『君主論』を批判する膨大な文献、いわゆる反マキャヴェッリ文献のなかで探求された。これらの文献によると、『君主論』で提示される主権権力における君主は次のように特徴づけられた。第一に、君主はみずからの領国に対して単独的で、外在的で、超越的である。第二に、領国に対するみずからの関係は脆弱であり、絶えず脅かされている。そして第三に、権力の行使は領国の維持、保護、強化をめざさなければならない（フーコー 二〇〇七b：一一三―一四）。それに対して、反マキャヴェッリ文献では君主と統治者が区別された。これらの文献では、君主が領国内で唯一の存在であり、領国に対して外部的、超越的であるのに対して、統治者は統治の内部にあり、その実践は多様であると見なされた。また、反マキャヴェッリ文献では統治は「物事の配置」として位置づけられ、「人間と事物とからなる一種の複合体」にかかわると主張された。したがって、主権の基礎であった領土は「事物」のひとつに過ぎなかった。

この新しい合理性によって秩序づけられた統治は、次の二つのテクノロジー的集合によって特徴づけられていた（フーコー 二〇〇七b：三六八）。ひとつめが、外交的・軍事的装置である。これは、ヨーロッパの諸国間のバランスを確保することを目的とした、多国間の恒常的外交と軍隊の組織を指している。このうち外交については、その試みはウェストファリア条約によって結実した。そしてもうひとつの集合が、ポリス（内政）と呼ばれる政治的装置である。

一七世紀において、この語は「警察」を一義的に指す現在の含意よりも広く、「よい国家秩序を維持しつつ国力を増強しうる諸手段の総体」を意味していた（フーコー 二〇〇七：三八八）。それは具体的には、人民の数を増やし、食料などの生活必需品を提供し、人びとの健康を増進し、その活動を見張り、流通を活性化することをターゲットとしていた。内政は、人びとの生活に対する無際限の介入によって特徴づけられるのであり、それは、外交的・軍事的側面における統治の自己制限と連関していた。このように、国家理性は外交的・軍事的装置と内政というかたちで具体化したと言えるのである。

一八世紀に入ると、一七世紀には自明視されていた国家理性の統治が批判されるようになった。すなわち、内政による無際限の介入が「統治の過剰」として糾弾されるとともに、より少なく統治すること――「つましい統治」――が志向され始めた。このような統治の変容は、次の三つの点で現れたとされる。第一に、この時期に人口の問題が新たなかたちで出現した（フーコー 二〇〇七b：四三四―三五）。人口は多いほうがよいし、それ自体で富を構成するという一七世紀まで一般的であった考えが否定され、固有の変化と移動の法則を有することが見出された。また、人口をその自然性において引き受けることで、一八世紀後半に社会医学や人口学などの科学が発達することになった。第二に、権力と知のあいだに新たな関係が打ち立てられた（フーコー 二〇〇七b：四三三―三四）。一七世紀とは異なり、科学的知識を尊重しない統治は失敗に終わるとされたのである。なかでも「つましい統治」の問題と結びついていたのが、政治経済学の出現である（フーコー 二〇〇八：三七）。政治経済学は単なる学知ではなく、統治理性の自己制限を、つまり「自らが行うことおよび自らが対象とするものの自然性にしたがって、統治行動が自己に対して制限を課す」（フーコー 二〇〇八：二二）ことを可能にする、知的道具であった。ここで言う「自然性」は、市場のそれを指している。一七世紀まで規制、公正価格、そして不正行為に対する制裁によって機能していた、すなわち法陳述の場であった市場は、一八世紀の中頃から自然発生的なメカニズムにしたがう、「自然価格」を形成する場として現れていた。このとき、市場は真理陳述の場として構成されたのであり、それを通じて統治をおこなうことが真なのか偽なのかを判断することが可能になった。市場がみずからの真理を表明し、その真理を統治の規則として提出することができるようにするために、できるだけ介入せずに作用させておくべきだということが、認められるようになったのである。そして第三に、第一の点と第二の点と関連して、国家介入の新たな形式が出現した（フーコー 二〇〇七ｂ：四三五）。一八世紀の統治理性では、前世紀のように指令を下し、命令し、禁止するといった統制的な介入は正当化されなくなった。そこでは、自然的なプロセスの尊重を原則としながら、必要かつ自然的な調整がはたらくようにすること、あるいは自然的な調整を可能にする調整をおこなうことがめざされた。よって、「経済的プロセスや人口に内在的なプロセスである自然的現象の安全を確保することを本質的機能とする国家介入」（フーコー 二〇〇七ｂ：四三六）が、すなわち安全《セキュリテ》と呼ばれるメカニズムの設置が、その目標として位置づけられた。

以上の三点において特徴づけられる一八世紀の統治は、「人口を主要な標的とし、政治経済学を知の主要な形式とし、安全装置を本質的な技術的道具とするあの特有の権力の形式を行使することを可能にする諸制度・手続き・分析・考察・計算・戦術、これらからなる全体」（フーコー 二〇〇七ｂ：一三二）と要約されるものである。また、新しい統治実践は、市場の自由や所有権の自由な行使などが認められるかぎりにおいて機能することができた。したがって、統治はみずからに不可欠な一要素として絶えず自由を生産し、組織化し、そして消費しようとした。この新しい統治が「自由主義」と呼ばれたのは、そのためである（フーコー 二〇〇七ｂ：四三一、二〇〇八：七七―八〇）。

このように、フーコーは国家を固有のダイナミズムによって発展し、少しずつ歴史を征服していく「冷たい怪物」（ニーチェ 一九九三：八八―九三、フーコー 二〇〇八：八）ではなく、統治の相関物として捉えていた。換言すれば、「国家の歴史と存在を、さまざまな仕方でその時々に組み合わさった特殊な技法、実践、技術の次元において」（ウォルターズ 二〇一六：四三）理解しようとしたのである（Rose 1999）。統治性と呼ばれるこの視座は、一九九〇年代からイギリス、カナダ、そしてオーストラリアを中心とした政治学者や社会学者によって援用されるようになり、「統治性研究（governmentality studies）」と呼ばれる一群の議論を生み出した[6]。社会学者のヒンデス（Hindess 2001）と犯罪学者のヴァルヴェルデ（Valverde 1996）は、自由主義的統治の裏面としての専制的な「不自由の統治（government of unfreedom）」について検討した。彼らによると、二〇世紀の中頃まで自由主義の統治のもとで自由な個人にカテゴリー化されたのは全体のうちの一部に過ぎず、植民地の住民やヨーロッパの移民、貧困者などは、そこから排除されていた。それらの「自律的に振る舞う能力が十分に発達していないと考えられた者たち」（Hindess 2001: 101）は、「慣習（habit）」という概念的装置を通じて自由主義社会に相応しい倫理的能力と欲望を涵養させていったのである（Valverde 1996: 362）。他方で、統治性研究を牽引してきたローズとミラー（Rose 1999; Rose and Miller 2008）は、現在の統治理性としての先進自由主義（advanced liberalism）に関する考察を展開した。彼らは、国家に関する既存の社会学的研究が国家形成の多様なメカニズムに分析を集中させ、自律性を備えた諸アクターの統一体として国家を扱ってきたことを踏まえたうえで、国家に本質的な要件や機能を想定しないという唯名論的な立場に依拠しながら、フーコーに倣って政治理性と統治術を分析対象とすることの意義を主張した。先進自由主義とは、二〇世紀前半にヨーロッパ諸国で誕生した福祉主義への批判から生まれた政治理性である。先進自由主義的な統治は、慈善事業家や医師、ソーシャルワーカーなど国家から自立したエージェントとのあいだにアソシエーションを形成することによって、政治の外の領域の自律性を損なうことなく管理しようとする。先進自由主義は、一八世紀の自由主義とは異なり、政治的な決定を下す地点とその他の社会的アクターのあいだに距離をつくりだす一方で、それらのアクターの自由を産出し、活用することを通じて新たなやり方ではたらきかけることを目的としたさまざまな装置を採用するという、遠隔統治（government at a distance）によって特徴づけられる。もっとも、この議論は国家中心的な政治権力論の否定につながるわけではない。統治は複数の中心をもつのであり、国家は「条件整備国家（enabling state）」（Rose 1999: 142）として、みずからの安寧に対する責任をみずから負う市民と連携しながら、行為の可能性や条件に介入していくことになる。

さらに、統治性研究からは狭義の国家論にとどまらない対象が扱われた。たとえば政治学者のクルックシャンク（Cruikshank 1999）は、自己の統治という観点から一九八〇年代にアメリカに登場したセルフエスティーム運動を考察した。その他にも、社会保険（Ewald 1991）、失業の規制（Walters 1994）、アルコール依存症者を対象とする知識とプログラム（Valverde 1998）、そして心理学や広告など「心的なもの」に関する諸科学（Miller and Rose 2008; ローズ二〇一六）などを題材として取り上げながら、それらがどのようにして人びとの振る舞いを形成し、統治可能な主体を作り上げてきたのかを明らかにしてきた。

これらの研究がおもに先進国を舞台としていたのとは対照的に、人類学者は第三世界の国々を対象として、統治性研究の枠組みに依拠しながら、国家を特権的な探求の対象とする代わりに特定の統治の技術や実践の場として描くことを試みてきた（Hansen and Stepputat 2001; Inda 2005; Mann 2015; Rossi 2015）。その代表的な事例として、ここではエジプトの首都カイロに一九八九年に建設された工房地区をフィールドとするエルヤチャー（Elyachar 2005）と、インドネシアのスラウェシ島で植民地期から現在までさまざまなアクターが取り組んできた「改良」のプロジェクトに関するリー（Li 2007a）の研究を見てみよう。エルヤチャーが調査した工房は、従来はインフォーマルセクターと呼ばれており、発展を阻害し、近代化とともに消えゆく後進的な領域と見なされていた。しかし、近年では「小規模事業（microenterprise）」や「社会資本（social capital）」など、否定的な含意をともなわない新たなラベルを獲得し、むしろ世界銀行などの援助機関によって成長を促進するうえで不可欠な存在として位置づけ直されている。エルヤチャーは、フォーマルセクターとインフォーマルセクターのあいだの境界線が多孔的で、もはや国家を唯一の統治の場と見なすことができないような状況に理論的にアプローチするのであれば、統治性の概念が有用だと主張する。そのうえで、この地区で実施された「自由市場」の創設を目標とする種々のプログラムに小規模事業家――工房の職人たち――のネットワークと社会的実践が組み込まれている現況を、収奪のプロセスとして分析した。ここでは、市場に関する新自由主義的な思想は純粋に理論的な水準に収まっているのではなく、「未知の社会的テクノロジーの実行や新しい社会的実践の普及と切り離すことができない」（Elyachar 2005: 5）という点が重要となる（Collier 2011; Garcia-Parpet 2007; Mitchell 2005）。また、リーは、オランダ東インド会社による支配の時代から現在にいたるまでの期間を対象として、スラウェシ島の高地地方に暮らす人びとの生活状況を改良することを目的とした介入の系譜を跡づけた。リーによると、改良に向けた意志が実際のプログラムへと翻訳されるうえで重要なのが、問題化（problematization）と技術化（rendering technical）という二つの実践である。このうち前者は、特定の思考様式、何らかのものが不足しているという診断、そして改良をもたらすという約束との関連において、なんらかの現象や実践を問題として規定することを意味する（Foucault 1988; Li 2007b: 264）。後者は、介入する領域を特定の限界と特徴を備えた知解可能な場として表象することを指す（Li 2007a: 7）。単純化するならば、特定の統治的介入は、それに先行する介入のありかたが特定の思考様式のもとで問題として認識され（問題化）、それに対する処方箋として特定のプログラムや技術が用意される（技術化）ことによって、実現するのである。改良の系譜が編纂されるうえで植民地行政官、宣教師、政治家、援助関係者、さまざまな分野の専門家、そして政治活動家など、さまざまなアクターが関与し、その内容も市場志向的な農業の促進や森林保全の奨励、あるいは保健衛生と教育の提供など多様であったのは、そのためであった。さらに、このように統治理性や介入の手段には多様性が認められるものの、植民地期の統治的集合とポスト植民地期のそれのあいだには連続性を見出すこともできるという。自由主義的な「不自由の統治」における文化的に差異化され、合理的に計算するという植民地的主体の想定は、新自由主義的統治が標的とするホモ・エコノミクス――ただし、彼が追求するのは経済的な利益ではなく、集合的な価値と慣習である――へと引き継がれることになるだろう（Li 2014）。そのほかにも、南部アフリカで近年導入された現金給付プログラム（Ferguson 2009）、ブラジリア市の都市計画（Caldeira and Holston 2004）、そしてソ連時代のロシアにおける都市建設と「社会的なもの」の生成（Collier 2011）など、人類学的な統治性研究では多彩な題材を取り上げながら、どのような合理性のもとでどのような問題が見出され、それを解決するために誰を対象としたどのような技術的介入が実施されたのかについて考察されてきた。

統治性の人類学において重要なのは、統治術やプログラムをそれ自体として分析するという姿勢が共有されている点である。つまり、Rose（1999: 56）のいう「解釈学的」な分析に取り組んで、特定の技術的介入やプログラムの背後になんらかの社会集団の利益やイデオロギーの存在を暴き立てるのではなく、そもそもそれらの技術やプログラムを処方箋として思考可能にするような問題が、特定の合理性のもとでどのように立ち現れたのか――いいかえると、どのようにして問題化と技術化が達成されたのか――を再構成することこそが目指されるのである（Dean 1999: 27-28; Li 2007a: 8-10; Rose 1999: 56-58）。見かたを変えるならば、これらの研究では問題化の地平に据えられた目標が、統治的介入を通じて現実化することになるとは、必ずしも想定されていない。むしろ、統治は失敗に終わったり抵抗に直面したりすることを運命づけられていると見なされている。また、このことは分析のスタンスにも反映しており、「統治性の分析は経験主義的《エンピリカル》ではあるものの、現実主義《リアリスト》的ではない」（Rose 1999: 19）と標榜されたように、これらの研究では統治という事業が孕んでいるユートピア的（utopian）な側面に目が向けられた。そのため、実現にいたらなかった計画や短命に終わった実験など、非‐出来事（non-event）の次元も積極的な検討の対象となった。[7]

統治に関する以上の議論は、開発計画や国家をめぐって包括的なモデルを提示した政治学者のスコット（Scott 1998: 2-5, 87-90）の議論を想起させる。スコットによると、世界各地の近代国家は、それぞれの領土内で複雑かつ捉えがたく、管理の試みから絶えず逃れる自然と社会の諸現象に対峙してきた。国家は、土地調査や住民登録を通じてこれらの現象を単純化し、管理しやすいように読解可能（legible）で秩序だった姿へと再編してきた。この取り組みを支えていたのが、高度近代主義（high modernism）と呼ばれるイデオロギーである。このイデオロギーのもとでは、人間の条件をよりよいものにするためには、科学的な理解に基づいて社会生活のあらゆる側面を合理的に設計すべきだと考えられる。さらに、読解可能性と秩序に向けた意志が整然とした都市、森林、そして農園などへと具現化するうえで、権威主義的な国家が無制限に権力を行使することが不可欠の要件となる。もちろん、このとき地域社会が計画に抵抗する力をもたないほど脆弱であることが、もうひとつの要件として浮上する。

しかしながら、国家権力の網の目は何の障碍にも直面することなく、国内の隅々まで張り巡らされるのではない。地域社会の人びとは、たしかに暴力的な反乱を起こすことはほとんどなかったとはいえ、支配から避難し、課税から逃れ、放火し、怠慢な態度をとり、収奪されにくい作物を選択して栽培するなど、日常生活のなかで些細な抵抗を繰り広げてきた（Scott 1985）。また、高度近代主義の担い手である諸分野の専門家たちが推奨する技術や実践は、多くの場合歓迎されることはなく、社会生活のなかでは従来と同じように在来の知識《メティス》が大きな役割を果たすことになった（Scott 1998: 309-41）。スコットもまた開発計画にはユートピア的な性質が内在していると考えていたのであり、その点で、統治の人類学と方向性を共有すると見ることができるだろう。とはいえ同時に、両者のアプローチはいくつかの点において大きく異なっている。ここでは、本書が準拠することになる後者の観点の特徴をより明確にするために、権力と抵抗という二つの点を検討する。[8] 第一の点について、前項で言及した地域社会の対応や抵抗を主題とする人類学的研究と同様に、スコットの議論でも国家／社会や権力／抵抗といった固定的な二項対立が前提とされている（Li 2005: 384-85）。さらに、彼もまた一枚岩で全能の国家というモデルに依拠している。その裏面として、権力の及ぶ範囲の外部に抵抗のための空間が、すなわち周縁地域で在来の知識を用いながら自律的に暮らしている主体のための空間が措定されている。しかし、実際には国家装置はスコットが考えるほど全能ではないし、その内部には衝突や対立、矛盾を抱えている。また、とくに近年の開発計画は対象となる集団の欲望、実践、そして知識を媒介として作用するよう設計されていることから、高度近代主義という分析の視座には限界が認められる。外部についても、国家をさまざまな援助機関やＮＧＯと同じく統治的集合の複数の中心のうちのひとつと見なすならば、逆説的に、「国家の外部に空間は存在しないし、権力の外部に主体は存在しない」（Li 2005: 384）のだという点は、強調されなければならない。次に第二の点について、先述のようにスコットは国家主導の計画は必然的に頓挫するし、抵抗から逃れることができないと考えていた。スコットによると、それらの計画では何らかの障碍に逢着したとしても、高度近代主義という唯一かつ排他的な政治理性や、単純化や標準化といった概念によって特徴づけられる一連のテクノロジーが放棄されることはないという。国家は、権力と秩序をくまなく行き渡らせるという、永遠に叶うことがない目標の実現に向けて邁進しつづける。それに対して統治性の枠組みでは、計画やプログラムが意図しない結果をもたらした際に、テクノロジーや実践だけでなく合理性の水準で調整と転換が生じることに目が向けられる。失敗や抵抗は、新たに見出された問題を修正するために新たな介入の機会をもたらす（Li 2007a: 17-19）。したがって、統治術とは決して知識とテクノロジーの静態的な集合体なのではなく、それぞれ異なる特定の問題に対して用意された処方箋のブリコラージュと見なすことができる。失敗や抵抗は統治の臨界点というよりは、新たな様式の介入がかたちづくられる契機なのである（Ferguson 1990; Li 2007a; Mitchell 2002）。

本項の最後に、統治性の観点について、現代の権力の動態を考察するうえで重要となる点を指摘しておきたい。ここまで紹介してきたように、フーコーによって提示された統治性という分析枠組みは、多様な分野と対象をめぐる探求を触発してきた。ただ、この項の冒頭でも言及したコレージュ・ド・フランスにおける当該の講義録では、統治性ではなく生権力（biopouvoir）が当初のテーマに設定されていたという点には、留意しなければならない。フーコーが提起したこの概念は、一八世紀の後半に出現した主権とも規律とも異なる形式の権力を指している。この権力は、法的主体や従順な身体としての人間ではなく、生命としての人間、あるいは種としての人間――「生命に固有のプロセスの全体、つまり誕生とか死とか生産とか病気などのプロセスを備えた大きな塊」（フーコー 二〇〇七a：二四二）――を対象として、それに固有の諸現象によって提起される問題を合理化しようとするという点で、種別的であった。もっとも、実際には講義の進行とともに計画が修正され、結果的に予告されていた生権力の系譜学は暗示的にしか扱われることがなかった（スネラール 二〇〇七：四五三―五五）。その代わりに、一連の講義では統治性の歴史が跡づけられ、自由主義的な統治が分析されることになり、生をめぐる権力や政治の問題はほとんど検討されなかった（Collier 2011: 14-19; Fassin 2009; 山崎 二〇一一：二三九）。その原因の一端は間違いなく、講義で取り上げられた時期には現在の視点から生物学的と見なされる諸問題が存在していなかったことにあるだろう（Collier 2011: 17）。しかしながら、生命科学、生物医学、そしてバイオテクノロジーが進歩し、遺伝子スクリーニング、臓器移植、遺伝子組み換え、ゲノム編集など、人間の生活や社会のありかたを大きく変える技術が導入されている現代において、生の政治という視点の意義はますます認められつつある（ローズ 二〇一四）。生体認証技術をはじめとする生に関する新たな知識と技術は、それまでになかった統治の可能性を拓いている。また、なんらかの疾患を抱える患者や感染者たちは、みずからの生物学的身体と生物医学的な知識に基づきながら、伝統的なコミュニティとは異なる集団を新たに形成している。ラビノウが「生社会（biosociety）」と呼んだそれらの集団は、そこに同化することによって集合的なアイデンティティを形成し、身体的な経験を共有し、連帯し、政治的な要求をおこなっている（ペトリーナ 二〇一六、Rabinow 1996; Taussig et al. 2005）。したがって、現代におけるシチズンシップは、ナショナルな国家を形成するという計画と必ずしも結びついているわけではなく、生の権利を追求する生社会によるこれらの活動を通じてつくりあげられるものとして理解しなければならない（西 二〇一七、ローズ 二〇一四：二四七—九一）。このように、「生きている被造物としての人間の生命の潜在力をコントロールし、管理し、設計し、つくりなおし、調整することの可能性にかかわる」（ローズ 二〇一四：一二）生の政治という視点は、社会性とシチズンシップや、真理と主体の関係などの人文・社会科学における古典的な問題を、現代的な文脈から問い直すうえで不可欠となっている（山崎 二〇一一：二三五—三六）。

さらに、二〇一〇年頃からは生の政治という視点をさらに拡張し、発展させることが試みられている。その背景としては、とくに以下に述べる二つの文脈において、人間社会の内部で自明視されてきた境界線だけでなく、人間と非人間のあいだの境界線も変化し、攪乱され、曖昧になっていることを指摘することができる。まず第一に、生物医学やバイオテクノロジーが発展し、その知識と技術が社会のさまざまな局面で活用されている。たとえばコセック（Kosek 2010）によると、アメリカの「テロとの戦い」では、一見してそれとは無関係なミツバチを軍事テクノロジーとして利用するために品種改良がすすめられ、行動変容が促されているという。昆虫学の研究には国防省から多額の資金が提供されており、プラスチック爆弾や地雷などの軍事兵器に含まれた特定の化学物質を感知する能力を高めるための実験がおこなわれている。実験がすすめられる過程で、ミツバチの身体は改変され、そのなかに安全の強化という人間の欲望や利益が書き込まれていく。自明とされてきた自然と文化のあいだの境界線は「テロとの戦い」において再編されており、その言説と実践によって人間とミツバチはともにつくりかえられていると、コセックは指摘している。軍事化されるミツバチの場合と同様に、マラリアを撲滅するために遺伝子を組み換えられ放出される蚊や（Beisel and Boëte 2013）、クローン羊のドリー（Franklin 2007）の事例を分析するうえでも、自然と文化や人間と非人間のあいだの固定化した区別は用をなさない。フランクリン（Franklin 2007: 3-4）によると、実験的な育種という長く複雑な歴史的、生物学的な系譜のうえに位置づけられるドリーは、農業、医療、商業、そして工業というそれぞれ異なる領域における意志から生まれた合成体である。ドリーを生み出した科学的知識は、自然や生殖などに関する信念や価値観を含む意味のシステムと絡みあっており、切り離すことができない。そのため、フランクリンはドリーを「生文化的（biocultural）」な存在として特徴づけている。ドリーの身体には、「人間とは、テクノロジーとは何なのか」「テクノロジーはどのような将来を切り拓くのか」という問いに対する答えの歴史が畳み込まれていることになる。

さらに、広い意味での生の政治について考えるうえで、イギリスにおける家畜育種の遺伝学化（geneticisation）に関するホロウェイとモリス（Holloway and Moris 2012）の研究もここで検討する価値があるだろう。遺伝学的な知識と実践は前述のように人間の社会のありかただけでなく、牛や羊などの家畜の育種実践にも大きな変化をもたらしている。イギリスでは、国家機関や農業団体が育種を近代化、合理化するために、推定育種価と遺伝子マーカーを用いて遺伝的性質を評価するという手法を飼育現場に導入している。その結果、家畜飼養者たちは見た目や血統などの暗黙知ではなく、それらの手法によって算定される数値をもとに育種個体を選抜するよう推奨されている。また、牛や羊の身体も、遺伝学的なテクノロジーのもとで産出されている。

このように、新たな科学的知識によって可能になった生の経験を共有することで形成される、異種混淆的な広義の「社会集団」を、ホロウェイとモリスは「生社会集合体（biosocial collectivities）」と呼んでいる。人間と家畜からなる生社会集合体は、育種の遺伝学化によって出現した新たな種類の統治の標的として位置づけられるのだが、もちろんそれは遺伝学的な介入を消極的に受容するだけの存在なのではない。一部の飼育者たちは、従来と同じように家畜の身体を知覚しており、見た目と血統を重視する伝統的な育種の手法を遵守している。遺伝学的育種によって生まれた家畜も、病気に対する抵抗性や生産性を低下させるなど、予期せぬ結果をもたらしている。家畜育種をめぐる生権力において、異種混淆的な生社会集合体はたとえ不完全で、複雑で、一貫性を欠いたかたちではあっても抵抗と呼びうる動きを見せており、遺伝学的な知識と介入は、そうした抵抗とともに構成（coconstitute）されているのである。ホロウェイとモリスの議論は、現代の統治実践がどのような対象に差し向けられており、それに対する抵抗がどのような形態をとるのかに目を向ける意義を示唆しているように思われる。

第二の文脈として、種の壁を越えたバイオセキュリティ（biosecurity）に対する関心が高まっていることが挙げられる。とくに二一世紀に入って以降、人びとの移動とビジネスのグローバル化、経済発展、そして紛争の発生などを背景として、世界的な規模でエイズなどの新興感染症が流行したりバイオテロリズムが発生したりするリスクが高まっていると認識されている。そうしたなかで、生の安全《バイオセキュリティ》は一国の秩序を他国による軍事的な攻撃から防衛するという安全保障的な意味に限定されるのではなく、健康に対するこれらの脅威への対応として組織化される、さまざまな技術的、政治的な介入とむすびつくようになっている（Collier and Lakoff 2008: 7-9）。同時に、これらの脅威に対して世界中の国々や国際援助機関が連携しながら対処する、グローバル・ヘルスの体制が構築されている。そして、この体制においてもっとも大きな課題のひとつとなっているのが、狂牛病、エボラ熱、鳥インフルエンザなどの人獣共通感染症（zoonosis）と、マラリアやデング熱などのベクター媒介性疾患（vector-borne diseases）という、人間と非人間の生き物がともにかかわる疾患である。これらの疾患は、アメリカの同時多発テロ事件後に高まりつつあるバイオセキュリティの介入の対象となった、もっとも新しい領域である（Nading 2013: 66）。この問題に対して、近年では人間と非人間の生き物、そして環境の三者が相互に密接にむすびついているという認識を前提とした、ワンヘルス（One Health）と呼ばれる学際的かつ部門横断的なアプローチが構築されつつある（Rock et al. 2009; Woods et al. 2018）。これらの取り組みでは、人間と非人間の生と健康、そしてそれらに関する知識と介入のあいだに「もつれあい（entanglement）」

（Nading 2013）が見られることから、生権力についてもこれまでとは異なるアプローチが模索されている（Blue and Rock 2010; Law and Mol 2008）。このような問題関心から、ベトナム政府がアメリカ合衆国国際開発庁（United States Agency for International Development：ＵＳＡＩＤ）などの国際援助機関と連携してすすめている鳥インフルエンザ対策について調査したのが、ポーター（Porter 2013）である。ポーターは、この対策プロジェクトがベトナムの人びとと鳥（鶏とアヒル）の関係に対して、いいかえると人間と鳥に集合的にはたらきかけていることに着目した。ＵＳＡＩＤが作成した啓発ポスターでは、人間と鳥のあいだのインタラクションをコントロールすることが企図されていた。また、援助機関による支援と専門家の助言を受けて改革された公衆衛生システムには、獣医学の知識が取り込まれた。いずれの場合も、人間と動物の関係や、それぞれに関連した知識のあいだの境界線が介入の対象となり、調整されていた。したがって、鳥インフルエンザ対策のように人間と非人間の健康が同じ枠組みのもとで追求される事例を検討することによって、生権力を複数種のプロジェクトとして概念化しなおすことができるとポーターは主張する。そして、このことを念頭において初めて、現代のベトナムにおいて動物と生を共有する存在である人間がどのような倫理的主体として形成されているのかを理解する手がかりが得られるのである。ポーターらの研究は、バイオセキュリティの確保を中心に再編されつつある現代の政治的秩序において、国家もまた人間以外の生き物を含む集合的な生をめぐる合理性、知識、技術、そして実践の水準から捉えるという視点の重要性が高まっていることを示している。

4　人間と動物の関係

この節では、国家の人類学についての議論から一度離れて、前節の最後に部分的に触れた人間と動物の関係という分野の先行研究を整理する。ここではとくに、アフリカをおもなフィールドとする人類学者と歴史学者がどのような議論をしてきたのかに着目する。

モリン（Mullin 1999）が「窓」と表現したように、それらの分野における基本的な方向性は、さまざまな社会への理解を深めるための手がかりとして、人間が動物をどのように利用し、分類し、認識してきたのかを分析することにあった。一方で、人類学者は、動物に関するコードやタブーを生存上の有用性や象徴的な意義、あるいは社会を差異化する役割において説明した（Douglas 1957; Harris 1974; レヴィ＝ストロース 一九七〇）。他方でアフリカ史研究では、アフリカの各地域で植民地支配が終焉し、この分野が専門的な学知として確立・制度化されるようになった一九六〇年代には、動物は当初目立たない脇役としてしか描かれていなかった。この時期のアフリカニストは、西洋的な精神から脱植民地化して「アフリカ人の視点」からの歴史叙述をめざしていたことから、人類学や「下からの（from below）」社会史の影響を受けながら、小農の生業実践や、やがてナショナリズム運動へと結実する植民地体制への「初期抵抗」に関心を向けていた（Ranger 1985; Richards 1985）。とくに南部アフリカを対象としたこれらの研究では、疫病や虐殺による家畜の喪失が植民地化を促進し、政府による牛の薬浴や間引きの強制がアフリカ人社会に抵抗の契機をもたらしたと分析された（Bundy 1979; van Onselen 1972; Ranger 1992; Tignor 1976）。つまり、アフリカ人のみならずその家畜もまた、従属と抵抗の図式のもとで描かれたといえるだろう。

また、一九七〇年代に登場した環境史的なアプローチによる研究では、動物がより大きな存在感を占めるようになった。この潮流における先駆者が、生態学者で一九七一年に『アフリカの生態系におけるトリパノソーマ症の役割』を著したフォード（Ford 1971）である。フォードは同書において、トリパノソーマ症をコントロールするためのローカルな知識と実践を高く評価するとともに、アフリカ人が家畜とともに維持してきた生態的なバランスが植民地化とともに崩壊したために、ツェツェバエの生息域が拡大してトリパノソーマ症が蔓延したと指摘した。[9] 彼のこの主張はとくに東部のアフリカ史研究者に影響をもたらし、植民地支配の生態的影響に関する「黙示録的」（MacKenzie 1997）

な議論を生み出した。[10]他方で、アフリカにおける獣医学的な研究や家畜の疾病管理は、ヨーロッパの科学がアフリカの未知の自然に挑む「生物学的戦争」として位置づけられ、アフリカ人に対するヨーロッパ人の「文明化の使命」とのアナロジーで捉えられた（Milton 1998; Waller 2004）。

さらに近年になると、家畜だけではなく野生動物の狩猟（MacKenzie 1988）、保護と国立公園の設立（Carruthers 1989）、犬や馬などの飼育（Gordon 2003; Swart 2010）、畜産業と酪農業の発展（Anderson 2010; Milton 1996; Sunseri 2013）、そして牛の品種改良（Mwatwara and Swart 2016）など、経済史、社会史、文化史、環境史にまたがるさまざまな研究に動物の姿が見られるようになっている。南アフリカのステレンボッシュ大学で教鞭をとっている歴史学者のスワートは、このような現状を「動物たちが学問の森をさまよい、象牙の塔の入口に吠え立てながら足をかけている」（Swart 2010: 3）と表現しながら、アフリカ史研究における「動物的転回（animal turn）」の到来を主張している。彼女によると、この動向は社会史の登場とともに労働者や女性、黒人が歴史的アクターとしての役割を付与されていった流れの延長線上に位置づけられるものである。もっとも、人文・社会科学におけるブレークスルーを表現してきた「転回」という語を含むこの概念は、「動物を主体や対象、さらにはエージェントとして取り込み、標準化し、主流派の歴史記述のなかに徐々に受け入れていく漸進的なプロセス」（Swart 2010: 10）として広く捉えられており、目標やアプローチを共有する新たな分野史やパラダイムの誕生を意味するものではない。とはいえ、多様なテーマを扱うこれらの研究のほとんどは、自然誌的な視点から動物にアプローチするのではなく、特定の動物に対する人間の態度や認識のしかたを「窓」として覗き込むことで人間社会への理解を深めようとしている点において、共通している（ダーントン 一九八六、伊東 二〇〇八、リトヴォ 二〇〇一）。

もっとも、「窓」が含意する境界線を前提とする枠組みは、近年の動物に関する人類学と歴史学の議論では自明のものではなくなっている。人類学者たちは二〇〇〇年代から、人間が他種の生き物と「ともに生きる」（ハラウェイ 二〇一三）世界を紡ぎ出してきた。[11]また、歴史研究者も自明視されてきた境界線が必ずしも絶対的なものではないことを強調している。自然と文化、人間と非人間、そしてヨーロッパ人の支配者とアフリカ人を分かつ境界線は実際には多孔的であり、知識や技術はその線を通過して流通し、カテゴリー化やアイデンティティ形成を可能にしている(Mavhunga 2011; Shadle 2012)。とくに科学史の分野では、さきに名前を挙げたフォードやクジェクシュスらが植民地科学の政治的な――つまり、「帝国の手先」(ヘッドリク 一九八九)としての――側面を重視したのとは対照的に、家畜医療(veterinary)を中心とする動物に関連した諸科学が一国のみならず帝国の範囲を越えて張り巡らされたネットワークのもとで形成されるプロセスや、科学知と在来知の関係などの主題が取り上げられるようになっている。[12]

5　集合的な生の「小さな歴史」

本章のここまでの議論をまとめると、次のようになる。本書の舞台となる北ケニアを含む東アフリカの乾燥地域では、牧畜民が家畜を飼養しながら生活してきた。この地域の研究は、当初は「国家なき社会」が自然的、社会的な秩序をどのように維持しているのかに関心を集中させていたものの、一九七〇年代から国家を分析の視野に含めるようになった。しかし、それらの研究は国家を一枚岩的で全能の存在として捉えるという点で限界があり、その傾向は、牧畜民研究に限らず文化・社会人類学でもある時期まで見られた。この点を問題として認識したうえで、近年の人類学では統治の合理性、技術、実践の組み合わせという観点から国家が考察されている。さらに、二〇一〇年頃からはバイオテクノロジーの発展と実用化や、種の壁を越えたバイオセキュリティに対する関心の高まりを背景として、これまで自明視されてきた人間と非人間のあいだの境界線が揺らぐなかで、非人間をふくめた生の統治と抵抗という視点から国家について議論する意義が認識されている。それは、人間と他種の生き物が「ともに生きる」姿を探求する、人間と動物の関係をめぐる近年の議論の動向とも重なっている。

以上を踏まえて、本書では一九世紀末の植民地化から現在までのケニア北部乾燥地域における国家の系譜を、広い意味での生の政治の視座から検討する。この視座に立ったときに、統治とはどのような合理性のもとで何を問題とみなし、どのような処方箋を提示するものだと考えられるだろうか。また、何をもって抵抗と見なすことができるだろうか。本書では、牧畜民とその家畜からなる「牧畜集合体（pastoral collectivities）」という概念を補助線としながら、これらの点について考える。あらかじめ単純化したかたちで述べると、本書で描き出されるのはさまざまな知識と技術を活用して牧畜集合体にはたらきかける統治の実践と、それに対する集合体側の異種混淆的な抵抗であり、それを受けた統治の調整である。ただし、本書ではこの概念を唯名論的な意味で用いている。つまり、ここでの関心は牧畜集合体が具体的にどのような実体を指すのかや、どのように変化してきたのかを問うことではなく、牧畜集合体という視点からそのときどきで特異的な統治の組み合わせに光を当てることにある。これまでとは異なるアングルから北ケニアの一世紀強のあいだの歴史を捉えるのと同時に、牧畜集合体の概念の意義を示すことが、本書の大きな目的となる。それは、集合的な生の統治について一般的で包括的な理論を提示することをめざすのではなく、それに関するひとつの「小さな歴史」（Miller and Rose 2008: 6）を跡づける試みでもある。

6　方法と構成

本章の最後に、本書の舞台となる地域の地理的・民族的な概要を述べたあとで、調査の方法と本書全体の構成について記述する。本書の舞台は、イギリス植民地期に北部辺境県（Northern Frontier District：ＮＦＤ）という行政区画が設定されていた地域である（図０‐１）。ただし、正確にはＮＦＤが行政区画として正式に存在していたのは一九一〇年から一九二五年までの期間であり、その後は北部辺境州（Northern Frontier Province：ＮＦＰ）、次いで北部州（Northern Province）と名称が変更されている。ケニアが一九六三年に独立すると、この地域は北東州（North Eastern Province）と東部州（Eastern Province）という二つの行政区画に分かれ、現在にいたっている。本書ではこの地域に関する先行研究と同様に、煩瑣を避けるために行政区画としての北ケニアを指すときには、固有名詞と引用文中の場合を除いて時期を問わずＮＦＤの語を使用する。

おおまかな地理的領域としては、この地域は北をエチオピアとの国境線、西をトゥルカナ湖、南をメルー（Meru）地方とタナ川（Tana River）、そして東をソマリアとの国境線によって境界づけられている（写真０‐７）。ただし、これらの境界線は固定されたものではなく、この一世紀強のあいだに行政区画やこの地域を取り巻く政治的文脈が変化するなかで、変更されてきた。北側の境界線は、幾度となく重ねられたエチオピア帝国との政治的な交渉のすえに確定された。また、東側の不自然な直線からなる境界線は、ジュバランド（Jubaland）と呼ばれるジュバ川（Juba River）周辺の地域を一九二四年にイタリアに割譲した結果、引かれたものである。「北ケニア」の名称と外延は何度も変更されており、地理学的に厳密に定義するのは不可能であることから、本書ではそのときどきで北ケニアとして理解されてきた地域を扱うこととする。

国土の約二二パーセントに当たる一二万六九〇二・二平方キロメートルの面積を占めていることから、北ケニアの生態環境は多様である（Mahmoud 2003: 62-70）。クラル山（Mount Kulal）やマルサビット山（Mount Marsabit）など、火山活動によってできた大地溝帯の周辺の山や丘陵地では、雨量が豊富で気候も冷涼である。アバーディア山脈（Aberdare Mountains）を源流とするタナ川やケニア山（Mount Kenya）を源流とするエワソ・ニロ川（Ewaso Ng'iro River）は、その流域で暮らす人びと、家畜、そして野生動物の生を支えている（写真０‐８）。これらの河川以外にも、乾燥した地域では雨季にしか水が流れない季節河川や、季節河川とエワソ・ニロ川によって下流部に形成されるロリ

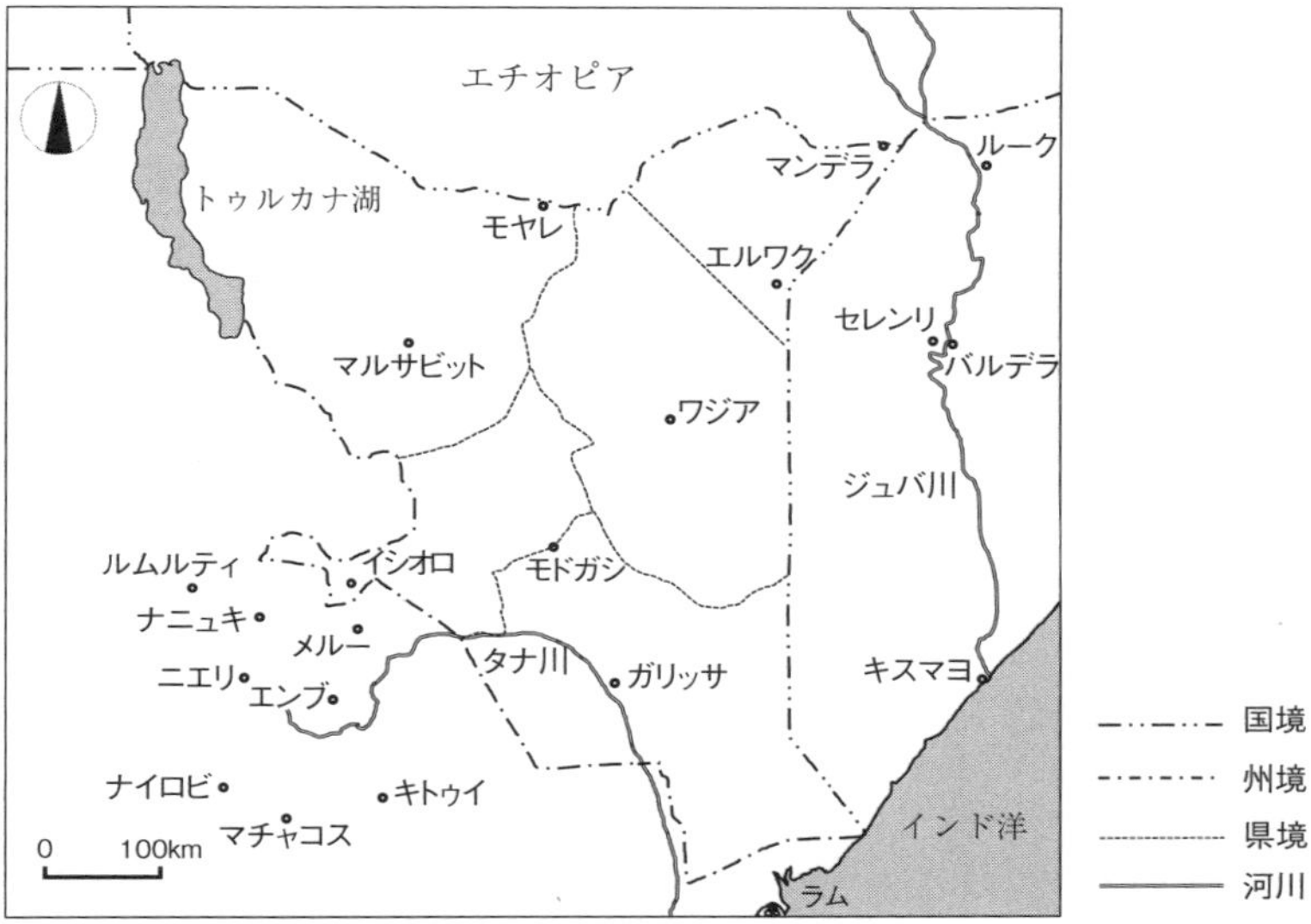

図 0-1　植民地期の北ケニア（NFD）とその周辺
出典：筆者作成。

写真 0-7　タナ川（筆者撮影）

写真 0-8　エワソ・ニロ川（筆者撮影）

アン湿地（Lorian Swamp）があり、人びとはその地下水を汲み上げて生活に利用している（写真０‐９）。他方で、北ケニアにはチャルビ砂漠（Chalbi Desert）など極度に乾燥した砂漠も含まれる。このように北ケニアの生態学的な状態は多様であり、長期的に見ても変化しつづけてきたとはいえ、全般的には降雨が少なく不安定な乾燥した気候によって特徴づけることができるだろう。この地域では東クシ系のソマリ、ボラナ、ガブラ、レンディーレ（Rendille）、アジュラン（Ajuran）、ガレー（Garre）、そしてサクイェ（Sakuye）や、東ナイル系のトゥルカナやサンブル（Samburu）など、牧畜をおもな生業とする集団が居住してきた。アフリカのほかの乾燥地域に暮らす牧畜民と同様に、彼らは牛、ラクダ、山羊、羊といった家畜を飼養しながら、空間的にも社会的にもモビリティの高い生活を送ってきた（Rossi 2015; Waller 2012）。それらの集団については、次章の冒頭で改めて触れる。

ここで、用語について一点だけ付記しておきたい。本書では、それらを含むケニアの諸集団を「エスニック・グループ」や「民族」ではなく「原住民（native）」と表記する場合がある。『オックスフォード英語辞典』によると、この

写真 0-9　季節河川トグウェイン（筆者撮影）

語は「外来者や異国人とは区別される、ある国にもともと、あるいは通常住んでいる人びと。現在ではとくに、ヨーロッパ人が政治権力を握っている国で、非ヨーロッパ系の人種に属する人びと」という意味をもつとされる（Simpson and Weiner 1989: 235-38）。他方で政治学者のマムダニ（Mahmood Mamdani）は、この概念は「もともと」や「真正の（authentic）」といった表現を充てられる状態を指すのではなく、帝国が危機を迎えた一九世紀後半にメイン（Henry Maine）ら知識人によって考案された、間接統治の形態をとった植民地国家による統治の本質的要素であると主張している。植民地国家では、平等な市民権はヨーロッパからの入植者のみに付与される一方で、原住民としてカテゴリー化された人びとは不変の伝統や慣習に結び付けられ、それに基づいて他から差異化されていたのである（Mamdani 2012）。分析対象とした資料で頻繁に登場するこの語の歴史的文脈に注意を向けるために、本文中でもあえてこの差別的な含意をともなう語を用いることにする。

本書が依拠するデータは、フィールドワークによる聞き取りと観察、刊行・未刊行の資料、そしてさまざまな二次資料である。第四章第三節のもとになったフィールドワークは、二〇〇九年一二月から二〇一〇年一月までと、同年九月から二〇一一年二月までの合わせて約六ヶ月間、ケニアのラグデラ県（Lagdera District）――現ガリッサ・カウンティ（Garissa County）のラグデラ選挙区（Lagdera Constituency）――で実施した。ラグデラ県は二〇〇七年にガリッサ県から独立して新設されたばかりの行政区画であり、北西はガルバトゥーラ（Garbatulla）県、北は南ワジア（Wajir South）県、東はダダーブ（Dadaab）県、西はガリッサ県、そして南はファフィ（Fafi）県と境を接していた。年降水量は二五〇から三〇〇ミリメートル、気温は二〇から三八度で、年間のうち九月と一月から三月がもっとも暑く、四月から八月が冷涼である。県は、三つの行政区（administrative divisions）と九つの地区（location）、そして一〇個の準地区（sub-location）によって構成されていた（Republic of Kenya 2008a）。フィールドワーク中は、おもに同県の県庁がおかれているモドガシ（Modo Gashe）市とイラン（Iran）地区内の定住集落に滞在し、観察と聞き取りをおこなった。現地調査に際しては、英語とソマリ語を使用した。筆者のソマリ語は単独で聞き取りをおこなうことができる水準まで上達しなかったことから、聞き取りをおこなう際とその音声データの文字おこしをする際には、現地のソマリの友人の助けを借りた。

刊行・未刊行の資料はケニア国立文書館、ケニア農務・畜産・漁業省（Ministry of Agriculture Livestock and Fisheries）の資料室と図書室、イギリス国立文書館、ロンドン大学東洋アフリカ研究学院（ＳＯＡＳ）の図書館、そしてオックスフォード大学ボドレアン図書館で収集した。ケニア国立文書館で資料を収集していた二〇一二年一〇月には、その作業と並行してイシオロ市を中心に広域的な調査もおこなった。本書では、そのときに得られたデータの一部も用いている。また、所属先である京都大学では、附属図書館地下二階に収められたＣＯＥ資料――とくに、著名なイギリス帝国史家であるカークグリーン（Anthony Kirk-Greene）の旧蔵資料――とイギリス機密外交文書集データベースから、いくつか貴重な文献を手に入れることができた。

ラグデラ県の人口の大半はソマリのアウリハン（Aulihan）・クランであり、そのほかにアウリハン以外のクランのソマリや、ボラナ、アジュラン、そしてガレーなどが居住している（Republic of Kenya 2008a）。図０‐２に示したよ

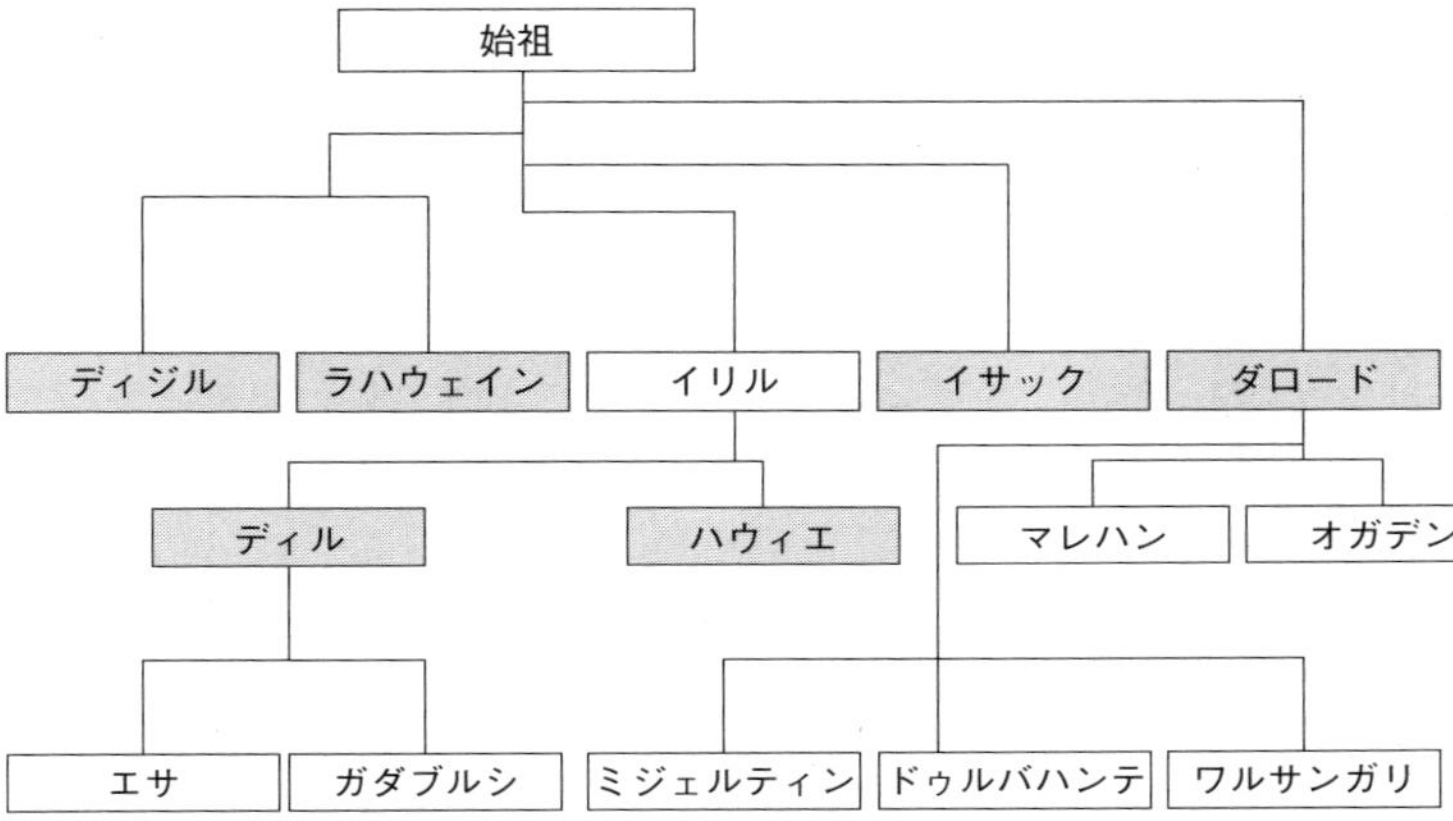

図 0-2　ソマリのクラン群
出典：Lewis（2008）より筆者作成。塗りつぶされた六つの枠がクラン群。

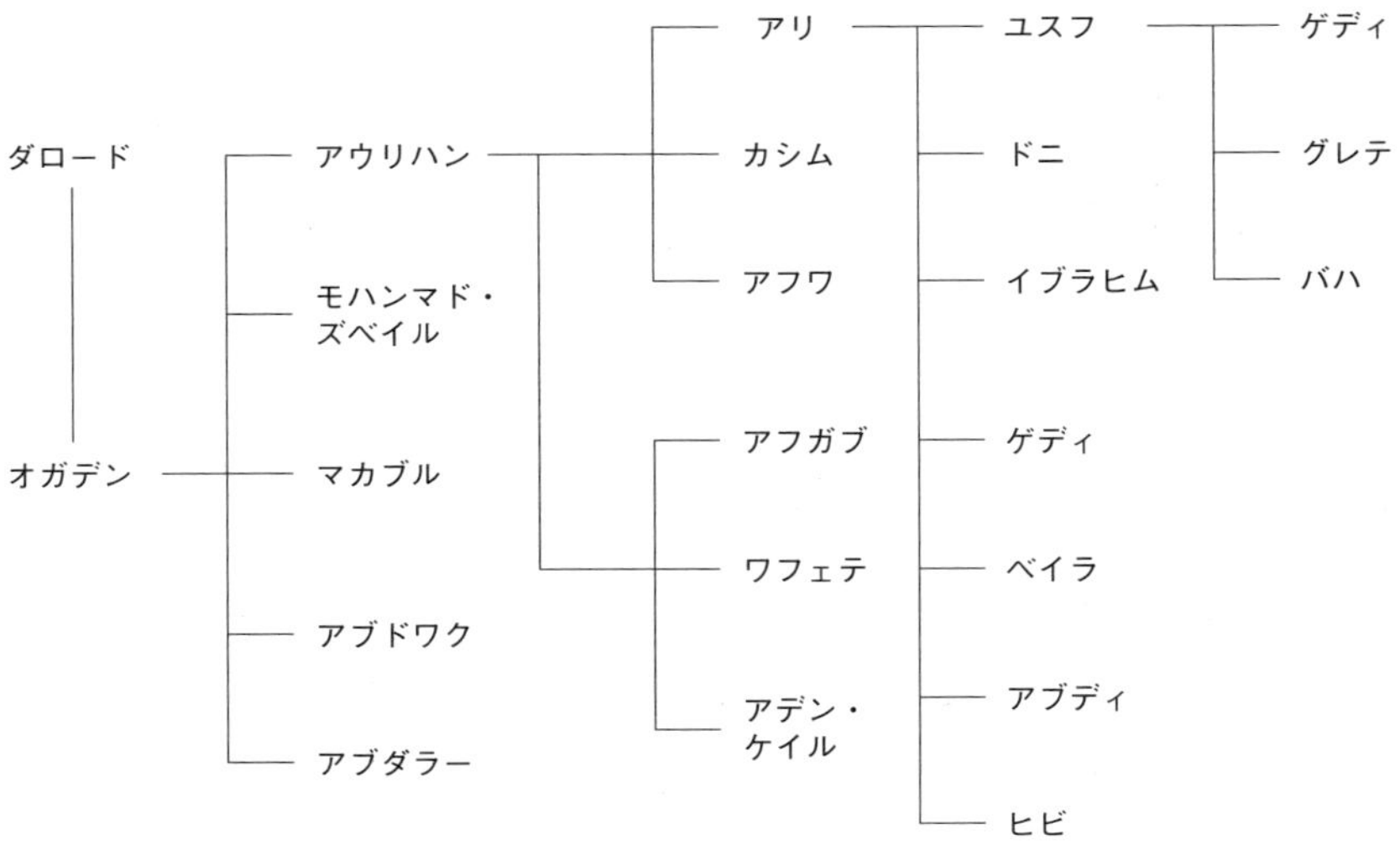

図 0-3　オガデン・ソマリのおもなクラン
出典：聞き取りにより筆者作成。

うに、一般的にソマリはダロード（Darod）、ハウィエ（Hawiye）、イサック（Isaq）、ディジル（Digil）、ディル（Dir）、そしてラハウェイン（Rahawein）の六つのクラン群（clan family）に分類される（Lewis 2008）。そして、アウリハンはこのなかでもダロードのオガデン（Ogaden）に属すクランのひとつである（図0‐3）。ここでいう「クラン」と「クラン群」は、ソマリ語ではレール（*reer*）という親族概念で表される。[13] もっとも広い意味において、レールとは特定の男性を祖先として共有する集団を指す語である。たとえば、アフメッドという男性を祖先として形成される集団は、レール・アフメッドと呼ぶことができる。アフメッドにマウリッドとイサックの二人の息子がいた場合、前者と後者の子孫はそれぞれレール・マウリッドとレール・イサックとなる。この場合、レール・マウリッドのメンバーはレール・イサックとは異なる集団に属しているということができる一方で、アフメッドの兄弟のレール・ナディルに対しては、レール・イサックと同じ集団に属しているということもできる。このように、家長の男性を中心に形成される複婚世帯から数百万人を擁する集団まで、さまざまな水準の集団を含意するこの概念は、系譜を重視する彼らの社会生活を特徴づけている。とはいえ、原理的には系譜に連なるすべての男性がレールの始祖となる可能性があるものの、実際に社会分節として機能するのはそのうちの一部に過ぎない。ソマリの古典的な民族誌を著したルイス（Ioan Lewis）は、表0‐1に示したように、レールのなかでもとくに重要な役割を果たす五つの単位をクラン群、クラン、サブクラン（sub-clan）、一次リネージ集団（primary-lineage）、そして血償支払い集団（dia-payging group）と規定している（Lewis 1961）。本書の記述は、ルイスのこの用語法に準拠している。

本書は、この章を含む六つの章によって構成されている。現在史の視点に立つ場合、本来ならば牧畜集合体の統治の現状を明らかにしたうえで、それがどのようにして偶発的な契機を孕みながら紡がれてきたのかを辿るべきだろう。しかし、本書では分かりやすさを優先して、基本的には時系列的に叙述をすすめることにした。具体的には、次の第一章から第三章まではイギリスによる植民地期が、そして第四章では独立後の期間が扱われることになる。このうち前者の期間については、北ケニアの行政当局の自律性にとくに留意した。この地域に限らずケニアの各地方で勤務

表0-1　ソマリの各分節単位の特徴

名称	特性
クラン群	・創始者まで、通常30世代以上さかのぼる ・個人間の関係をつよく規定しているものの、政治的な単位として機能しない
クラン	・創始者まで、通常20世代以上さかのぼる ・政治単位として頻繁に協同する ・一定の領域内において季節移動する ・スルタン（*sultan*）と呼ばれる長によって率いられる
一次リネージ集団	・創始者までは通常6～10世代さかのぼる ・外婚制の単位
血償支払い集団	・創始者まで、通常4～8世代をさかのぼり、数百から数千の男性からなる ・男性はこの単位のメンバーとして、もっとも頻繁に行動する

出典：Lewis（1961）をもとに筆者作成。

していた植民地行政官たちは、イギリス政府を頂点とする植民地統治機構の単なる末端に過ぎなかったのではなく、中央で決定された方針に斉一的に従っていたわけでもなかった。次章の第一節で詳しく見ていくように、彼らには任地の行政について大きな裁量と自律性が認められており、それは牧畜民とその家畜に関連した諸問題の対処においても同様であった。したがって、これらの章ではそれぞれの問題化について北ケニアの行政府でどのような議論がなされ、解決が図られたのかにとくに着目していく。

次の第一章「玄関先の物乞いたち――辺境部における植民地統治の始まり（一八九五～一九三〇年）」では、植民地統治の初期にあたる一九世紀末から一九三〇年までのあいだに現在のケニア北部にあたる乾燥地域で牧畜民とその家畜がどのように統治されたのかを考察する。具体的には、この地域で統治体制が整備されていったプロセスを跡づけたのちに、ラクダ、牛、山羊、そして羊というそれぞれの種類の家畜がどのように統制されていったのかを検討する。

第二章「家畜の過剰と市場――第二次世界大戦時までの家畜の問題化（一九一九～一九四六年）」で取り上げるのは、第一次世界大戦後から第二次世界大戦終結までの統治の変容である。ここでは、原住民地域で飼養されていた家畜がオーバーストッキングの枠組みにおいて問題化され、さまざまな技術的解決が試行されるプロセスを辿る。また、北ケニアにおける統治体制の変容と、それに対する牧畜集合体の抵抗について考察する。

第三章「開発の時代――第二次世界大戦後の家畜管理（一九四四～一九六三年）」

の目的は、戦間期に出現した牧畜集合体に対する新たな統治の形式が、戦後の開発体制下で戦略やプロジェクトとしてどのように現実化したのかについて論じることである。とくに、この時期に北ケニアの文脈で開発がどのようなものとして構想され、実践されたのか、それに対して牧畜民とその家畜がどのように振る舞いを導かれ、抵抗したのかを見ていく。

第四章「国家、市場、自由——ポスト植民地期における牧畜民の再周縁化とエンパワーメントの統治」では、一九六三年にケニアがイギリスから独立してから現在にいたるまでに牧畜集合体をターゲットとした統治が調整されるプロセスを描く。ここでは一九八〇年代以降に新たな統治の形式が台頭していることを確認したうえで、ラグデラ県モドガシ市のラクダ市場の事例を検討しながらこの種別的な統治戦略について考察する。

最後に終章では、これまでの議論をまとめたうえで、本書の意義について述べる。

第1章

玄関先の物乞いたち

——辺境部における植民地統治の始まり　一八九五～一九三〇年

本章では、植民地統治の初期にあたる一九世紀末から一九三〇年までのあいだに、現在のケニア北部にあたる乾燥地域で牧畜民とその家畜がどのように統治されたのかについて考察する。本章が焦点を当てるのは、市民とは対照的な法的・政治的身分である原住民としての牧畜民ではなく、彼らと家畜のあいだの関係性を標的とする統治のありかたである。以下、第一節ではこの地域にどのような統治体制がどのような過程を経て整備されていったのかを跡づける。次に第二節では、この時期に同地域の家畜、とくにラクダ、牛、山羊、そして羊が、牧畜民との関係においてどのように統制されていたのかを検討する。最後に、第三節で本章の議論をまとめる。

1　辺境地域の統治

(1)　植民地化

今から五〇〇〇年ほど前、トゥルカナ湖とジュバ川のあいだの広大な地域では、現在と同じように牧畜民と狩猟採集民が暮らしていた。この地域は気温が高く乾燥していたものの現在ほど厳しい環境ではなく、現在よりも広い範囲で農耕が可能であった。とはいえ、この時期でも主要な生業は農業ではなく、遊動的な牧畜だったとされている。それらの牧畜民は、ソマロイド系の言語、儀礼体系や太陰暦などの文化、そしてラクダの扱い方を共有していたという。現在のレンディーレ、ガブラ、サクイェ、そしてソマリの先祖に当たると考えられることから、この集団はプロト・レンディーレ・ソマリ（proto-Rendille-Somali）と呼ばれている（Schlee 1989: 32-33）。この集団は、エチオピア南部からオロモ系集団が一六世紀以降に南下してきたことを契機として、次第に地理的、言語的、文化的に分裂していった。

オロモ系のなかでもとくに強い影響力を保ったのが、ボラナである。レンディーレを含む一部を例外として、プロト・レンディーレ・ソマリ系の諸集団は次第にボラナの傘下に入っていった。ボラナがおもに牛を飼養していたことから、ラクダをおもな家畜とするこれらの集団は放牧地をめぐってボラナと競合関係に陥ることもなかった。ボラナは、エチオピア北部のアムハラ（Amhara）のようにこの地域に帝国を建設することはなかったものの、さまざまな集団からなる連合体を築き、政治的、文化的な優位に立った。一九世紀末まで比較的平和な状態がつづいたことから、この期間は「ボラナの平和（pax borana）」と呼ばれている。そして、この政治的な均衡を崩した出来事が、ソマリの南下とイギリスによる植民地化であった（Schlee 1989）。

　序章で述べたソマリの六つのクラン群、つまりダロード、ハウィエ、イサック、ディジル、ディル、そしてラハウェインのうち、一九世紀末に北ケニアにやってきたのはダロードとハウィエであった（図０-２）。それ以前にも、一七世紀頃にハウィエ系のアジュランとガレーが、それぞれインド洋沿岸部のベナディール（Benadir）地方とシェベリ川（Shebelle River）流域から北ケニアに移動してきたとされる。両者は、当時はまだ勢力を保っていたボラナとシェーガト（*shegat*）の関係をむすび、その庇護下に入ることによって、この地域の水場と放牧地へのアクセスを獲得した。[1] しかし、一八九〇年代になるとソマリがそれまでとは比較にならない規模で、隣接するエチオピアとイギリス領ソマリランドから押し寄せてきた。[2] このときの大移動については、新たな水場と放牧地を求めることへのプレッシャーという、より一般的な背景のほかにも、いくつかの要因が指摘されている。第一に、一八八九年に即位したメネリク二世（Menelik II）の治世下で、エチオピア帝国が南方への進出を図っていたことが挙げられる。第二に、イギリス領ソマリランドでは「狂気のムッラー（Mad Mullah）」と呼ばれたサイード・ムハンマド・アブディル・ハッサン（Sayyid Muhammad Abdille Hassan）が反植民地主義運動を展開していた。一八九九年に始まったこの反乱は、南アフリカで第二次ボーア戦争を戦っていたイギリスが十分な兵力を投入できなかったこともあって長期化し、一九二〇年にムハンマドが病死するまで継続した（Lewis 2008: 17-18）。そして第三に、次に述べるようにインド洋沿岸部からは帝国イギリス東アフリカ会社（Imperial British East Africa Company）が進出を開始していた（Dalleo 1975: 1-43）。

ソマリが大挙して移動していたこの時期、「アフリカの角」地域でエチオピア、イタリア、そしてイギリスという三つの帝国がそれぞれ勢力を拡大するなかで、最後まで取り残されていたのが北ケニアとジュバ川流域のジュバランドであった。前述のように、エチオピアは南部に軍事進出しており、その軍隊はジュバ川沿いの街であるルーク（Luuq）や、ロリアン湿地にまで到達した。しかし、エチオピアが北ケニアとジュバランドで支配を確立することはなかった（Dalleo 1979: 83-91）。イタリアは、イギリスやフランスに対抗してアフリカ進出を狙っており、一九世紀末にソマリア南部のスルターンと保護協定を結んだ。また、一八九二年八月にはザンジバル・スルターン国（Sultan of Zanzibar）からベナディール沿岸部の借地権を獲得した。これらの地域は、フィロナルディ（Vincenzo Filonardi）率いる勅許会社のフィロナルディ会社（Societá Filonardi）に一任された。この会社は、交易活動だけでなく内陸部の有力者と保護協定を結ぶ活動にも取り組んでいた。しかし、この活動はイタリアの勢力拡大を警戒するソマリからの反発に直面し、首尾よくいかなかった。イタリア政府は明確な植民地政策を持っておらず、状況が深刻な状態に悪化するまで財政的、軍事的な支援を受けることもできなかった（Cassanelli 1982: 201-207）。

そうしたなかで、帝国イギリス東アフリカ会社は一八八五年にザンジバル・スルターン国と協定をむすんだ。この協定によって、ジュバランドの貿易を独占し、この地域で見つかった鉱物をすべて採掘し、法と秩序を確立する権利が認められた。また、一八九一年には同国からキスマヨ（Kisumayo）を含むジュバランド沿岸部の賃借権を手に入れた。ジュバ川沿いは森林資源が豊富で、ヨーロッパ人の入植に適した肥沃な土地と考えられていたことから、東アフリカ会社はジュバランドへの進出をウガンダ鉄道（Uganda Railway）の建設に次いで重視していたとされる。しかし、イタリアの場合と同様にこの動きもソマリによる抵抗に遭い、一八九二年にはオガデン・ソマリに対する懲罰隊を率いていた東アフリカ会社の職員が殺害された（Abdullahi 1997: 26-52; Dalleo 1975: 44-119）。

内陸部に進出する姿勢は、一八九五年に設立された東アフリカ保護領（East Africa Protectorate）にも引き継がれた。[3] このとき、北ケニアには行政区画が置かれなかったものの、ジュバランドは四つの州のうちのひとつに位置づけられ、その行政を管轄する副弁務官（Sub-Commissioner）としてジェンナー（J. C. W. Jenner）が派遣された。[4] 当時保守党政権で首相を務めていたソールズベリー侯爵（Lord Salisbury）はジュバランドを重視しておらず、ジェンナーには抵抗をつづけるソマリに対処するのに十分な兵力は確保されなかった。手段が限られたなかで、ジェンナーはソマリと友好関係を築くのに努め、敵対的な集団には懲罰隊を送った（Abdullahi 1997: 36-37; Mungeam 1966: 29-33）。しかし、一九〇〇年七月にはジェンナーもまた任務の途中でオガデン・ソマリによって殺害された。その報告を受けたイギリス外務省は、今度は速やかにインドから部隊を派遣することを決定し、オガデン・ソマリに罰則の支払いを約束させることに成功した。もっとも、懲罰隊派遣中の同年一二月に東アフリカ保護領の弁務官（Commissioner）に着任したエリオット（Charles Eliot）は、これを機にそれまでのようにジュバランドの内陸部への勢力の拡大を試みるのではなく、キスマヨなど一部の拠点を除いて撤退するという方針へと転換した（表1 - 1）。その理由としては、第一に、ジュバランドでは法と秩序を維持するのにコストがかかり過ぎるわりに、何も得るものがないと考えられていたことが挙げられる。東アフリカ会社の時代から、ソマリ以外の非協力的な集団にも懲罰隊は派遣されており、同時期では一九〇五年にナンディ（Nandi）に対して、そして一九一三年にはギリアマ（Giriama）に対して大規模な派兵がおこなわれた。しかし、これらのケースについては、前者はウガンダ鉄道を襲撃から守るという点で、後者はモンバサ（Mombasa）への労働供給を確保するという点で、いずれも政治的、経済的に重要性が高かった（Brantley 1981）。それに対して、エリオットにとってジュバランドの内陸部は痩せて乾燥した利用価値のない土地であった（Mungeam 1966: 72-76）。それだけでなく、ソマリ、とくにオガデンのグループは「アフリカでもっとも恐るべき戦闘的な部族のひとつ」（Simpson 1999: 12）と目されており、警戒されていた。第二の理由としては、エリオットの弁務官在任中に植民地経営の重点が変化したことが挙げられる（Mungeam 1966: 84-93）。一九〇二年三月には、ヴィクトリア湖東岸のキスム（Kisumu）とモンバサをむすぶウガンダ鉄道を単一の行政機構のもとに置くために、ウガンダ保護領（British

表 1-1　東アフリカ保護領及びケニア植民地の弁務官・総督一覧

期間	名前
1895 年 7 月～ 1900 年 10 月	ハーディング（Arthur Henry Hardinge）
1900 年 10 月～ 1900 年 12 月	クラウフォード（C. H. Craufurd）*
1900 年 12 月～ 1904 年 5 月	エリオット（Charles Eliot）
1904 年 5 月～ 1904 年 8 月	ジャクソン（Frederick Jackson）*
1904 年 8 月～ 1905 年 10 月	スチュワート（Donald Stewart）
1905 年 10 月～ 1905 年 12 月	ジャクソン *
1905 年 12 月～ 1909 年 4 月	サドラー（James Hayes Sadler）**
1909 年 4 月～ 1909 年 9 月	バーリング（Charles Bowring）*
1909 年 9 月～ 1912 年 7 月	ジラード（Percy Girouard）
1912 年 7 月～ 1912 年 10 月	バーリング *
1912 年 10 月～ 1917 年 4 月	ベルフィールド（Henry Belfield）
1917 年 4 月～ 1919 年 2 月	バーリング *
1919 年 2 月～ 1922 年 8 月	ノーシー（Edward Northey）***
1922 年 8 月～ 1925 年 2 月	コリンドン（Robert Coryndon）
1925 年 2 月～ 1925 年 10 月	デンハム（Edward Denham）*
1925 年 10 月～ 1930 年 9 月	グリッグ（Edward Grigg）
1930 年 9 月～ 1931 年 2 月	ムーア（Henry Monck-Mason Moore）*
1931 年 2 月～ 1936 年 12 月	バイアン（Joseph Byrne）
1936 年 12 月～ 1937 年 4 月	ウィエド（Armigel de Vins Wade）*
1937 年 4 月～ 1939 年 9 月	ブルック＝ポッファム（Henry Brooke-Popham）
1939 年 9 月～ 1940 年 4 月	ハラギン（Walter Harragin）*
1940 年 4 月～ 1944 年 10 月	ムーア
1944 年 10 月～ 1944 年 12 月	レニー（Gilbert M. Rennie）*
1944 年 12 月～ 1952 年 6 月	ミッチェル（Philip Mitchell）
1952 年 6 月～ 1952 年 9 月	ポッター（Henry S. Potter）*
1952 年 9 月～ 1959 年 10 月	バーリング（Evelyn Baring）
1959 年 10 月～ 1959 年 10 月	クーツ（Walter Fleming Coutts）*
1959 年 10 月～ 1962 年 11 月	レニソン（Patrick Muir Renison）
1962 年 11 月～ 1963 年 1 月	グリフィス＝ジョーンズ（Eric Griffith-Jones）*
1963 年 1 月～ 1963 年 12 月	マクドナルド（Malcolm John MacDonald）

備考：* は代理。
** のサドラーは 1907 年 5 月まで東アフリカ保護領弁務官、それ以降は東アフリカ保護領総督。
*** のノーシーは 1920 年まで東アフリカ保護領総督、それ以降はケニア植民地総督。
出典：Maxon and Ofcansky 2014: 369-70.

Protectorate of Uganda）から東部州（Eastern Province）が移管された。その結果、のちにホワイト・ハイランド（White Highland）と呼ばれるヨーロッパ人の入植に適した領域の大半が、東アフリカ保護領に含まれることになった。それは、鉄道の建設費用を捻出するために入植の推進を計画していたエリオットにとって、望ましい条件であった。さらに、東部州の移管によって保護領の中心が西側へとシフトした。このことを象徴するように、一九〇五年には保護領の首都がモンバサからナイロビ（Nairobi）に移転された。それにともなって、ジュバランドは中心からますます遠のいていった。

こうして、植民地初期の北ケニアとジュバランドでは、「ティグレ（Tigre）」と呼ばれたエチオピアからの侵入者と好戦的なソマリが流入してくるのを阻止するとともに、彼らからボラナやオルマ（Orma）などのオロモ系住民を保護することがプライオリティとなり、それ以上のことは期待されなかった。とくに北ケニアの場合、東アフリカ保護領の設立が宣言され、エチオピア帝国とのあいだに国境線に関する合意が成立したあとも、行政府が正式に置かれない期間がしばらくつづいた。[5] 唯一の例外的な存在が、一九〇五年一一月にイギリス・南エチオピア辺境視察官として派遣されたザフィロ（Philip Zaphiro）であった（Dalleo 1975: 100-103; Mungeam 1966: 167）。ザフィロはモヤレ（Moyale）を拠点として、アスカリ（*askari*）と呼ばれる兵士とともに国境付近を巡回し、エチオピアからの侵入者に目を光らせるとともに、秩序の維持に努めた。もっとも、国境線は六〇〇キロメートル以上に及ぶ長大なものであり、限られた人員と兵力でその任務をこなすのは困難であった。[6] また、一九〇七年にはボマ貿易会社（Boma Trading Company）が、北ケニアで活動を許可された唯一の企業として事業を開始した。この会社に運営資金を提供したのは、この地域の経済的なポテンシャルに着目していたデラメア卿（Lord Delamere）であった（Chenevix-Trench 1965）。この会社は、マルサビット（Marsabit）、ドロ（Dolo）、そしてモヤレに拠点を設置し、北ケニアとジュバランドから象牙、蜜蝋、牛、馬などを調達した。その活動を許可した植民地省も、支配がほとんど及んでいないそれらの地域に平和裏に進出する手段として、その活動に期待していた。しかし、十分な収益が上がらず、治安も安定しなかったことから、結果的に三年間で事業の停止を余儀なくされた（Mungeam 1966: 167-71; Simpson 1996: 283-84）。

一方で、北ケニアに行政の手を広げる準備は着実に整いつつあった。一九〇六年にエンブ（Embu）に、そして一九〇八年にはメルー（Meru）に行政府が設置されたことで、ケニア山の周辺が政府の勢力圏に含まれるとともに、その北方に広がる広大な地域に進出するための拠点が確立された。そうしたなかで、一九〇九年九月にジラード（Percy Girouard）が保護領の総督（Governor）として着任した。ジラードは、アフリカの各地で鉄道建設と鉄道行政に従事してきた人物であり、東アフリカに赴任する前は間接統治の理念と手法で知られるルガード卿（Frederick Lugard）の後任として、北ナイジェリア保護領（Northern Nigeria Protectorate）の高等弁務官を務めていた。東アフリカにやってきたジラードは、明確で一貫した政策が存在しておらず、行政官の質が低く、地方行政が個人依存的であるなど、統治機構に対してさまざまな点で不満を抱き、着任後すぐに一連の改革に着手した（Mungeam 1966: 207-28）。北ケニアの問題についても、エチオピアとの国境線について調査していたグウィン（Charles Gwynn）によって提出された報告書をもとに、方針を検討した。[7] この報告書では、国境線に関する提言だけでなく、ザフィロを解任してイギリス人の行政官を赴任させ、モヤレやマルサビットに行政府を設置することによって正式に行政を開始することが勧告されていた。この考えはジラードによって支持され、当時植民地大臣（Secretary of State for the Colonies）を務めていたクルー＝ミルネス（Robert Crewe-Milnes）からも追って承認された（Mungeam 1966: 229-31; Simpson 1996）。これを受けて、ザフィロはアディスアベバ（Addis Ababa）のイギリス公使館へと転出し、アーチャー（Godfrey Archer）らがマルサビット、モヤレ、そしてワジア（Wajir）に行政府を設置するために派遣された（Archer 1963）。また、この動きと並行してジュバランドでも、ジュバ川沿いのセレンリ（Serenli）に行政府が開設された（Dalleo 1975: 94-95）。翌一九一〇年四月には、北ケニアにもほかの地域と同様に独立した行政区画が設定され、ＮＦＤと名づけられた。その最初の司令長官には、ホープ（J. O. W. Hope）が任命された（Cashmore 1965: 180）。

　北ケニアにおける行政の開始が宣言されたとはいえ、その具体的な方針については政府内で意見が分かれており、議論が生じた。一方で、王立アフリカ小銃隊（King's African Rifles）のテシガー（George Thesiger）をはじめとする軍人や一部の地方行政官は、この機会に兵力を増強して実行的な支配を確立すべきだと主張した。他方で、ホープやアーチャーなどの慎重派は、従来の方針に従うべきだと考えていた。彼らは、国外からの不法な侵入を阻止するために最小限の規模の兵力は配備するものの、原住民の集団内外で起こる事柄については彼ら自身に委ねるという、いわゆる「観察」の政策を唱えた。アーチャーはのちに、ウガンダの牧畜民カリモジョンについて「牧畜民がラクダ、牛、そして羊を飼育しながら暮らしている北部地域に対処するには、ひとつのやり方しかない——それは、ユニオンジャックのもとで可能なかぎりの保護を提供し、それが不可能であればできるだけ自分たちの首長のもとで、自分たちの慣習に従いながら生きてもらうことである」(Barber 1968: 209)と語っていたが、それと同様のまなざしは北ケニアにも向けられていた。観察政策は「静寂主義(quietism)と拡張主義の非現実的な組み合わせ」(Simpson 1996: 285)と呼びうるものだったが、ジラードはこちらの立場を採用した。それは、エリオットの非介入主義的な方針を踏襲することを意味していた(Abdullahi 1997: 42-43; Eliot 1905: 121-22)。

しかし、観察政策の矛盾と限界は間もなく露呈することになった。まず、一九一三年五月に王立アフリカ小銃隊のエイルマー(Leycester Aylmer)大尉が殺害された。それは、エイルマーがアスカリとともにエチオピアからの侵入者を探すために国境付近を巡回し、途中で出くわした武装集団と衝突した際の出来事であった。犯人を逮捕するために、王立アフリカ小銃隊の部隊が派遣され、外交的なはたらきかけが実行されたものの、成果は上がらなかった。また、翌一九一六年二月にはジュバランドのセレンリ県で、県長官(District Commissioner)のエリオット(Francis Elliot)が殺害された。当時エリオットは、ソマリの同じダロード・クラン群に属するアウリハンとマレハン(Marehan)の対立に介入しており、彼がマレハン側についたと考えたハージ・アブドゥラハマン・ムルサル(Hajji Abdurrahman Mursaal)率いるアウリハンの襲撃を受けた。その後、分節リネージ体系の政治構造によって特徴づけられるソマリは、イギリスに対して連帯して抵抗を展開することはなかったとはいえ、アブドゥラハマン・ムルサル率いるアウリハンはジュバランドのほとんどを傘下に置き、NFDにおけるイギリスの支配を脅かした。これらの事態に直面して、政府からはNFDの軍事力を強化して、行政体制を再編することを求める声が上がったものの、第一次世界大戦が勃発し、ドイツ領東アフリカに部隊を集中させるなかで、その余力は残されていなかった。アブドゥラハマン・ムルサルの反乱後には、ワジアなどNFDの一部の地域とジュバランドから一時的に撤退することを強いられ、戦況が落ち着くまで懲罰隊を送り込むことはできなかった(Simpson 1996, 1999)。

表1-2　北ケニアにおける収支（1909～30年）

	収入	支出
1909～10年	−	1,539
1910～11年	329	4,505
1911～12年	242	4,651
1912～13年	112	6,818
1913～14年	706	10,714
1914～15年	217	200,007
1915～16年	497	15,155
1916～17年	437	14,587
1917～18年	735	26,087
1918～19年	1,236	26,908
1919～20年	21	27,069
1920～21年	2,509	39,733
1921年	939	15,906
1922年	636	5,352
1923年	1,926	3,785
1924年	1,387	3,386
1925年	1,361	5,801
1926年	1,884	12,126
1927年	2,225	2,239
1928年	3,754	2,291
1929年	3,693	2,911
1930年	1,785	10,270

備考：1922～25年は軍政期。軍事費用は年次報告書に記されていない。Administrationの項目の費用のみ。単位はポンド。
出典：Treasury on May 17 1932: KNA/PC/NFD 7/4.

その後、ソマリの支配では武装解除がおこなわれ、行政の範囲も広がっていったことで、一九一九年までに暴力的な抵抗は存在しなくなったという[8]。しかし、だからといってソマリが従順な原住民に転換したわけではなかった。彼らは政府に正面から反旗を翻すのではなく、「政府の支配が強力な地域からの移動、政府の命令への不服従、そして拡大する行政に対する全般的にネガティブな態度」など、さまざまな形態で抵抗をつづけたのである（Turton 1972: 120-27）。政府としては、原住民集団内外の事柄には原則として非介入の立場をとりながらも、それらの問題や、「ティグレ」やソマリの侵入への対処を継続せざるをえなかった。のちに総督を務めたグリッグ（Edward Grigg）が、ＮＦＤの行政には年間一〇万ポンドかかっており、「ケニアのその他の部族集団やコミュニティの利益が、（治安を維持するという）帝国全体の利益のために犠牲になっている」ことを嘆いたのは、そのためである[9]（表1‐2）。治安維持や軍事の費用がかさむ一方でリターンを得ることができないことから、政府にとって北ケニアは「イギリス政府の玄関先にいる物乞いたち」[10]にほかならなかった。北ケニアで原住民に対して採用された観察と非介入の方針は、このように絶えずその限界に直面することを強いられていたのである。

(2) 統治の機構とその担い手たち

ここで、ＮＦＤの統治の機構がどのようなものであり、どのような人びとによって担われていたのかを簡単に確認しておこう。ＮＦＤを含むケニアの行政は、一般的に中央政府と州行政という二つに大別される官僚機構のもとで機能していたことが知られている（平田 二〇〇九：一三八）。前者は、ケニア全土の州（Province）と県（District）における行政を指している。他方で後者は、医療局（Medical Department）、農務局（Department of Agriculture）、家畜医療局（Department of Veterinary Services）、原住民問題担当局（Native Affairs Department）など、専門分野ごとに異なる部局に分かれていた。本書ではホッジ（Hodge 2007）に倣って前者の担い手を地方行政官（administrative officers）と呼び、後者に属していた医務官（Medical Officer）、農務官（Agricultural Officer）、家畜医務官（Veterinary Officer）などを専門担当官（technical experts）と総称する（図1-1参照）。

ケニアにおける植民地統治を特徴づけていたのが、地方行政官という「現場の人間（men on the spot）」に大きな権限が与えられ、その裁量（discretion）が原則として尊重されていたという点である

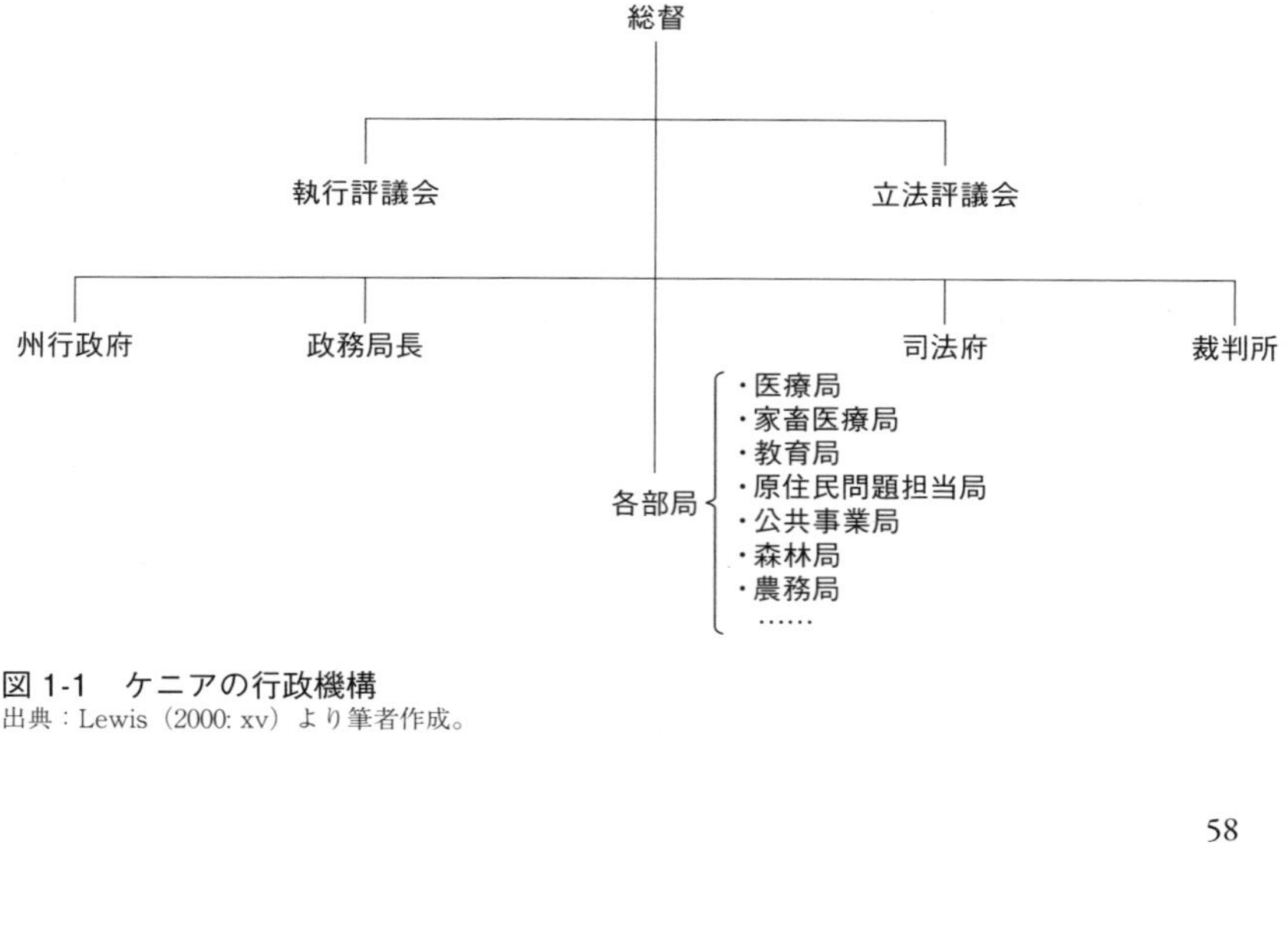

図 1-1　ケニアの行政機構
出典：Lewis（2000: xv）より筆者作成。

(Berman 1990: 76; Mungeam 1966)。すなわち、イギリス本国で形成された方針や政策がケニアの植民地政府を経由して各任地の行政官へとトップダウン式に伝達されていたわけではなかったということである。一九四〇年代頃まで、本国の政府はケニアを含む各植民地の財政状態を監督することによって、間接的に政策をコントロールしているに過ぎなかったと言われている(Spencer 1983)。NFDのような辺境地域の場合、少なくとも植民地初期には中央政府とのあいだに効率的な交通やコミュニケーションの手段が存在していなかったことから、あらゆる事柄について中央から各地方行政官に指示を与えることは現実的に困難であった。また、ケニアでは地方行政が「現場の人間」の裁量に委ねられたことで、行政官個人の威信(dignity)によって基礎づけられる傾向にあった。統治に割かれる資源がとくに制限されていたNFDでは、この側面がとりわけ顕著であったと考えられる。

一方で、「ホワイト・ハイランドではなく、(原住民)居留地でもない」[11]と表現されることもあったように、NFDはケニアのその他の地域とは行政上異なる扱いを受けていた。たとえば、ほかの地域では一九一一年の原住民法廷条例(Native Tribunal Rules)によって原住民法廷が設置されていたものの、NFDには「当州に適していない」[12]という理由から当初は置かれていなかった。原住民法廷と原住民評議会(Local Native Council)がこの地域に導入されたのは、一九四〇年のことだった(Mburu 2005: 58)。また、後述するように税の導入もやや遅れて開始された。これに加えて、この地域では人と家畜の移動も厳しく制限されていた。一九〇二年の外部県令(Outlying Districts Ordinance)は、行政官以外に特別の許可を持たない者がこの地域に入ることを禁止していた。[13]とはいえ、そもそもNFDを設置した理由のひとつがソマリの移住とエチオピア側からの侵入を阻止することにあったものの、結果的にその後も状況はほとんど改善しなかった(Mungeam 1966: 235)。そこで、政府は一九一八年にソマリ-ガラ・ライン(Somali-Galla line)を設定し、この境界線より西のボラナ側に指定された領土にソマリが居住するのを禁止した。[14]また、部族や部族内のセクションごとに放牧地を指定し、他の部族のエリアへの移住や放牧を厳しく処罰した。「移住が発覚すれば、すみやかに立ち退かせること。過去の経験から、いったん居ついてしまったら立ち退かせるのは困難となります」[15]という、ある州長官の言葉からは、人びとのモビリティに対する警戒感の強さがうかがえる。

しかし、これらの努力にもかかわらず、移動を制限するという行政上の目標は十分に遂行されたとはいいがたい。その原因の一端としては、ソマリの一部がシェーガトを利用して、アジュランやボラナの領域に移り住んでいたことが挙げられる（Mburu 2005: 60-61）。また、軍事的、行政的な点でも限界があった。部族や部族内のセクションが政府によって指定されたラインを越えて移住や放牧をしているのが発覚した場合、行政側は彼らを強制的に押し戻していたのだが、その行為が必ずしも法的根拠をともなっていなかったのである。行政官の法的権限を強化するために、集団的懲罰令（Collective Punishments Ordinance）をもとに一万シリングまで罰金を科す権限が州長官に対して与えられたものの、集団間の紛争や家畜略奪に対処するにはそれだけでは十分ではなく、現場で部族間の諸問題に対処していた地方行政官のあいだから不満の声が上がっていた（Colony and Protectorate of Kenya 1934: 91）。そこでこの問題に対応するために一九三四年に制定されたのが、特別県（行政）令（Special Districts（Administration）Ordinance）である。この法令は、イギリス領インド帝国の北西部辺境州（North-West Frontier Province）で適用されていた辺境部犯罪条例（Frontier Crimes Regulation）をモデルに起草されたものである。[16] つまり、特別県（行政）令は、北西辺境州というインド植民地の「法的な例外空間」で動員されていた特殊な行政的手段が、別の「例外空間」へと輸出された事例であった（Hopkins 2015）。この法令はＮＦＤの行政官に「政府に対して敵対的なふるまいをする者に対処する特別な権限」を与えるものであり、その権限があまりに強力であったために、立法評議会での審議中にインド人の評議委員から懸念が表明されたほどだった（Colony and Protectorate of Kenya 1934: 93）。具体的には、たとえば同令第八条は、政府に対して敵対的に行動する者を逮捕し、その財産を没収する権限を地方行政官に付与した。その他にも、秩序を乱すと判断された者などをＮＦＤ外に追放する（第一六条）、特定の放牧地や水場の使用を禁止する（第一七条）、特別な許可をもたないかぎりＮＦＤの内外の移動を禁止する（第一八条）など、ケニアのほかの県にはない法的権限がＮＦＤの行政官には与えられていた（Colony and Protectorate of Kenya 1935: 33-41）。二年間のみ実験的に導入され

写真 1-1　北ケニアの行政官が生活していた官舎。1927 年 6 月にバルサロイ（Barsaloi）で撮影された写真（Report of Sir E. B Denham on His Tour of the N. F. P.: TNA/CO 533/371/12 より、Crown Copyright）

たこの法令は、一九三六年の改正時に二年間延長され、翌一九三七年の改正によって無期限に効力をもつことになった。[17] アンダーソン（Anderson 1986: 412）が述べているように、「村落部において植民地国家は本質的に脆弱であったために、完全に望んだ通りに人びとを従わせることはできなかったものの、アフリカ社会が変容していく過程において植民地の法制度は確かに重要な役割を果たした」といえるだろう。

このようにその他の州とは異なる特殊な任地は、地方行政官に対して特定の心性を育むことを要求した。ＮＦＤでの勤務は周縁的なキャリアとされ、懲罰的な処遇とすら見なされていた。そのため、北ケニアの代表的な行政官のひとりとして知られるターンブル[18]（Richard Turnbull）が、キャリアの初期にキスムよりもＮＦＤを勤務地として選択した際には、あるインド人の下級職員が「かわいそうな若者よ、君は自分のキャリアを台無しにしてしまった」と嘆息したという。[19] 多くの植民地史研究者が指摘しているように、当時のヨーロッパ人は熱帯の厳しい気候が身体的、精神的、道徳的な危機をもたらすと考えていた（Campell 2007;

Kennedy 1987)。同様に、NFDをはじめとする「砂漠地帯の周縁部」の過酷な環境や、容赦なく照りつける日光もまた、彼らの心身に深刻な影響を与えるとされていた（写真1-1）[20]。NFDに赴任する者は、暑さのために健康を損ねるか神経症的状態に陥りやすいとされ、平均して一年半で交代することが通例になっていた（Allen 1979: 98）。女性と子どもはとくにこの環境への感受性が強いとされたために、北ケニアの行政官は結婚しないよう求められており、配偶者がいたとしても単身赴任することが推奨されていた（Huxley 1985: 164）。リース[21]と結婚してケニアの地を踏んだA・リース（Alys Reece）が、彼の上官で当時NFDの司令官の地位にあったグレンディと初めて面会するまで、夫の任地での滞在を拒まれることを危惧していたのは、そのためであった[22]。ハイランド地方とは異なり、周囲に行政官以外のヨーロッパ人がまったく住んでおらず交友の愉しみをもてない環境は、行政官たちに孤独感をもたらし、ときに心身の不調を訴える者もいた。とはいえ同時に、このような不遇で厳しい環境は、そこにおいて治安を維持してハイランド地方に混乱をもたらさないようにするという経験と誇りを基盤とした、中央政府やその他の県の地方行政官からは差異化される職業的アイデンティティの形成につながった。たとえば、NFDで勤務した経験をもつシェネヴィクス＝トレンチ（Charles Chenevix-Trench）によると、北ケニアの行政官は、妻を娶らないだけでなく女性の魅力に対して興味をまったく示さず、ソマリの特定の集団に肩入れすることはなく、行政ステーションにいるときには一日に一四時間勤務し、一ヶ月のうち半分は徒歩でのサファリに出かけ、孤独に耐え、北ケニアへの赴任を懲罰ではなく特権的な措置として受け入れなければならなかった（Chenevix-Trench 1993: 136-37）。これらのNFDの行政官としてあるべき態度や振る舞いは共有され、「北ケニアの偉人たち」（Huxley 1985: 177）や「ライオンの乳母」（Huxley 1985: 154）、「北部辺境県係」（Chenevix-Trench 1993: 136-37）といった表現として流通することによって、この地域での統治経験を共有し語る者たちの特権的な意識を支えていた。

2 統制される家畜

(1) ラクダ

前節で述べたように、ソマリ、ガブラ、レンディーレ、サクイェという東クシ系の諸集団にとって、ラクダは社会のさまざまな側面と関連する重要な家畜である(写真1-2)。とはいえ、これら以外の集団にとっても、ラクダは牛、山羊、羊とともに、乾燥した北ケニアの環境で生活する上で不可欠な存在である。「飼料を高品質で栄養に富んだ生産物へと転換することによって、これらの(乾燥した)環境下での食糧生産を可能にする、必要不可欠なテクノロジー」(Nori et al. 2006: 17)であるラクダは、ほかの家畜が食べない有棘植物や塩生植物を採食することができる。また、ラクダは日中のあいだ体内の水分を保持するために体温を上昇させるなど、乾燥した厳しい環境に適応した生理学的機能を備えているために、給水せずに長距離を移動することが可能であり、ほかの家畜には利用できない水場から遠く離れた場所でも放牧することができる。[23] しかも、ほかの家畜とは異なり代謝と体内冷却のために多量の水分を必要としないラクダは、長期間に比較的多量の泌乳が可能という特徴もある。[24] 北ケニアに暮らす人びとは、このように乾燥地に適応した諸性質を備えたラクダによって、生を支えられてきた。そして、二〇世紀初頭にこの地に足を踏み入れたイギリス人行政官たちもまた、植民地統治を展開するに際してこれらの性質に着目し、利用していくことになった。

イギリスが植民地化をすすめる前まで、ジュバ川流域のジュバランドでは、上に述べたラクダの特徴を利用した広大な交易圏が形成されていた。その範囲は、現在のエチオピア南部からソマリア南部に及ぶものであり、ベナディール沿岸部の都市に住むインド系やアラブ系の商人によって、ラクダによるキャラバン交易隊がエチオピア南部のボラナ地域まで送り込まれていた。これらの交易隊は、西アフリカのサハラ砂漠を横断するキャラバン交易と比べて規模

写真 1-2　放牧されるラクダ（筆者撮影）

が小さく、通常はそれぞれ六頭程度のラクダを用意する商人が二、三人で隊商を組むというものだった。この交易活動の中継点となったのが、ルークやバルデラ（Bardera）などジュバ川沿いの街であり、商人たちはそこで人夫やラクダ、旅の装備を揃えた。[25] 彼らは、持参した衣服や黄銅線、煙草などの商品を家畜と取引し、さらにその家畜と交換に象牙やサイの角などを入手して、持ち帰った。そして、のちにNFDとなる地域は、一九世紀後半から二〇世紀初頭にかけて、エチオピア南部、ジュバ川流域、ベナディール沿岸部を中心とするこの交易圏の周縁部へと組み込まれていったのである（Dalleo 1975: 44-119）。

しかしながら、前述のように二〇世紀初頭に北ケニアの内陸部でイギリスによる植民地統治が展開されるようになると、この交易活動は規制されていった。[26] 商人は事前に許可を取得することを義務づけられただけでなく、行政府に五〇〇ルピーを預金しなければならないとされた。さらに、キャラバン隊は三〇〇ルピーの現金か、これに相当する商品の携行を求められた（Dalleo 1975: 103）。それだけでなく、北ケニアでは「新しい経済」（Dalleo 1975: 120-83）を敷設するための措置が採られていった。一九二〇年代から一九三〇年代にかけてモヤレやワジアなど、植民地政府によって新しく開設された行政府の周囲に小規模ながら街が発展するようになり、ドゥカ（*duka*）と呼ばれる商店がインド人やアラブ人、一部のソマリによって設営された。必要な物品がベナディール沿岸部からのキャラバン交易隊を待たずとも、近隣の街のドゥカで手に入るようになったことによって、従来のキャラバン交易に商人としてだけでなく通訳や道案内役など多様なかたちで参与していたソマリの牧畜民は、「生産」した家畜を売却し、得られた現金によって商品を購入、消費する存在になるよう促されていった。

このように植民地当局は、北ケニアの乾燥した環境に適応したラクダの諸性質に依拠した交易活動に制限をかけていたのだが、その一方で、統治体制を実現するためにラクダを活用することも試みていた。そもそも、道路が未整備で自動車が利用できず、代替の輸送手段の限られた北ケニアにヨーロッパ人が足を踏み入れること自体が、砂漠の海に浮かぶ「ヨット」であるラクダの助けを借りなければ実現しえないことであった。たとえば、一八九六年にイギリス領ソマリランドからエチオピアを経由して陸路でケニアに到来したデラメア卿は、レンディーレの地で衣服と交換にラクダを入手して、これを輸送運搬手段とした[27]。輸送用にラクダを必要としたのは、先述の行政官アーチャーも同じであった。北ケニアで行政が開始されたばかりの頃、マルサビットに駐在することになった王立アフリカ小銃隊第二大隊の輸送手段の調達を任されたアーチャーは、警察長官との交渉に赴いた。輸送運搬をラクダに頼らざるをえないこの地域では、ハイランド地方で雇用していたキクユ（Kikuyu）やカンバ（Kamba）の労働者は有用ではないと考えたアーチャーだが、警察長官との交渉の末に、そのほとんどがソマリの八〇人からなる北部辺境警察隊（Northern Frontier Constabulary）を組織する許可を与えられ、そのためのラクダをレンディーレから買い付けることに成功した。イギリス領ソマリランド保護領に転任するために一九一三年にはケニアを離れることになるアーチャーは、その短い在任期間中に、重要な輸送手段であるラクダに対する関心を失うことはなかった。一九一一年にＮＦＤの司令長官に就任したアーチャーは、通常の行政業務がほとんどなかったこともあって、ラクダによる輸送の効率化に関心を向けていた、と自伝のなかで回顧的に述べている。また、陸軍のニーブ（Chavles Neave）大尉が家畜医務官としてＮＦＤ

写真1-3　北ケニアの道路。1927年6月に当時の総督デンハムが北ケニアを巡察した際に撮影された写真（Report of Sir E. B Denham on His Tour of the N. F. P.: TNA/CO 533/371/12より、Crown Copyright）

に着任してきたときには、彼にラクダを扱った経験があったことにとくに言及している（Archer 1963: 35-60）。

ＮＦＤでは植民地化とともにラクダが輸送運搬に利用されるのと同時に、道路インフラの整備が着手された。「自動車を使った輸送や道路建設、電話や無線電信の導入によって、モビリティを高めると同時にコミュニケーション状況を改善するのは、総合政策の一環である」という構想のもとで、主要な行政府の置かれた街をむすぶ道路網が整備された。[28] しかし、予算の制約もあって、その道路とは「婉曲的な表現にすぎず、実際には、砂漠のなかを曲がりくねってすすむ、ところどころに切り立った石灰岩の露出した砂地道」（Dalleo 1975: 147）に過ぎなかった（写真1-3）。その脆弱な道路は、重量がある自動車の通行に耐えることができず、しばしば修理を必要とし、とくに破損の激しくなる雨季のあいだは使用を禁止されていた。[29] そのため北ケニアでは自動車の交通がすすんでからも、ラクダは牛車とともに部分的には重要な輸送運搬手段として用いられつづけたのである。

さらに、北ケニアでは道路網が整備されてからも、ラクダは単なる交通・輸送以外の目的で利用されつづけた。アデン、インド、ソマリランド、そしてスーダンの場合と同様に、ジュバランドではジェンナー殺害を受けて懲罰隊が派遣されたあとの一九〇一年四月に、ラクダ部隊（Camel Corps）が結成された。移動性の高いこの部隊は地域の情報を収集し、パトロールによって治安を維持するという重要な役割を担っており、一時は北ケニアのほかの地域でも導入が検討されたものの、予算の制約もあり実現することはなかった。[30] もっとも、警察隊（Kenya Police）と部族警察隊（Tribal Police）が道路の通っていない牧野を見回って、牧畜民が不法に放牧地を利用していないかをチェックする際には、ラクダは大いに活用された。[31] また、行政官が徒歩で自分の管轄地域を巡回する際にも、ラクダは使役された。「旅行」を意味するスワヒリ語から「サファリ（*safari*）」と呼ばれたこの巡回において、行政官は人びとと直接コミュニケーションをとり、問題を実地で把握することが求められていた。この点で、自動車による移動は無意味なだけでなく、有害だとすら考えられていた。というのも、サファリでは「その最中に出会うすべての人と立ち話し、すべての集落に立ち寄って、ミルクを飲みながら牛とラクダの調子、天気、放牧地の様子、そしてアディスアベバやモガディシュから最近伝わってきた噂についてお喋りする」（Chenevix-Trench 1964: 20）必要があったからである。サファリには少人数のケニア警察隊と部族警察隊が同行し、ラクダは乗用だけではなく荷運びにも用いられた（Huxley 1985: 148）。移動は日中の暑い時間帯は避けて、おもに早朝と夕刻におこなわれた。[32]

ＮＦＤではケニアのほかの地域と同様に、部族やクランを首長を介して集団ごとに統治する、という間接統治の原則が遵守されていた。しかし、首長の権威が想定していたほど絶対的なものではなかったなど、早くからこの原則の適用には限界が認識されていた。[33] そしてサファリは、行政官の威信を任地の人びとに対して誇示しながら、首長を介さずにそれぞれの地域の現状と問題を直接把握するための手段として、間接統治の陥穽を補完する意味で重視されていたのである。[34] とはいえ同時に、サファリに期待された効果は、これだけではなかった。前節で述べたように、しばしば北ケニアの地方行政官たちは身体的にも精神的にも厳しく、孤独を強いられる環境に身を置いていた。そのような彼らに心理的な開放感をもたらし、ライダー・ハガード（Henry Rider Haggard）の冒険小説の登場人物になったような気分になれる数少ない活動のひとつが、サファリであった。マンデラ（Mandera）で勤務していたモンゴメリー（Brian Montgomery）の表現を借りると、サファリの期間中は「どの瞬間も喜ばしかった」（Allen 1979: 106）。スワヒリ語と現地語しか解さない人びとしか住んでいない環境での半年間の勤務中に深刻な神経症的状態に陥り、日々の些細なものごとに過敏に意識を向けるようになっていたモンゴメリーだが、数々の北ケニア行政官を惹きつけた「自由の感覚と、この地域の広大さ」（Maciel 1985: xviii）を存分に味わうことのできるサファリのあいだだけは、開放感に浸ることができたのである。そのために、在勤中に行政府の屋内での仕事に徹するのではなく、頻繁にサファリに出ることは、北ケニア行政官にふさわしい条件のひとつとして位置づけられていた。そして、警護のケニア警察隊とともにサファリに不可欠な存在であったラクダの隊列は、北ケニア行政官にふさわしい条件や性質をすべて備えた理念型として概念化された「北ケニアの偉人たち」のイメージを、背後から支えていたのである。

以上のように輸送運搬に使役されていたラクダは、植民地統治の最初期にはデラメア卿やアーチャーがそうしたように、別の物品との交換によって取得されていた。しかし、北ケニアで行政体制の整備がすすむと、ラクダはほかの家畜とともにそれぞれの牧畜集団から貢納として徴収されるようになった。唯一貢納の支払いを求められていなかったソマリには、一定額の支払いのかわりに、サブクランごとに一定数の輸送用のラクダを供出することが求められていた。一九二〇年代にはソマリからも貢納の徴収が開始されたものの、一部のソマリが抵抗の姿勢を示したために失敗に終わり、一九三一年からは代わりに人頭税の徴収が開始された。これ以降ラクダは、ソマリをはじめとする牧畜民から賃借されることになった。また、通常その際にはラクダ五頭当たり一人の目安で、ラクダの世話をする牧夫も雇用された。

このように植民地当局は、乾燥地域に適応したラクダの諸性質だけでなく、その扱いに親しんだ人びとの在来の知識と技術までも取り込み活用していた。地方行政官たちは早くから、ラクダの皮膚に施される焼印がクランやセクションごとに異なることに着目し、記録していた。「それ（焼印）は複雑な正書法で書かれており、人びとはそれによってそのラクダがどのクランのどのサブクランのどの一族が所有しているのかを辿ることができた」（Huxley 1985: 150）。彼らは、牧畜民と同じくこの「正書法」に習熟し、違法な放牧を取り締まったり略奪された家畜を追跡したりするのに活用したのである。ただし、さきに言及したアーチャーも含め、彼らは植民地初期にはラクダの有用性を認めていながらも、その扱いには必ずしも習熟していなかった。たとえば、一九一〇年七月にレンディーレから貢納として徴収され、マルサビットで輸送運搬用に使役されていた二〇一頭のラクダの多くは、鞍の不具合のために背を痛め、さらに酷使の結果死んでしまった。この損失を補うために新たに二一七頭のラクダが購入され、三九九頭が賃借された。しかし、経験のある家畜医務官が不在の状況は変わらず、病気になったラクダの手当てはマルサビット県長官自身が県の職員とともに、毎朝三時間半かけておこなわなければならなかった。標高が高くて冷涼な気候のマルサビットはラクダを飼養するのに適していないという結論にいたったものの、さらに六九頭が病気のために失われることになった[35]。

しかし、北ケニアに植民地統治が展開し、ラクダとラクダの扱いに習熟した人びとの在来の知識と技術を取り込んでいくにつれて、植民地当局側でもラクダに対する実践的できめ細かい眼差しと知識が体得されていった。ケニア警察が乗用に使役するラクダは「ラクーブ（*rakhoub*）」と呼ばれていたが、その訓練に関する覚書はこのことをよく伝えている[36]。そこでは、ラクーブの食餌について一日に六ポンドの豆類飼料と四オンスの塩で十分であるが、雨季には食べ過ぎて太ってしまわないよう注意する必要がある、と記されている。また給水については、ラクーブは四日間なら給水なしで移動することができるが、その場合二日目からスピードとスタミナが落ちる点が指摘されている。また、ラクーブの訓練開始時期については、コブが十分に発達し、どんな種類の有刺木でも採食できるようになる五歳から六歳頃がよいとされている。これらの指摘に表れている、ラクダの体調と性質に関するきめ細かい配慮は、ラクダに関扱いに明らかに困惑していた先述のマルサビット県長官にはなかったものである。加えてこの資料には、ラクダに関して頻用される語彙のリストが含まれているが、そのすべての語には対応するソマリ語の単語が付されていた。これらの語彙は北ケニアの植民地当局の知識体系のなかに取り込まれていくことによって、彼らがラクダの疾病に対処したり生育段階を把握したりする際の、概念的な手がかりを提供していったと考えられる。

(2) 牛、山羊、羊

前節で述べたように、北ケニアの牧畜民はラクダのみを飼養していたわけではなかった。彼らは、ローカルな生態環境に合わせて牛、山羊、そして羊などの家畜とともに暮らしてきたのである。そして、ラクダが植民地当局によって限定的な用途でしか活用されなかったのとは対照的に、後三者は入植白人が飼育し、搾乳し、羊毛を刈り取り、田畑を耕し、荷運びに使い、消費するために必要とされていた。したがって、それらの家畜はラクダとは異なるかたちで統制されることになった。

基本的には、牛、山羊、そして羊はラクダと同じように、NFDの内部に移動を制限されていた。つまり、「それぞれの部族は、お互いに引き離しておき、みずからの所属する地域内に限定されるべきである」という理念に基づいて、NFD内には「部族放牧地域（Tribal Gazing Areas）」が設定され、それぞれの部族はその領域内でしか家畜を放牧することを許されなかったのである（Schlee 1989; Sobania 1988: 229-33）。部族放牧地域の設定によって原住民の生業牧畜が影響を受けただけでなく、異なる集団間の関係の流動性が縮減したことによって部族主義が促進された。また、北ケニアの牧畜民のなかでももっとも勢力が強く、「アフリカの角」地域から南下を続けていたソマリに対しては、先述のソマリ・ガラ・ラインの西側に侵入することが禁止された。ジュバランド、ワジア、ロリアン湿地、そしてタナ川流域地域で相次いで武装解除が実施され、銃火器の交易が規制されたことによって、ソマリには植民地当局によるこうした措置に抵抗するための軍事的手段は残されていなかった（Dalleo 1975: 111-14）。こうしてソマリを含む北ケニアのすべての牧畜民は放牧活動を制限されることになったものの、それは家畜ごとの採食特徴と放牧の生態的なパターンを考慮しないものであった。そのため、彼らはしばしば指定された地域外で家畜を「違法」に放牧したり、他集団の家畜を略奪したりした。こうした行為を放置することは植民地当局の統治を根拠づけていた威信を損なう恐れがあったものの、北ケニアの行政府には際限なくつづくこれらの「違法」行為を取り締まるのに十分な人的リソースは用意されていなかった。[37]

その一方で、北ケニアの牛、山羊、そして羊の一部は、ハイランドで農園や牧場を営む入植白人のもとに輸送されていた。リフトバレー（Rift Valley）、マチャコス（Machakos）、ナイバシャ（Naivasha）などの地域で広大な土地を政府から貸借された彼らはおもに牛と羊を飼育し、食肉、牛乳、バター、クリーム、そして羊毛などを生産した。ケニアでは一九〇三年に農務局が設置されたものの、当初は育種試験に力を入れておらず、一部の入植白人が主導的な役割を果たした（Government of the United Kingdom 1925: 155-56）。なかでもパイオニア的な存在だったのが、ンジョロ（Njoro）に一〇万エーカーの土地を供与され、リフトバレーでも領地を所有していたデラメア卿である。デラメア卿は同年に、ケニアに入植する以前に旅行した経験のあるオーストラリアから純血種の牛を輸入し、飼育を開始した。しかし、これらの牛のほとんどは牛疫、東沿岸熱、そして牛肺炎や、地中に含まれるミネラルの不足を原因とするナクルニティス（Nakurnitis）と呼ばれる疾病のために死亡した。また、ニュージーランドからは羊毛を生産するためにメリノ（Merino）種の羊を取り寄せたものの、やはりその多くがナクルニティスによって失われた。この頃になると、外来の純血種はアフリカ特有の疾病に対して脆弱であり、その飼育には高タンパク質の飼料が不可欠だという点が問題として認識されるようになっていた（Huxley 1985: 106-107）。そこで、デラメア卿はンジョロの牧場で純血種と在来のゼブー種の交配に取り組み、ケニアの環境に適した形質を備えた牛の育種をめざした。また、羊についてもマサイが飼育していた在来の品種との交配が試みられ、良好な結果が得られた（Ochieng' and Maxon 1992: 122-23）。南ローデシア（現ジンバブエ）とともに比較的若い植民地であったケニアでは、ヨーロッパ人が所有していた「入植者家畜

（settler stock）」とアフリカ人が飼育していた在来種の「原住民家畜（native stock）」は明確に区別されていたものの、実際には前者のほとんどが後者と純血種の異品種交配によって生まれたものであった。前者を後者から差異化していたのは生物学的な特徴ではなく、誰が所有者なのかという点に過ぎなかったのである（Mwatwara and Swart 2016）。

牧場を経営していた入植者たちは、ショートホーン種、エアシャー種、ヘレフォード種、ホルスタイン種などの牛や、メリノ種の羊を個人で輸入するほかに、政府からも購入していた。農務局はナイバシャ、カベテ（Kabete）、マリンディ（Malindi）、マゼラス（Mazeras）、そしてキボス（Kibos）などで農業試験場（Government Farm）を運営しており、そのうち前二者ではヨーロッパやオーストラリアから輸入した純血種の家畜の飼育と育種試験をおこなっていた（Tignor 1976: 313）。そして、これらの農業試験場からは純血種の家畜が定期的に払い下げられていた（Newland 1908: 266）。また、交配に用いる在来種の基礎畜（foundation stock）の供給源としては、アフリカ人から没収された家畜が目を付けられた（Spencer 1983: 116）。これらの家畜は、ナンディやキプシギス（Kipsigis）など、政府に反抗的な集団に対して派遣された懲罰隊が徴収したものや、指定された区域の範囲外で家畜を放牧していた者から取り上げたものであった（Chenevix-Trench 1964: 9-12）。ただし、ラクダの場合は乗用と荷運びに利用する以外に用途がなかったことから、没収されても銃殺され、打ち捨てられていた（Abdullahi 1997: 44）。政府がナンディを討伐するためにソティック（Sotik）に懲罰隊を派遣したときには、およそ一万一〇〇〇頭の牛が没収された。そのうち約三〇〇〇頭が一九〇六年初頭にナイバシャの農業試験場で競売にかけられた。その際、入札者は白人に限定され、アフリカ人とインド人は排除されていた（Newland 1908: 265）。

とはいえ、競売だけでは在来種の家畜を十分に用意することができなかったために、彼らはＮＦＤからも購入していた。それらの家畜は、ボラナの居住域やジュバランドで調達され、モヤレやマルサビットを経てハイランドへと輸送された。調達の業務をおもに担っていたのは、ソマリのうちイサックと呼ばれるクランの人びとであった。イサックとヘルティ（Herti）クランは、異種混淆的（Whittaker 2015a: 121）と表現されるケニア・ソマリのなかでもとくに異質な集団であり、「外来ソマリ（alien Somali）」と呼ばれていた。[38] 一九二一年まで、彼らによって北部から輸送された家畜はすべて、ハイランドの入口に位置するルムルティ（Rumuruti）の検疫所（Quarantine Station）に一定期間留めおかれ、健康状態を検査された（Spencer 1983: 116）。表1-3は、この時期にルムルティを通過してハイランド地方に輸出された家畜の頭数を種類別にまとめたものである。

入植者たちはこのようにして、牧場で飼育する家畜を手にしていた。さらに、第一次世界大戦後の一九一九年に兵士入植計画（Soldier Settler Scheme）が実施されると、ライキピア地方の広大なサバンナには牧場経営を夢見る入植者が殺到し、牛に対する需要はさらに高まった（Spencer 1983: 123）。入植者のなかには、デラメア卿のほかにもコール（Galbraith Cole）やコルヴィル（Gilbert Colvile）のように、広大な土地を所有して数万頭に及ぶ牛や羊を所有する者も現れた（Huxley 1985: 92-109）。

表 1-3　ルムルティを通過してハイランドに輸出された家畜の頭数（1915/16 ～ 1919/20 年）

	牛	羊	山羊
1915/16 年	8,964	7,812	609
1916/17 年	3,358	405	912
1917/18 年	6,581	1,403	450
1918/19 年	10,441	12,770	148
1919/20 年	15,400	15,950	490

出典：KNA/PC/NFD 7/4 より筆者作成。

しかし、時間が経つにつれて北ケニアからハイランドへの家畜の輸送は規制されていった。この地域では、植民地化以前から牛肺炎などの疾病が間欠泉的に発生しており、牧畜民から多数の家畜を奪っていた。たとえば、一八八〇年から一八九〇年頃までトゥルカナ湖北岸で発生した牛肺炎、牛疫、スモールポックスによって、トゥルカナとサンブルは大打撃を被った（Sobania 1988: 227）。しかし、この時期の家畜医療事業は入植地をおもな活動領域としており、北ケニアを含む原住民地域では、疾病の発生地域を隔離指定して、域外への家畜の移動を制限するというのが基本的な方針であった。はやくも一九〇二年には、牛疾病令（Cattle Disease Ordinance）によって、リフトバレーやマウ（Mau）地方の入植地域内に牛を移動するのが禁止された。また、一九〇九年には入植白人と行政官によって構成される隔離委員会が設置され、隔離の業務について助言をおこなうようになった（Spencer 1983: 115）。家畜医療局は一九二〇年代から原住民地域の一部にも活動範囲を拡

表 1-4　イシオロを通過して NFD からハイランドに輸出された家畜の頭数（1921 ～ 39 年）

	牛	山羊・羊	馬・ロバ*
1921 年	9,445	24,008	2,697
1922 年	2,000	46,250	590
1923 年 **	–	–	–
1924 年 **	–	–	–
1925 年	0	73,282	1,614
1926 年	0	37,314	260
1927 年 ***	0	21,700	–
1928 年	0	80,015	121
1929 年	0	44,446	24
1930 年	0	70,295	123
1931 年	0	69,851	146
1932 年	0	68,160	19
1933 年	0	41,544	58
1934 年	0	58,152	13
1935 年	32	56,184	114
1936 年	679	67,499	12
1937 年	768	64,018	55
1938 年	530	59,947	7
1939 年 ***	–	78,853	6

備考：*mule と表記されているが、ロバのことであると思われる。
**1923、1924 年の家畜頭数は、資料に記載なし。
***1927 年の馬とロバの頭数、1939 年の牛の頭数はともに不明。
出典：1921 ～ 31 年については KNA/PC/NFD 7/4、1932 ～ 39 年については KNA/DC/ISO 1/1/2 より、筆者作成。

げていたものの、依然として「原住民居留地で発生する疾病に対処する大規模な取り組みは実現せず、隔離措置が広い範囲で継続され、牛を所有するアフリカ人がギーと皮革の交易を発展させるための援助も限られていた」（Spencer 1983: 128）のが現状であり、北部地域は視野の外に置かれていた。したがって、この時期の北ケニアでは、アフリカ人の家畜が入植白人の領地に入ってこないように柵を設置したり、血清やワクチンを投与して積極的な家畜医療サービスを提供したりすることはなく、隔離が基本的な手段とされていた。

一九二七年にアウリハン・ソマリの地域で牛肺炎が流行した際には、家畜医療局は「北部辺境州のソマリは税を支払っていない」という理由で対応しなかった。一九二八年に旱魃につづいて牛肺炎と牛疫が流行した際にも、当時の州長官によると、「多数のスタッフと多額の費用をかけなければ北部辺境州では家畜医療に取り組むことができませんが、主任家畜医務官（Chief Veterinary Officer）と話し合った結果、そうする価値はないだろうという結論」に落ち着いたという。[39]

一九二一年になると、北部地域からの疾病の蔓延を恐れたリフトバレー州の入植白人が政府にはたらきかけたこともあって、ハイランドと北部の境目に位置するイシオロに検疫所が設置され、それまでルムルティが担ってきた機能を代替するようになった（Dalleo 1975: 103-05, 158-59）。さらに、翌年の中頃からは牛肺炎の流行を理由に牛の輸出が全面的に禁止され、この措置は一九三四年末まで継続した（表1‐4）。疾病が流行している範囲や終結のタイミングを判断するのには人的にも技術的にも限界があったために、隔離に関する決定は政治性をともなうことになった。地方行政官のなかには家畜交易への影響を懸念して、長期的な隔離に不満を抱く者が含まれた。ある県長官は会議のために用意した資料のなかで、北ケニアでは「疾病という幽霊（bogey of disease）を理由に」家畜輸出が制限されていると、状況を揶揄的に表現していた[40]。また、専門家からも、疾病対策としての隔離の有効性を疑問視する意見が聞かれた（Spencer 1983; Waller 2012: 9-10）。しかし、ハイランド地方で牧場を経営していた入植者が牧場主協会（Stock Owners Association）などの団体を通じて政府に圧力をかけたこともあって、結果的に隔離は長期間継続することになった。つまり、隔離の措置には、入植地域の家畜を危険な疾病の媒介者として懸念されていた北ケニアの家畜から保護するという家畜医療上の目的があっただけでなく、入植者を潜在的な競争相手である牧畜民から保護するという政治的な側面があったことになる[41]。このことを例証するかのように、北ケニアから沿岸部への牛の輸出は、規模は小さかったものの規制されることなく継続した。この交易活動は、ハイランド方面に輸送される場合とは異なり、入植白人の農園と牧場に経済的・家畜医療的な不利益をもたらす恐れがなかったのである。それらの家畜は、ラム島の対岸に位置するマコウェ（Makowe）と、のちにイジャラ（Ijara）に設置された検疫所を通過して、ラムを経由して最終的にはモンバサやザンジバルの市場へと供給されていた[42]。

上述のように牛の経済的な利用が制限された一方で、ギーや皮革などの畜産製品や、山羊と羊の輸出は奨励されていた。ギーについては、タナ川周辺でソマリやオルマによって生産されていた製品が、規模は小さかったものの質の高さを評価されていた。また、山羊と羊は、表1‐4にあるように年によって一時的な隔離規制の影響で変動したものの、一九二〇年代から三〇年代にかけて数万頭規模の域外への輸出を維持していた。とくに、ブラックヘッド・ペルシャン（Blackhead Persian）種に類似した北ケニアの羊は高く評価されており、その多くがイシオロを経由してキクユの市場で販売、消費されていた[43]。一九二九年一〇月に開催されたＮＦＤの県長官会議では、この地域を「山羊と羊の産地《カントリー》」として位置づけることが合意され、牛よりもそちらに重点を置いた取り組みをおこなうことが決定された。また、北ケニアの外部にこれらの家畜に対する需要がある一方で、牛の輸出が制限されておりラクダの市場価値が低かったことから、北ケニア内で山羊や羊をラクダと交換する交易活動が常態化することになった。[44]

3　支配の道具としての家畜

一九世紀末に現在のケニアを領土として成立した東アフリカ保護領は、ハイランドと呼ばれた南西部の高地地方での入植と農業開発に尽力する一方で、北部地域はメネリク二世下のエチオピア帝国や反抗的なソマリの居住地域との緩衝地帯としての役割しか期待されていなかった。この点で、北ケニアにおける植民地当局は、国境線の維持を何よりも重視する「門衛国家」(Cooper 2002)にほかならなかった。環境としても任地としてもその他の原住民居留地とは異なっていたこの地域では、「現場の人間」である地方行政官が「悲惨な環境における逞しさ」を価値基準の中心とする特徴的な心性を育むことを求められていた。彼らは、厳しい財政的・人的制約のなかで、ほかの県には認められていなかった強力な法的権限を行使しながら日々の統治を遂行していた。

本章では、このような状況のもとで牧畜民とその家畜が集合的にどのように統治されてきたのかを検討してきた。基本的に定住的な農耕民を被統治者として想定する植民地当局にとって、特定の土地に束縛されないモビリティの高さは脅威であり、警戒の対象であった(Rossi 2015; Scott 1998)。「牧畜という害をもたらす傾向性(pernicious pastoral proclivities)」という侮蔑的な表現まで使った総督のベルフィールド(Henry Belfield)をはじめとして、牧畜を単なる経済活動ではなく、生き方として嫌悪する見方が行政官のあいだで共有されていたのは、そのためであった(Cashmore

1965: 83-84）。したがって、牧畜民だけでなくその家畜に対しても利用と移動の範囲に制限が設けられていた。

しかし、牧畜集合体はそのポテンシャルを単に奪われていたわけではなかった。北ケニアの地方行政官たちは、植民地初期から乾燥地の環境に適応したラクダの諸性質に目を付けていた。彼らは、道路インフラの整備が不十分な任地において、この動物を輸送運搬や警察隊の巡察のために使役していた。ラクダは統治機構のなかでも周縁的な地位に置かれていた彼らの集合的なアイデンティティを支える文化資源でもあった。また、扱いが難しいラクダを管理するうえで、牧畜民の在来の知識と実践が取り入れられていた。このことは、高度近代主義的な支配は科学的な知識によって基礎づけられるとしたスコットの主張とは対照的に、少なくとも北ケニアのような周縁地域では植民地統治と在来性の関係に両義的な側面があったことを示唆している。さらに、北ケニアの牛はイサック・ソマリの手によってハイランド地方に供給され、入植者家畜を構成する遺伝的な要素をもたらした。その一方で、皮肉にも入植白人の利益を保護するために、輸出を厳しく規制された。山羊と羊については入植者家畜を脅かすことが懸念されなかったことから、入植地域やキクユなどの原住民地域への輸出が奨励されていた。このように、北ケニアの牧畜民とその家畜は、その地域の行政とハイランドでの入植者の事業を脅かすことが懸念されたために規制の対象となったものの、地方行政官と入植者の諸目的にとって有用な場合には選択的に動員されていた。入植者家畜と原住民家畜という概念的な区分の存在は、市民（入植白人）と原住民の区別に立脚した植民地の人種的秩序（Mamdani 2012）が人間だけでなく、彼らが飼養していた家畜をも範囲に含んでいたことを示唆している。ただし、両者のあいだの境界線は絶対的というよりは、品種、知識、そして実践が通過する多孔的なものだったのである。

第2章　家畜の過剰と市場

――第二次世界大戦時までの家畜の問題化　一九一九～一九四六年

本章では、戦間期から第二次世界大戦が終結するまでのあいだに、北ケニアの牧畜集合体に対する統治がどのように変容したのかを考察する。第一節では、原住民地域で飼養されていた家畜がオーバーストッキングの枠組みのもとで問題化され、さまざまな技術的解決が試行されるプロセスを辿る。次いで第二節では、この時期の北ケニアで牧畜集合体に対する統治体制が変容したことを確認したあとで、それに対して牧畜民とその家畜がどのように抵抗したのかを明らかにする。第三節は、本章の議論のまとめである。

1　原住民家畜の問題化

(1)　オーバーストッキング問題

前章で述べたように、植民地初期の政府の関心は白人による入植を促進するとともに、その開発を支援することにあった。したがって、原住民が飼養する家畜が積極的な取り組みの対象となることはなく、その居住地域で感染症が発生した場合には一部の例外を除いて隔離規制によって対処するのがおもな方針であった。たとえば、一九世紀末にアフリカにもたらされ、さまざまな地域の社会で家畜に深刻な被害をもたらした牛疫という感染症については、ウイルスに感染した血液と血清を同時に注射する同時接種法（double inoculation）が当時知られていた。これは、伝染病研究所（Institut für Infektionskrankheiten）でコッホ（Robert Koch）の助手を務めていた細菌学者のコルレ（Wilhelm Kolle）が、南アフリカで試行錯誤を重ねた結果確立した手法であり、次章で述べるようにのちにワクチンが開発されるまで牛疫に対する唯一の対処方法とされていた（Gilfoyle 2003）。この手法をケニアにもたらしたのが、獣医学の専門家のモンゴメリー（Robert Eustace Montgomery）である。モンゴメリーはエディンバラの王立（ディック）獣医科大学（Royal（Dick）Veterinary College）を卒業したのちに、熱帯病に関する細菌学的研究の拠点であったインドの帝国細菌学研究所（Imperial Bacteriological Laboratory）で細菌学者として勤務した人物であり、一九〇九年からカベテの獣医学研究所（Veterinary Research Laboratory）で家畜疾病の研究に従事していた。しかし、この画期的な手法は第一世界大戦まで入植地域でしか用いられておらず、原住民地域では一八六五年にイギリスで大規模な流行が起こったときと変わることなく、隔離と移動の規制によって対処していた。[1] この方針は畜産による経済的な収益を犠牲にすることを意味していたのだが、植民地当局内からはこの点を問題視する声もあがっており、一九一七年の終わりには南部マサイ居留地司令長官のヘムステッド（R. W. Hemstead）が現金にして一億五〇〇〇万ルピーに相当するマサイの家畜が経済的に活用されていない状況を批判し、家畜に課税して徴収分の一部をこの地域の改良に還元するという計画を提出している。これは、原住民家畜の開発を構想したケニアで最初の計画案であった。しかし、家畜を処理する工場の誘致に失敗しただけでなく、政府としてもこの工場に対する家畜の安定的な供給を保証するのが難しかったために、実現には至らなかった（Spencer 1983: 120-22）。植民地史家のスペンサー（Ian Spencer）はこの時期の家畜医療行政について、「政府がヨーロッパ人の所持する二五万頭の牛の健康と収益性のみに関心を払ったために、アフリカ人の四〇〇万頭の牛のポテンシャルは蔑ろにされることになった」と総括している（Spencer 1983: 134）。

第一次世界大戦が終わると、この状況に変化が見られた。つまり、この頃から隔離の有効性に対する疑問の声が地方行政官や専門担当官のあいだで高まったのである。また、主要な感染症の発生源と目されていた原住民地域から入植地域への感染症の広がりを阻止するために、前者の地域でも家畜医療行政を実施する必要性が認識され始めた（Spencer 1983: 122-23; Tignor 1976: 318）。これを受けて、一九二〇年には牛疫と牛肺炎の撲滅に向けた取り組みについて議論するためにケニア、ウガンダ、タンガニーカの三ヶ国の家畜医務官が集まって会議を開催した。この会議では、隔離中心の方針を撤回して三二組の家畜医療チームによって原住民地域で接種プログラムを実施するとともに、食肉加工工場を建設して家畜を積極的に利用することが勧告された。この計画は、ケニアの原住民問題担当局長のみならず、一九二〇年から東アフリカ三ヶ国の家畜医療諮問官（veterinary advisor）を務めていたモンゴメリーや、イギリス本国の植民地省によっても支持されていた。しかし、農務局長のホーム（Alex Holm）が反対に回ったうえに工場建設の資金調達の交渉がうまくいかなかったため、再び失敗に終わった（Waller and Homewood 1997: 86）。

もっとも、このときに原住民地域に蔓延する疾病に対処する必要があるという考え自体が否定されたわけではなかった。一九二二年には総督に着任したばかりのコリンドン（Robert Coryndon）が、ホームを長とする委員会の勧告を受け入れて原住民地域に家畜医療の専門担当官を派遣することを決定している。[2] この時期から原住民地域の家畜を対象に牛疫と牛肺炎に対する治療が施されるようになり（表2-1）、牛疫については一九二八年から一九三二年までのあいだに三〇万頭の牛が血清を注射された。もっとも、媒介性の感染症である東沿岸熱とトリパノソーマ症については、この時期になっても原住民地域で積極的な対処に乗り出すことはなかった（Tignor 1976: 319-21）。

表2-1　アフリカ人地域における牛疫と牛肺炎への接種頭数の推移（1924～32年）

	牛疫	牛肺炎
1924年	145,302	－
1925年	237,115	44,102
1926年	149,107	－
1927年	－	36,206
1928年	59,296	－
1929年	65,330	5,294
1930年	58,626	－
1931年	61,863	－
1932年	58,105	－

出典：Tignor 1976: 319.

家畜の頭数に関する統計的な資料が存在しないために、上記の家畜医療上の取り組みが原住民地域の家畜に対して実際にどれほどの影響をもたらしたのかを判定するのは難しい。ただし、ティグナー（Tignor 1976: 324）によると、この時期の原住民地域における家畜医療行政がひきつづき隔離を前提としながら疾病の撲滅ではなく制御を主眼としており、その手法も技術的に洗練されていなかったという留保はつくものの、その取り組みによって疾病の発生が減少したのは確かだという。本書では、この評価の妥当性について踏み込んで議論することは控えたい。それよりも、一九二〇年頃から原住民家畜の過剰という現象がオーバーストッキング（overstocking）と呼ばれるようになり、原住民居留地において植民地政府が取り組むべき看過できない問題として認識されるようになったという点に着目したい。当時、オーバーストッキングの問題は「土地の収容力（carrying capacity）を悪化させながら家畜を維持すること」（Hornby 1936: 353）として理解されていた。一九世紀前半に登場した「収容力」の概念は、当初は「時間的・歴史的な文脈から切り離された、あるものが収容するはずのものの固定的な量」を意味していたとされる。しかし、この概念は一九世紀末になるとアメリカ西部やオーストラリアで草地管理の分野に転用され、家畜を含む動物と土地の関係を表すようになっていた（Sayre 2008）。ケニアでは、一九世紀末の保護領化から一九二〇年代にかけて各地に原住民居留地が設定されていたものの、その法的・制度的な整備は依然として完了しておらず、キクユなどの集団から範囲の拡大が要求されていた。[3]一九二〇年頃にケニアにも持ち込まれたオーバーストッキングや収容力といった「科学的」な語彙は、政治的に交渉されるべき問題を技術的に解決可能な問題へと転換した――リー（Li 2007）の表現を借りると、「技術化」した――と考えられる。

本章ではこの技術化のプロセスについて検討するために、東アフリカ委員会（East Africa Commission）、農業委員会（Agricultural Commission）、そしてケニア土地委員会（Kenya Land Commission）という、一九二〇年代中頃から一九三〇年代前半にかけて設置された三つの調査委員会の議論を事例として取り上げる。調査委員会とは特定の問題について調査し、勧告を提示することを目的に立ち上げられる組織である。同時に、調査委員会は近代的な統治プロセスの特徴のひとつとして位置づけた場合、あらかじめ考案された方針や解決策を促進するための政治的な道具でもあった。[4]以下の節ではそれぞれの委員会の議論を追いながら、この時期に原住民の土地と家畜がどのような問題として取り上げられ、具体的にどのような技術的な解決が提示され、実行に移されたのかを見ていく。

(2) 三つの調査委員会

東アフリカ委員会

最初に取り上げるのは、マクドナルド（Ramsay MacDonald）を首班とする労働党政権時の一九二四年七月に任命された東アフリカ委員会である。[5] この委員会は、アフリカ原住民の利益保護を訴えていたジャーナリストのモレル（Edmund Dene Morel）による労働党へのはたらきかけから結実したものだった。しかし、政治的な折衝の結果、委員の構成は当初の理念を反映したものにはならなかった。委員長には保守党のオームズビー＝ゴーレ（William George Ormsby-Gore）が任命され、その他の委員には労働党と自由党からそれぞれチャーチ（Archibald George Church）とリンフィールド（Frederick Linfield）が指名された。

グプタ（Gupta 1975: 78-80）によると、この委員会の人選には原住民の利益保護よりも原材料供給地としての植民地の開発を重視していた植民地大臣トーマスの姿勢が表れていたという。実際に、委員会の委任事項では「東アフリカにおける諸保護領の経済開発を促進するための手段」について報告することと、原住民の労働問題や社会的環境の改善について検討することが並置されていたものの、強調点が置かれていたのは明らかに前者のほうであった。そのことは、一九二五年一月にアフリカ協会（African Society）の夕食会でオームズビー＝ゴーレがおこなった講演のなかの次の発言からも伺うことができる。

> 私見によると、ケニアはアフリカのなかでももっとも魅力的な調査対象です。……不幸なことに、ハイランド地方では人口が不足しており、開発も依然として初歩的な段階にあります。ここで問題なのは、精力と若さに溢れ、教育を受けた白人による文明が、アフリカの未開人に影響を及ぼすことにあります。さらに、資本を備えた入植者を確保し、彼らに

四〇フィートも深度がある未開墾の土地を開発してもらうのです。この土地からは、一エーカー当たり二トンのトウモロコシや質量ともに優れたコーヒーを生産することができますし、原住民の労働力を効果的に利用することによってほとんどあらゆる種類の作物を育てることができます。[6]

一九二三年七月に植民地省がイギリス議会に提出した『ケニアのインド人――覚書』によって、ケニアでは入植白人ではなくアフリカ人の利益保護をもっとも優先し、彼らに対する信託(trusteeship)の義務を担っていることが確認されていた。東アフリカ委員会の報告書でもこの点を踏まえながら、政府がそれまで原住民地域の開発に消極的だったことを批判しつつ、科学の専門的な知見を活用し、各分野の専門家と協力しながら開発に着手することを主張している。[7] しかし、植民地開発の科学化ということで示された方針は、居留地の拡大を望むアフリカ人の声に取り合わないことを意味していた。[8] というのも、「原住民は多くの場合、家畜を売却したり真に経済的に利用したりするためではなく、複数の妻を娶ったり、多数の家畜を所持することで社会的な地位を高めたりするために家畜を放牧している」のであり、広大な土地を用意したところで「家畜が無際限に増加するのは開発にとっても原住民自身にとってもよいことではない」ためである(Government of the United Kingdom 1925: 32)。そのため、報告書の勧告は入植白人の利益を擁護しながら綿花栽培を中心とした経済開発を促進するために、イギリス政府に対して鉄道や港湾などのインフラ整備への財政支出を求めることを中心としていた。一方で、原住民地域におけるオーバーストッキング問題については具体的な処方箋が勧告されることがなかった。唯一、「肉が日常的に食用に提供された場合に労働者の効率が高まることに雇用主が気づきつつあることから、肉に対する需要は確実に高まるだろう」という楽観的な見通しとともに、モンゴメリーが提案した食肉加工工場の構想が言及されていた。しかし、その直後にはホームによる批判も併記されていた(Government of the United Kingdom 1925: 157)。

興味深いのが、オーバーストッキングの問題が委員会で取り上げられたことを端緒として、ケニア国内でも議論が巻き起こったことである。その結果、一九二六年に作物生産・畜産法案（Crop Production and Livestock Bill）が立法評議会に提出された（Tignor 1976: 339）。この法案は、地域ごとに飼養できる家畜の頭数、種類、年齢、性別を規定する権限を総督に付与するという、それまでにない介入主義的な手段を盛り込んだものだった。そのため、評議会の第二読会では複数のインド系立法評議員が反対の意見を表明した。[9] それに対して原住民問題担当局長のマクスウェルは、この法案が原住民に対して強権的に適用されることを企図したものではなく、むしろ原住民に利益をもたらすと反論した。マクスウェルは植民地行政官のなかでも原住民の利益保護を重視すると目されていた人物だが、彼にとっても介入主義と原住民の安寧の確保は矛盾した選択ではなかった。第二読会の議論のなかで、彼は次のように発言している。

私たちは誰でも、アフリカ原住民の家畜に対する自然的な態度について知っています。彼らは、経済的な観点からこの問題を捉えているのではありません。というのも彼らは、長年のあいだ、文明化の影響を受ける前から家畜を所有してきたからです。彼らは、所有しているというプライドの観点からのみ、家畜のことを考えています。彼らの考えでは、多数の家畜を所持しているということは、偉大で強力な男であることの徴なのです。不幸なことに、彼らは量の観点からのみ家畜について考えており、質の観点から考えることを学んできませんでした。ある種の環境下では、家畜は増えるがままにされます。以前は家畜の総数を減らしていた自然の諸力は、第一に疾病、第二に戦争でした。もちろん今では、戦争は事実上、植民地の文明化された地域では確実に終結を見ました。疾病もある程度は制御されています。しかし、この数年間で原住民が急速に家畜頭数を増やすことは疑いようがありません。事実、居留地のいくつかではそうなっています。[10]

すなわち、生殖を通じて自然増殖する家畜の性質とその増殖のサイクルに制限を加えない原住民の気質は「長年のあいだ、文明の影響を受ける前から」変化しないできたものの、そのサイクルが作動するうえでほかならぬ植民地政府による介入が不可欠の契機とされていたということである。たとえば、原住民の集団どうしの衝突の減少は家畜の無際限な増殖の原因のひとつとされていたが、それは自生的に成立したのではなかった。つまり、そうした和平状況は政府に対して友好的な集団を引き込む一方で、ナンディやソマリなどの反抗的な集団は軍事討伐し、植民地の領土内に法と秩序を確立していくという活動の産物だった。疾病についても同様である。牛疫や東沿岸熱など原住民に多大な損失をもたらしてきた疾病に対して、政府は疾病の発生地域に隔離措置を施してきた。しかし、それによって結果として原住民の所持する家畜の自然増殖に歯止めがきかなくなった。逆にいうと、植民地化までは原住民家畜のうち自然増殖分はほかの集団によって略奪されるか不定期に起こる疾病と旱魃によって失われることで、放牧地の生態環境に対する負荷は結果的に抑えられていた。オーバーストッキングの現象は、このような時間性において捉えられていたのである（Hornby 1936）。

結局、作物生産・畜産法案は一九二六年のうちに立法評議会で承認された。さっそく翌一九二七年には、土壌の侵食が深刻とされていたマチャコスとキトゥイ（Kitui）で、この法令に基づいて牛の所有を規制する計画が立てられている。しかし、この計画はより穏健な手段を要求していた植民地省から許可を得ることができなかったために実現にいたらず、その後しばらくのあいだ法令じたいが事実上空文化することになった（Anderson 2010: 255）。

ここまで見てきたように、東アフリカ委員会が調査をおこなった一九二〇年代中頃のケニアでは、原住民家畜の過剰を解決すべき喫緊の問題とするまなざしは共有されていた。このときに示された、オーバーストッキングの原因をアフリカ人の文化的な慣習に見出し、植民地統治をその不可欠な契機として捉えるという理解の枠組みは、その後の議論にも引き継がれていった（Colony and Protectorate of Kenya 1929: 28; Hall 1936: 92-93）。とはいえ、この時期に用意された強制的な手段の実施は現実的と見なされず、それとは異なる処方箋が模索されつづけることになった。

農業委員会

オーバーストッキングの問題を東アフリカ委員会よりも明示的に取り上げたのが、一九二九年九月に任命された農業委員会である。東アフリカ委員会の場合とは異なり、この委員会を任命したのはケニア総督であり、その委員長には農業科学者のホール（Alfred Daniel Hall）が指名された。[11] ホールは、同年に南アフリカで開催されたイギリス科学振興協会（British Association for the Advancement of Science）の会議に参加しており、その帰路にケニアを訪問していた。[12] ホール以外の委員は、二人の行政官と六人の入植者によって構成されていた。また、委員会への証言者も、キクユ、ルオ、マサイ、カンバの首長を除いて行政官と入植者によって占められていた。

ホールの主導のもとで、農業委員会はケニアで混合農業（mixed farming）を採用することを推奨した。混合農業とは畜産と作物栽培を組み合わせた農業体系であり、一八五〇年頃から七〇年代前半頃にかけてイギリスで農業生産力の増加に貢献し、イギリス農業に「黄金時代」をもたらした立役者でもあった（並松 二〇一六：一三四）。その後、二〇世紀に入るとイギリスの本国では農業の機械化と特定の産物への生産の特化がすすんだのとは対照的に、英領アフリカの諸植民地ではこの農法が一部の入植者と植民地官僚によって導入されていった（Sumberg 1998; Wolmer and Scoones 2000: 577）。ホールらは、土壌の肥沃さを保全する必要がある点と、一九二九年の輸出産品の世界的な価格暴落によって単品作物の栽培にリスクが生じているという二つの点を理由として挙げながら、ケニアでも酪農への転換をすすめて混合農業を導入することのメリットを主張した（Colony and Protectorate of Kenya 1929: 8-9）。

オーバーストッキングの問題については、この委員会ではその原因となっている隔離中心の家畜医療行政を批判しながら、強制的手段と長期的手段の二つを組み合わせることでこの問題を解決に導くことが勧告された（Colony and Protectorate of Kenya 1929: 118）。前者については、作物生産・畜産令によって原住民家畜を強制的に「間引き（culling）」することが求められた。「間引き」された家畜のうち質の高い個体は、市場を経由して混合農業の土台となる基礎畜として入植地域に提供することが提案された。このことは、農業委員会が委員のバックグラウンドを反映して、全体的に入植者の利益を重視していたことを示唆している。また、質の低い家畜については、加工工場で処理することが提言された。もっとも、先述のモンゴメリーの計画とは異なり、この工場はもっぱら質の低い家畜を処理して肉エキスや肥料などの副製品に加工する施設として位置づけられていた（Colony and Protectorate of Kenya 1929: 21）。肉エキスとは、一八四七年にドイツの化学者リービッヒ（Justus von Liebig）によって発明された商品であり、従来の製品とは異なり脂肪やゼラチンなど栄養素以外の成分を除去して精製され、ヨーロッパで人気を博していた。「肉繊維よりも肉汁に栄養分は集中する」という、この製法の前提となった思想はのちに科学的に否定されたものの、肉エキス自体はイギリスの食卓に普及していった（Sunseri 2013: 31）。農業委員会の委員らは、これらの製品を生産する工場で家畜を処理することによって原住民地域でオーバーストッキングと土壌侵食の問題を軽減するあいだに、長期的な手段によって問題を根本から解決することができると考えていた。当時の総督グリッグはこの案に好意的であり、家畜医療局も工場の建設にかかる費用や事業展開の可能性について調査を実施していた（Anderson 2002: 255）。しかし、折しも原住民地域内で旱魃が発生し、オーバーストッキングの状態が一時的に緩和されるとともに、世界的な大恐慌の影響で植民地財政に工場建設に対して支出する余裕がなくなってしまった[13]。そのため、この案もまた見送られることになった（Colony and Protectorate of Kenya 1937）。

他方で、長期的な手段の中核として期待されたのが原住民地域に設置された家畜管理訓練センター（Animal Husbandry Training Centre）である[14]。前節で述べたように、家畜医療局は第一次大戦後から入植地域だけでなく原住民地域まで活動の範囲を広げており、一九二六年にはマサイ・ランドのンゴング（Ngong）で最初の獣医学校（veterinary school）が開設していた。この学校はアフリカ人の学生に家畜管理、予防接種、薬浴、皮革の加工、ギーの生産などを教育する場であった。その最終的な目標は、アフリカ人の家畜医務官を訓練するとともに、周囲の家畜飼養者に効率的な家畜管理の手法を普及してくれる模範的な牧畜民を育成することにあった（Tignor 1976: 318-20）。しかし、農業委員会はこの取り組みでは不十分だと批判し、代わりに家畜管理訓練センターを設置する案を提示した（Colony and Protectorate of Kenya 1929: 130-32）。その後この案は実現し、ンゴング、マチャコス、マセノ（Maseno）、サンガロ（Sangalo）、バラトン（Baraton）、そしてイシオロの六ヶ所でセンターが開設された。

　これらのセンターでは家畜の疾病管理、育種、皮革の乾燥方法、ギーの生産方法などについて、二年間の訓練が提供されていた。その生徒数は、一九三四年の時点でンゴングに四七人、マセノに二九人、マチャコスに二〇人、サンガロに一二人、そしてバラトンに一六人と、決して大きな規模ではなかったものの、「教育を提供し、周囲に影響を及ぼすことによって、原住民の家畜飼養者は次第に素朴な手法で家畜を管理しなくなり、家畜に対して感情的な執着を抱くことはなくなり、家畜を経済的な観点から捉えることになる」と、長期的な効果が期待されていた[15]。その卒業生は家畜医療局の業務をサポートする指導員として活躍しただけでなく、センターで身につけた知識を活かしてギーの生産場、精肉店、皮革の乾燥設備、そして酪農業などのビジネスを開始した。また、これらのセンターは教育だけでなく、優れた品種の家畜を飼育し、アフリカ人に提供する役割も担っていた。とくに、一九三九年に牛の乳量の生産性を高めるためにインドからサヒワール種の雄が輸入されると、センターでは在来のゼブー種との交配実験がおこなわれ、その結果生まれた個体がアフリカ人に売却されるようになった[16]。さらに、改良された家畜はその付近で暮らすアフリカ人の目に触れるようにすることで、彼らに近代的な家畜管理や育種の力を見せつけるデモンストレーションの場にもなっていた（写真2-1）。原住民地域における公的な家畜医療の取り組みが限られているなかで、訓練センターはアフリカ人の畜産業の漸進的な発展にとって非常に重要な役割を果たしたのである[17]。

　農業委員会のもうひとつのポイントは、家畜医療局の制度上の位置づけに関する議論にある。当時、家畜医療局は農務局のもとに置かれていたものの、家畜医療行政をさらに推進するためにその独立を主張する声が上がっていた。この点については、植民地における家畜医療の行政と調査の改善を目的として一九二九年一月に任命された、ロヴァット卿（Lord Lovat）率いる委員会も同じ意見であった（Government of the United Kingdom 1929: 34-35）。

　ロヴァット委員会の報告書は、アフリカ諸国の家畜医療分野の専門家やイギリスの獣医学教育機関に所属する研究

写真 2-1　サヒワール種の未経産雌牛。1959 年にエンブの農業展覧会で撮影された写真（Colony and Protectorate of Kenya, Ministry of Agriculture, Animal Husbandry and Water Resources 1959: 18 より）

者から得られた多くの証言に基づいて作成されたものだった。その報告書では、植民地の家畜医療局の役割を家畜疾病の流行を防止するだけでなく、遺伝学や栄養学などの諸科学の知見を活用しながら家畜の健康の管理と向上に取り組む組織として位置づけ直すとともに、家畜医療の専門家の待遇と訓練を改善することが勧告された。この勧告と、一九二四年に植民地の農務局について同様の主張をしたミルナー（Alfred Milner）率いる委員会の議論を受けて、一九二九年には植民地省内に農業・家畜医療諮問委員会（Colonial Advisory Council on Agriculture and Animal Health）が設置された。その目的は、それぞれの植民地に対して農業と家畜医療の分野に関する指導をおこなうこととされた（Hodge 2002）。しかし、農業委員会はロヴァット委員会の勧告を「（ロヴァット委員会の）委員には農業の専門家が含まれていない」として退けた。さらに、混合農業が作物部門と畜産部門の連携を必要とすることを理由として挙げながら、家畜医療局の独立には反対の立場をとり、その判断をもって独立に関する議論に終止符を打つことを宣言した（Colony and Protectorate of Kenya 1929: 8-9)。このときケニア政府が採用したのは、こちらの立場であった。

もっとも、混合農業に向けた取り組みは第二次世界大戦後まで実際に着手されることはなく、農業委員会が挙げていた根拠も結果的に失われることになった（Conelly 1998: 1735）。さらに、一九三六年にはピム（Alan Pim）を長とする財務委員会が、家畜医療局が財政的・制度的な制約から疾病の流行に対処できていないことを批判し、改めて農務局からの独立を勧告した[18]。今度は政府からも強い反対が出ず、家畜医療局は一九三八年の組織改革を経て部局として正式に独立を果たした。このようにして家畜医療行政が組織としての自律性を獲得したことによって研究と開発の資金が増加し、家畜医療に対する政府の認識も大きく変化した（Waller and Homewood 1997: 86-87）。しかし、そこにいたるまでにはロヴァット委員会の勧告から九年の月日が経っていた。

ケニア土地委員会

オーバーストッキングの問題は、ケニア土地委員会でも取り上げられた。この委員会の萌芽的なアイディアをもたらしたのは、キクユ中央連盟（Kikuyu Central Association）の代表で、のちに独立後のケニアで初代大統領に就任することになるケニヤッタ（Jomo Kenyatta）である。一九二九年から翌年にかけて、当時イギリスに滞在していたケニヤッタは労働党政権下で植民地副大臣を務めていたシールズ（Drummond Shields）に接触し、原住民居留地の土地問題についてロビー活動をおこなっていた。この活動が奏功した結果、シールズは一九三一年三月に土地問題について調査をおこなうことを提案し、同月のうちに植民地大臣のウェッブ（Sidney Webb）によって承認された。しかし、世界恐慌に対応するために同年のうちにマクドナルドを首班とする挙国一致内閣が成立し、植民地大臣も保守党のカンリフ＝リスター（Philip Cunliffe-Lister）に交代した。その過程で、キクユなどの原住民の土地に関する不満について調査するという委員会の当初の理念は失われ、入植白人が排他的な権利を行使しつづけることのできる土地の範囲を確定することに強調点が置き換わっていった。一九三二年四月に設置されたこの委員会は、その二年後に報告書をカンリフ＝リスターに提出した。

農業委員会のときと同じく、土地委員会でも土地に対するアフリカ人の権利という政治的な問題が、作物と家畜の管理技術の改善という技術的に解決可能な問題へと置き換えられた。具体的には、農耕民の地域と牧畜民の地域で異なる処方箋が用意されており、前者については家畜と堆肥を利用した混合農業を導入することが、そして後者については家畜管理の技術や、土地と家畜の経済的な利用方法を推奨することが、基本的な対処の方針であった。

オーバーストッキングの問題は、委員会報告書の議事録や寄せられた証言のなかで頻繁に言及されていた。とくにマチャコス居留地では経済的な価値の低い家畜の飼養による土壌への影響が危機的とされており、それに次いでスク[19]（Suk）、ンジェンプ（Njemp）、サンブルでも状況は深刻と診断されていた（Government of the United Kingdom 1934: 360）。また、報告書の第三部第一〇章は「非経済的な家畜の蓄積によって生じた現状と、その修正についての提案」と題して、全体をオーバーストッキングに関する議論に充てている。その冒頭では、原住民の土地問題の調査を目的としているはずのこの委員会が一章を割いて家畜の問題を扱った理由が、次のように説明された。

原住民による土地の利用と保全は、原住民に割り当てられた土地と同じ程度に重要である。つまり、彼らが必要とする土地の規模は、おもにその土地がどのようにして利用されるか次第なのである。イギリス行政府は、頻繁に疾病を蔓延させるところの家畜略奪と、家畜医療の手段によって統御されていないことで以前は家畜の増加に歯止めをかけていた疾病という原因を最小限に抑えるか、消滅させてきた。それによって、ケニアに家畜の頭数の劇的な増加を引き起こし、それが原住民地域の将来全体を深刻に脅かすにいたっている。この問題は、イギリスによる統治がもたらした直接の結果である。したがって、この問題に向きあい適切な治療法を発明するのは、政府に課せられた義務なのである。この問題は、決して土地を増加させることによって解決できるようなものではない。仮に家畜が制御されないまま増加するに任されたとすれば、アフリカ全土でも将来の要求を満足するのに足りないだろう。[20]

このように植民地統治をオーバーストッキングの発生の契機として位置づけ、問題の解決を政府の責務として引き受ける点で、土地委員会は東アフリカ委員会から共有されてきた論理を踏襲していた。他方で、「間引き」という短期的手段と教育という長期的手段の組み合わせによってその解決を図るという点で、同委員会は農業委員会で提示された方針に準拠していた。さらに、教育については家畜管理訓練センターにおける訓練とデモンストレーションだけでなく、食肉市場の設立による肉食の促進など文化的な側面への関与も意識されていた。肉食については、のちに国連食糧農業機関（Food and Agriculture Organization：ＦＡＯ）の初代長官を務めるオール（John Boyd Orr）とギルクス（John Langton Gilks）が一九二六年にケニアで栄養調査を実施して以降、アフリカ人の健康と栄養に対する関心が高まっていたことが背景にあった。オールらは農耕民のキクユと牧畜民のマサイの栄養状態を比較調査したうえで、家畜の乳や肉を日常的に摂取する後者の食生活を高く評価した。彼らはその結果を踏まえて、強壮な労働者を確保するためにも動物性タンパク質が不足したアフリカ人に肉食を促すことを主張していたのである（Brantley 2002）。

ただし、教育の効果が現れるのを待ったり、旱魃や疾病の発生によって家畜の過剰状態が部分的にでも緩和されるのを期待したりするのは「誤った優しさ」（Government of the United Kingdom 1934: 501）に過ぎなかった。したがって、報告書では一時的に空文化していた作物生産・畜産令を適用しながら、とくに土壌の悪化が急速にすすんでいた居留地で家畜を「間引き」することが推奨された。主任家畜医務官のブラッシー＝エドワーズ（H. H. Brassey-Edwards）の推定によると当時居留地では六〇〇万頭の牛が飼養されており、その半分のうち七・五パーセントを「間引き」すると仮定すれば、年間で二二万五〇〇〇頭を処理しなければならない計算であった。しかし、それらの牛のほとんどは質が低く食用に適していないと想定されたことから、これも農業委員会と同様に、食肉ではなく血粉や骨粉を使った肥料を加工する工場を建設することが勧告された。ケニア国内で肥料に対する需要が高まっており、年間で二五〇〇トンが輸入されていたことも肥料生産を後押しする要因となった（Government of the United Kingdom 1934: 507）。

このように、土地委員会は基本的な状況の認識と対処方法をそれまでの調査委員会と共有していた。しかし、その一方でオーバーストッキングの問題をケニアという一植民地ではなくイギリス帝国の枠組みから捉える視座において、後者とは異なっていた。とくに注目されたのが、南アフリカ連邦の事例である。土地委員会は、一九三二年に発表された原住民経済委員会（Native Economic Commission）報告書から以下の二つの段落を引用している。

オーバーストッキングという悪弊が甚だ深刻であることについては、すでに述べてきた。教育的手段は適当な時間内にこの悪弊に対処するのに十分なのかという問題について、委員は多くの証拠を集めてきた。…問題は、農業の場合と同様、どうやったらより経済的に土地を利用できるかを原住民に教えるだけではない。広大な放牧地が破壊され、土壌が侵食・露出し、泉が涸れあがるのを阻止するのは、時間との勝負なのである。

委員会としては次のように考えている。オーバーストッキングという悪弊について原住民に教育するのは、これからも出来るだけ広くかつ強く進めていくべきである。しかし、それだけでは居留地を救うのに十分ではない。あらゆる現実的な方法によってこの悪弊に取り組むべきである。将来牛の頭数が減少しよりよい方法が維持されるように、あらゆる手段が検討されるべきである。[21]

土地委員会の報告書では、これらの引用につづいて「実際のところ、南アフリカの原住民居留地でのオーバーストッキングに関する原住民経済委員会報告書の記述の大半は、ケニアの居留地に関して私たちが書いていたかもしれないものである」と述べている（Government of the United Kingdom 1934: 497）。それは、原住民経済委員会が「オーバーストッキングに対して予防的な手段がとられなければ、トランスカイ（Transkei）と南アフリカ連邦のその他の原住民地域における現状は、明日には今日のシスカイ（Ciskei）のようになっているだろう」（Union of South Africa 1932)

と述べることで、草地が豊富で沿岸部に位置するトランスカイと人口密度が高く土壌侵食が比較的深刻なシスカイの状態を同一の時間軸の上に位置づけたのと同様の修辞的表現であった。つまり、南アフリカの現状に来るべきケニアの状態を重ね合わせることによって、この問題に早急に対処しなければ深刻な状態に陥るという主張に説得力をもたせていたのである。

土地委員会の委員らが南アフリカを含む他地域の現状に目を向けた背景には、当時オーバーストッキングを主要な原因のひとつとする土壌侵食の問題が世界的な関心を集め、帝国規模で対処されていたという事情があった(Anderson 1984)。当初はそれぞれの植民地で対処すべきとされていた土壌保全の課題は、一九三八年までに植民地農業・家畜医療諮問委員会の主要な関心事項のひとつとなった(Hodge 2002: 13-14)。とくにこの問題に関して強い影響力を発揮したのが、元セイロン農務局長のストックデール(Frank Stockdale)である。一九二九年に植民地省農業諮問官(Agricultural Advisor for the Colonies)に任用されたストックデールは、各植民地を視察して土壌侵食について調査をおこなった。ケニアには一九三〇年と一九三七年に視察に訪れ、とくに二回目の視察時にはカビロンド、カンバ、中央州、ナンディ、そしてカマシア(Kamasia)[22]の地域に実際に足を向けている。その際、とくにカンバが暮らすマチャコス居留地の状況の深刻さを目の当たりにしたストックデールは、その土壌を保全・修復するために植民地省に一万ポンドの助成を、そして後述する植民地開発基金(Colonial Development Fund)に二万四〇〇〇ポンドの貸付をそれぞれ申請し、認可された[23]。

土壌保全の問題について、ケニア政府内では農務局のマハー(Colin Maher)がキーパーソンとして台頭した。「土壌侵食対策を説く熱心な伝道師[24]」とも呼ばれたマハーは、トリニダードの帝国熱帯農業カレッジ(Imperial College of Tropical Agriculture)の卒業生である。このカレッジは、一九二一年に当時植民地大臣を務めていたミルナーによって創設され、一九二六年には王室によって認可を与えられて熱帯農学の研究・教育拠点となっていた。また、その教育課程にはケンブリッジ大学で最新の実験技術と統計分析の手法を学ぶコースも含まれていた(Buhler et al. 2002: 42-

43)。当時は植民地省が行政官の任用制度の抜本的な改革を図っていた時期であり、「トリニダードのマフィアたち」(Hodge 2007: 99)と呼ばれたカレッジの卒業生たちは、ケニアを含むイギリス帝国のさまざまな植民地で登用されていた。[25]そのひとりが、進化生物学者として知られるリチャード・ドーキンス(Richard Dawkins)の父であるクリントン・ジョン・ドーキンス(Clinton John Dawkins)である。ドーキンスはオクスフォード大学の植物学教室で大学院教育を受けたのちに、ケンブリッジ大学と帝国熱帯農業カレッジで専門的な訓練を受けた。その後、一九三九年にニヤサランド保護領(現在のマラウイ)の農務局に着任した彼のキャリアは、当時の農務官としては標準的な任用過程であった(ドーキンス 二〇一四:六五―六八)。ケニアの場合、農業委員会が専門的な教育を受けていない「無資格者」を農務局から追放することを勧告したこともあって、一九三五年までにカレッジの卒業生が農務局の雇用枠を独占するにいたっていた(Anderson 1984: 337)。さらに、カレッジのシラバスでは土壌侵食を含む土地管理の問題を必修事項として位置づけていたことから、世界各地の植民地で勤務する農務官がこの問題に対する理解と関心を深めるのにも貢献した。実際に、ケニアの農務局に着任したマハーは新聞や雑誌に論文を寄稿するなど、この問題に精力的に取り組んでいる。一九三八年に農務局内に土壌保全局(Soil Conservation Service)が設立されるとその局長に就任し、アフリカ人に畝のつくり方などの保全策を指導したり、啓発活動に取り組んだりした。

ケニアにおける土壌保全の取り組みでは、マハーのほかにも何人かの専門家が重要な役割を果たした。たとえば、ナイロビのヘンリー・スコット農業試験場(Henry Scott Agricultural Laboratories)で勤務していた土壌化学者のベクリー(V. A. Beckley)は、農務局の定期刊行物として『土壌侵食』(Beckley 1935)を刊行した。一九三八年には農務局のガーネイ(H. L. Gurney)、エドワーズ(D. C. Edwards)、バーンズ(R. O. Barnes)の三人が南アフリカを訪問し、体系的な土壌管理のシステムを視察した。[26]また、ケニア国外からは南アフリカ農務・漁業局(Department of Agriculture and Fishery)の植物学者ポーレ=エヴァンズ(Illtyd Pole-Evans)が一九三七年にケニアに招聘され、土壌侵食と草地再生に関する調査をおこなっている。このように土壌保全に取り組む植民地科学者の「多中心的なコミュニケーション・ネットワーク」(Chambers and Gillespie 2000) が形成されるなかで、その原因であるオーバーストッキングも対処が図られるようになったのである。

(3) 食肉加工工場の建設

この節の最後に、農業委員会とケニア土地委員会によって提示された副製品加工工場のアイディアがその後どうなったのかを見ていきたい。土地委員会の報告書から二年後の一九三六年、植民地開発基金からリフトバレー州のエルドレット(Eldoret)に工場を建設する計画に対して二万三五九〇ポンドを拠出することが承認された。この基金は、大恐慌への対応策として一九二九年にイギリス議会で承認された植民地開発法(Colonial Development Act)のもとで用意されたものであり、イギリス帝国史において植民地の開発を目的として定期的に資金を提供した初めての試みであった(Constantine 1984: 164-94)。助成に申請する場合、それぞれの植民地の政府は植民地省内の植民地開発諮問委員会(Colonial Development Advisory Committee)に計画書を提出するよう求められた。もっとも、植民地からの反応は全体的に活発ではなく、一九二九年から一九三九年までの申請総数はケニアからの三三件を含めて八二二件に過ぎなかった(Constantine 1984: 202)。そのため、この取り組みは「植民地経済の活性化にはほとんど寄与するところのない、宗主国側の植民地利用策に終始した」(木畑 一九八七:七三)とも評価されている。とはいえ、長年議論が重ねられてきたオーバーストッキングの問題を解決に導く現実的な道筋が開かれたという点で、工場建設に対する資金拠出が決まったことの意味は大きかった。

しかしながら、結果的にはエルドレットで実際に工場が建設されることはなかった。原住民家畜をどのように処分するのかという問題について、一九三〇年代前半の時点では副製品加工工場の建設案以外にもパレスチナへの牛の輸出案と食肉加工工場の建設案の二つの選択肢が有力と見られていた。そして、最終的に土壇場で採用されたのは最後者の案のほうであった。

イギリス委任統治領パレスチナへの輸出を提案したのは、ロンガイ（Rongai）で牧場を経営していた入植者のルーベン（David Ruben）である。第一次世界大戦後に創設されたパレスチナでは食肉処理前の牛の輸入が急速に増加しており、ケニアや北ローデシアを含むアフリカ諸国からの輸出が検討されていた。食肉処理後ではなく処理前の牛が求められたのは、ユダヤ教のカルシュートに従って屠畜する必要があったためである。ケニア農場主連盟（Kenya Farmers' Association）をはじめとして、入植白人の多くは副製品加工工場の構想が入植地域の牛ではなく質の低い原住民家畜をおもなターゲットとしていたことに不満を抱いていたこともあって、ルーベンの案に飛びついた[27]。また、リフトバレー州とＮＦＤの州長官もこの案に熱意を示し、その商業的展望について具体的に検討していた。とはいえ、一九三六年八月にパレスチナ政府が東沿岸熱などの疾病の蔓延への懸念を理由にケニアを含むアフリカ諸地域からの牛の輸入を禁止したことで、この案の実現可能性はかなり低くなった[28]。また、パレスチナには冷凍牛肉を輸出する計画もあり、同年三月には八頭の冷凍牛肉が試験的に輸出されていた。しかし、この牛肉を検査したパレスチナの家畜医療局の評価は、ケニア産の製品はオーストラリア産よりも劣るというものだった。さらに、同年にパレスチナ・アラブ人の叛乱が発生すると、おもな消費者として想定されていたアラブ人の買い手を確保するのが難しくなってしまった（Colony and Protectorate of Kenya 1937: 100-109）。

食肉加工工場の案が実現するに当たっては、家畜医務官のドーブニー（Robert Daubney）による活躍が大きかった。ドーブニーは一八九一年にイギリスに生まれ、リヴァプール大学、ジョージ・ワシントン大学、ケンブリッジ大学、そしてロンドンの王立獣医科大学（Royal Veterinary College）で教育を受けた獣医学の専門家である。一九二五年から植民地省で勤務し、ケニアへの赴任後はおもに牛疫ワクチンの研究に従事していた。本章の第一節で述べたように、当時は牛疫への対処方法としては同時接種法が一般的であった。しかし、この手法には被接種個体の一部が皮膚病に罹患しやすくなったり死亡したりするという問題があったために、家畜医療局はワクチンと血清の研究に引きつづき取り組んでいたのである。ワクチンについては、当時インドの帝国獣医学研究所（Imperial Institute of Veterinary Research）のエドワーズ（J. T. Edwards）が山羊を使ってウイルスを継代し、弱毒化したワクチンを開発したことが知られていた。ドーブニーもこの手法に倣って一六〇回の継代を重ねた結果、新種のワクチンの開発に成功した。これが、いわゆるカベテ弱毒化山羊ワクチン（Kabete atenuated goat vaccine：ＫＡＧ）である（Daubney 1928）。このワクチンは、一九三一年にカジァド（Kajiado）県で試験的に接種され、有効性が確認されたのちに、入植地域と原住民地域の双方で広く使用された（Tignor 1976: 323）。また、ＫＡＧの致死率の低さはケニア国外でも高く評価され、東アフリカの諸国で使用されていた。[29]

獣医学研究で輝かしい成果を挙げたドーブニーは、一九三五年に農務副局長代理（畜産部門）に昇進した。さらに、同年一〇月にケニアからの食肉輸出の可能性について検討する食肉・家畜調査委員会（Meat and Live Stock Inquiry Committee）が設置されると、その委員兼書記に任命された。検討の結果、この委員会はケニアの農業の発展にとって食肉の輸出が不可欠だという点を確認したうえで、缶詰肉や冷凍・冷蔵肉として輸出する可能性を模索する必要があると指摘した。しかし、ケニア国内にはその加工と流通に乗り出す企業がなかった。そこでドーブニーが目を付けたのが、当時アルゼンチンとウルグアイに並ぶ世界的な食肉輸出国に成長しつつあった南ローデシアである。ドーブニーはさっそく翌一九三六年六月には南ローデシア訪問を実現し、ローデシア輸出・冷蔵会社（Rhodesian Export and Cold Storage Company）とリービッヒ社（Liebig's Extract of Meat Company）の加工工場を視察した。前者は南アフリカに拠点を置く食肉加工・流通企業である帝国冷蔵・供給会社（Imperial Cold Storage and Supply Company）の子会社であり、ブラワヨ（Bulawayo）郊外の加工工場で冷蔵・冷凍された牛肉を生産してイギリスに輸出していた。また、前節で言及した化学者リービッヒの名を冠した後者の企業は、ウルグアイのフライ・ベントス（Fray Bentos）で肉エキスの加工工場を建設したベルギー人のギバート（George Christian Giebert）によって一八六五年に設立されていた。その後、コーンビーフや冷凍肉の生産・輸出にも着手した同社は、二〇世紀初頭からアフリカへの進出も果たしており、ケニア政府に対しても加工工場の建設をはたらきかけていた(Sunseri 2013)。南ローデシアではウェスト・ニコルソン(West Nicholson)で加工工場を操業しており、『フライ・ベントス』という商品名の缶詰牛肉を製造し、南アフリカで販売していた。また、そのほかに肉エキスや食用油、獣脂も生産していた(Colony and Protectorate of Kenya 1937: 57-66)。

南ローデシアを視察したドーブニーは、そちらよりもケニアのほうが気候、インフラ、そして家畜の質と量という三つの点で食肉輸出の事業にとって条件がよいという感触を持った。また、南ローデシア側もケニアでの事業可能性に関心を抱き、ドーブニーによる視察直後の七月にはリービッヒ社アフリカ局長のマッケンジー(R. Mackenzie)と南ローデシア部長のブリントン(G. Brinton)が、そして九月にはローデシア輸出・冷蔵会社部長のストレイス(G. E. L. Straith)がそれぞれケニアを訪問して家畜の飼育状況を視察し、食肉・家畜調査委員会の委員らと会談した。ブリントンらは、質は問わないものの十分な頭数の「間引き」された牛が安定的に供給されることを希望しており、生体重で一〇〇ポンド当たり二・五から四シリングを支払う用意があると述べた。それは、ケニア政府としても妥当な金額であった。リービッヒ社はこの時点で、ケニアか南ローデシアに加工工場を新設することを検討していたが、いずれにせよ一九三七年初めまでの操業開始を希望していた。それに対して、ストレイスは二年半から三年後に事業を開始することを目途に、質の高い冷蔵牛肉をロンドンのスミスフィールドの市場に、そして原住民地域の質の低い冷蔵牛肉をブリストルやリヴァプールなどのイギリスの工業都市の食肉市場に輸出するという計画を提示した。ドーブニーは、リービッヒ社が事業拡大を狙っているこの時期をケニアにとって千載一遇のチャンスとして捉えて、食肉・家畜調査委員会を説得した。結局、委員会はイギリスへの食肉輸出の将来的な可能性を見据えながらも、リービッヒ社と契約を結ぶことを政府に対して勧告し、一九三六年末に契約は締結された(Colony and Protectorate of Kenya 1937: 8-31)。

これを受けて、エルドレットの肥料工場を建設するために植民地開発基金から拠出されていた資金が取り消しになった代わりに、リービッヒ社の事業を促進するために居留地内の給水施設の設置に対して四万二〇〇〇ポンドが、そして家畜輸送路の敷設に対して一万一四〇〇ポンドがそれぞれ新たに供出された[30]。また、ケニア政府はナイロビから約三〇キロメートル離れたアティリバー（Athi River）に工場建設のための土地を貸与しただけでなく、工場への家畜の調達に協力することを約束した（Anderson 2010: 255-56）。この工場は年間三万頭の牛を処理する能力があり、いたずらに牧草を食むだけで食肉として質の劣るとされた原住民家畜はもちろん、入植者家畜も処理することになっていた。しかし、リービッヒ社が設定した家畜の買い取り価格がローカルで取引される価格よりもかなり低かったために、アティリバーの加工工場は操業開始とともに供給不足に陥った。そこで、一九三七年末にドーブニーは土壌の悪化が深刻とされていたマチャコスの地方行政官を説得して、「間引き」を強制する実験的な計画を実現させた（Anderson 2010: 256-57）。しかし、この計画は政府に対して忠誠心が篤く、従順とされていたマチャコスのカンバの人びとから予想外の反発を招来したことによって、中止を余儀なくされた（Tignor 1976: 331-54）。また、人びとは繁殖可能な雌牛を手放さなかったために、オーバーストッキングの解決手段として強制的な「間引き」が有効とはいえなかった（Spencer 1980: 510）。マチャコスにおけるこの出来事は、原住民に対して家畜の売却を強制することが有効でないばかりか、政治的なリスクをともなうということを植民地政府に認識させる結果となった。供給不足の問題を解決できなかったリービッヒ社は、一九三九年四月にアティリバーの工場を一時的に閉鎖することを余儀なくされた。

操業を再開したアティリバーの工場が、家畜の供給源として目をつけたのが、ケニアに隣接するタンガニーカとウガンダであった。しかし、それらの植民地から家畜が調達された場合、ケニアのオーバーストッキング問題が軽減されるわけではなかったことから、ドーブニーは原住民地域からの家畜供給を確保するために尽力した。しかし、政治的な理由や感染症の流行のためにその努力が実を結ぶことはなく、リービッヒ社はタンガニーカとウガンダから牛を輸入するようになった（Anderson 2010: 258-60）。こうした状況は、第二次世界大戦の開始とともに大きく変化した。ケニアにも大規模な軍隊が駐留したことによって、一九四〇年六月には彼らに対して肉を含む食料を安定的に供給する必要があることが認識されていた（Dalleo 1975: 174-75; Spencer 1980: 509）。そこで、家畜を調達するために家畜管理局（Livestock Control）が設立され、その責任者には当時家畜医療局長を務めていたドーブニーが就いた。家畜を強制的に徴収する権限を与えられていた家畜管理局は、設立から二年半のあいだに原住民地域から一七万頭の牛を調達することに成功した。その後も、一九四三年に一四万四六〇〇頭、一九四四年に一三万九〇〇〇頭、一九四五年に一〇万七〇〇〇頭、そして一九四六年に八万七〇〇〇頭と、戦争終結後の一九四六年末まで調達の業務を継続した。また、入植地域からも一九四一年に一一万頭、一九四二年に一万四〇〇〇頭、一九四三年に一万五〇〇〇頭、一九四四年に一万五〇〇〇頭、一九四五年に二万頭、そして一九四六年に一万七〇〇〇頭の牛を購入した。[31] ただし、入植者の牛は原住民の牛よりも高い価格で買い取られていたために、前者は家畜管理局との取引で大きな利益を手にすることになった（Spencer 1980: 510-11）。

前節で見てきたように、ケニアでは一九二〇年代から原住民家畜の問題について議論を重ねるなかで、「間引き」という短期的手段と教育やプロパガンダなどの長期的手段を組み合わせることが基本的な方針として定まっていた。しかし、第二次世界大戦が勃発して軍隊に多数の食肉を供給しなければならなくなると、前者の手段に対する抑制的な態度は保留された。その結果、この時期に「公営市場に連れてこられる家畜の頭数がもっとも急速かつ持続的に増加していった」（Raikes 1981: 120）だけでなく、家畜市場を整備することの意義が認識されることになった。次章で述べるように、第二次世界大戦後のケニアの畜産開発は、この認識のもとですすめられていったのである。

2　北ケニアにおける原住民とその家畜の統治

(1)　場当たり的な畜産・家畜医療行政

それでは、この時期にケニアの北部では、牧畜民とその家畜の集合体に対する統治はどのように変化したのだろうか。前章で述べたように、北ケニアの家畜はこの地域の行政とハイランドにおける入植者の農園・牧場経営にとって脅威として捉えられていたために、統制されていた。しかし、前節で触れたように原住民の家畜が問題化されるとともに、一九二〇年代からＮＦＤの政治的・経済的状況が変化するなかで、統治のありかたも調整されることになった。

この時期の政治的・経済的変化としてまず指摘できるのが、植民地史研究者のダレオ（Peter Dalleo）のいう「新しい経済」の展開である。それまでベナディール沿岸部を中心としたキャラバン交易圏の周縁部にあった北ケニアには、一九二〇年代から三〇年代にかけて小規模な街が形成された。牧畜民の経済活動の重心は、これらの街で経営されていたドゥカにおける現金取引へと次第に移行していった（Dalleo 1975: 120-83）。さらに、一九三一年からは北ケニアでも人頭税の徴収が始まった。ケニアのその他の地域では一九〇一年から小屋税が、一九一〇年からは小屋税と人頭税が徴収されていたものの、ＮＦＤはその範囲外に置かれていた。というのも、ソマリなどの反抗的な原住民に対して徴税を宣言して実際に集めることができなければ、植民地当局の威信が損なわれる恐れがあったからである[32]。そこで、この地域ではボラナなど政府に対して従順な原住民から、税の代わりに一定頭数の家畜を貢納として徴収していた。たとえば一九一四年以降サンブルとレンディーレは家畜の一・五パーセントを納めることになっていた。それは、山羊・羊一一〇〇頭とラクダ一二〇頭に相当していたという（Dalleo 1975: 206）。

しかし、集団間で貢納の有無や負担の大きさが異なっていたことから、原住民のあいだに不満が高まっていった。

不満がピークに達した一九二四年には、ワジアのソマリが貢納の支払いを拒否するにいたった。この事態に直面した政府は、彼らから強制的に貢納を徴収することを決定し、懲罰隊を派遣した。その結果、抵抗したソマリのハバル・スリマン（Habr Suliman）・クランから四人の死者が出て、懲罰としてラクダ一〇〇頭が科された。この事件をきっかけとして、植民地政府内で貢納を徴収する法的根拠の妥当性に関する議論が持ち上がり、徴税開始に向けた動きを後押しすることになった。[33] さらに、翌一九二五年にグリッグが総督に着任したことも、この動きを促進した。グリッグは植民地財政の見直しに意欲を見せており、小屋税と人頭税の金額を引き上げたり入植白人からの税収を狙って所得税令（Income Tax Ordinance）を立法評議会で通過させるなど、関税収入に依存した財政制度の改革をすすめていた（Gardner 2012: 64）。ＮＦＤにおける税の徴収も、彼のイニシアティブのもとで直ちに検討された。

グリッグは一九二八年七月にはモヤレを訪問し、集まったそれぞれのクランの首長に対して税について説明する場を設けた。この集会で「税を家畜を支払ってはいけないのでしょうか」と尋ねたアジュランのディマ・アブディ（Dima Abdi）に対して、グリッグは「政府としては現金のほうがいいですが、もしも現金での支払いが不可能であれば家畜も受け付けます」と、柔軟な姿勢を見せた。しかし、その他のやりとりでは有無を言わせない高圧的な姿勢が目立った。デゴディアのアフメド・リバン（Ahmed Liban）が、彼らがおもに飼養しているラクダが市場では安価で取引されているために、税を支払えるかどうか分からないと主張したのに対して、グリッグの返答は次のようなものだった。「あなたたちはただ、政府が命じただけの額を支払えばいいのです。あなたはただ政府に従うのであって、何ができて何ができないかを言うべき立場にないことを理解してください。」また、先に政府と衝突したハバル・スリマンの首長イマン・モハメド（Iman Mohamed）が「税を支払えるかどうか分かりません」と単刀直入に述べると、グリッグは一言こう告げたという。「政府に従うか、さもなければ大変申し訳ないことになります。[34]」

北部辺境州人頭税令（Northern Frontier Province Poll Tax Ordinance）は、一九三〇年に立法評議会を通過した。ただし、これによって、翌年からＮＦＤの住民のうち一六歳以上の男子は一〇シリングの人頭税を支払うことになった。ただし、当初は個人ではなく部族や部族内のセクションを単位として収集され、次第に徴収単位のスケールを小さくしていくという方針が採られていた。[35] 税は、反発を危惧していた地方行政官の当初の想定よりもスムーズに受容され、原住民問題担当局が作成した一九三六年の年次報告書は、最終的に当初の概算よりも六倍多い額が集められたことを報告している。もっとも、だからといって人びとが税の支払いを歓迎したわけではなかった。とくに課税の開始直後には、支払いに対する抵抗や、徴税の任に当たっていた首長による職権乱用の問題が生じていた。[36] また、政府にとって徴税には経済的なメリット以外に、エチオピア帝国やイタリア領ソマリランドとの国境を家畜とともに行き来する牧畜民に対して、イギリス臣民としての帰属を求めるという側面もあった。徴税開始直前の一九三〇年に作成された原住民問題担当局の年次報告書でも、原住民は希望するならばイギリス領から出ていっても構わないが、その場合は水場と放牧地に関する権利を手放すことになる、と明記されていた。[37]

こうしたなかで、NFDの行政官たちはそれまでとは異なる方法で、家畜や、家畜と牧畜民のあいだの関係に対してはたらきかけていった。本節では以下、家畜医療行政の展開と巡回交易の規制を事例として、この点について検討する。

家畜医療

前章で述べたように、この時期の北ケニアで家畜生産の点で重視されていたのは、牛ではなく山羊と羊であった。とくに、この地域の羊はケニアのその他の地域の品種よりも優れていると考えられていた。そこで、一九二九年にイシオロの検疫所内で羊の育種試験がスタートした。[38] この試験を立案したのは家畜医療局のムリガン（E. J. Mulligan）であり、同局のガイ（H. C. W. Guy）が実施を担当した。

一九世紀末のヨーロッパでは、工業化と都市化、そして移民の流入がすすむなかで、人種的な退化（degeneration）の恐怖が蔓延していた。それは身体の虚弱化、精神薄弱、そして道徳的な堕落として表れ、後天的な特質として遺伝形質と同様に次の世代へと継承されると考えられていた。この恐怖は、当時科学として発展しつつあった優生学と結合し、結婚規制と不妊手術や、育児学の推奨といったかたちで「劣等者」の生殖と生活様式に対する介入を正当化した（松原 二〇〇二）。さらに、退化の思想は植民地にも輸出され、原住民の劣った知性や精神的な欠陥を「科学的」に証明する取り組みにつながった。植民地に入植したヨーロッパ人もその影響を免れることはできず、熱帯・亜熱帯の気候に対する不適応や原住民との不適切で行き過ぎた接触は、身体的、精神的、道徳的な脅威をもたらすとされていた（Campbell 2007）。植民地支配は人種的な差異の政治によって基礎づけられていたことから、入植白人が退化し、その状態が原住民の目に触れるのは、支配の根幹を揺るがしかねないと懸念された。そのため、両者の境界線上にあった存在が問題化された。白人のうち困窮した者や現地人とのあいだに生まれた混血児は施設で保護され、精神障害者や病人は本国へと送還された（Stoler 2010）。

植民地における退化は、ヨーロッパ人のみならず彼らとともに異国の地を踏んだ家畜にも起こっていると考えられていた。家畜医療の専門家であるドーブニーは、ヨーロッパ産の家畜はダニが多く栄養が不足した環境や、高気温と強い日光による生理学的影響のために数世代のうちに退化すると述べている。具体的には、体格が小さくなり、体重が減り、骨が軽量化し、乳量と妊娠率が低下し、皮膚が荒れ、疾病に対して脆弱になるなどの特徴が見られたという（Daubney 1942）。また、ある時期までは退化の主要な原因のひとつとして混血の問題がさかんに議論されていた。植民地の白人と原住民のあいだの性交や結婚が「黒禍（black peril）」と呼ばれて絶えず警戒されていたように（Kennedy 1987: 128-47）、家畜についても異なる品種の個体が交配し、出産するのは避けるべき事態とされていた。その背景としては、当時のヨーロッパ人社会でテレゴニー（telegony）と呼ばれる信念が広く浸透していたことが挙げられる。テレゴニーとは、ある雌がある雄と交配したのちに、別の雄とのあいだに生んだ個体が、前者の雄の形質をともなうという理論である。この理論によると、雄の個体は遺伝的優位性（pre-potency）を備えているために、その形質は交配を通じて雌の個体に刻み込まれ、その影響は世代を越えて受け継がれていくという。したがって、ヨーロッパ産の純血種の雌が在来種の雄とのあいだにひとたび仔を身籠ると、その雌の純血性は永遠に失われると考えられていた。また、雌には受精するたびに雄の形質が伝達されると理解されていたことから、同じ個体どうしを繰り返し交配させることが推奨された。テレゴニーの理論は一九世紀のヨーロッパでは広く受け入れられており、一九世紀初頭からイギリスの植民地になっていた南アフリカでは、家畜の育種に大きな影響を与えていた（Swart 2010: 38-76）。

しかし、一九世紀末になるとテレゴニー論はエディンバラ大学の動物学者ジェームズ・エワート（James Cossar Ewart）によって批判された。また、育種の現場でも純血種の家畜と在来種の家畜の交配が試みられ、成果を挙げたことで、テレゴニーに対する恐怖は次第に薄れていった（Mwatwara and Swart 2016: 339）。その結果、世界各地の植民地では現地の環境に適した品種を生み出すために、選抜育種の実験がすすめられた。一九一八年にはマドラスの農務局によってオンゴール種が開発された。また、インド北部のフィールーズプルでも、実験を重ねた結果乳量を増加させることに成功した。ケニアでも一九二八年に家畜改良の方針が定められ、各地の家畜管理訓練センターで取り組まれていた（Anderson 1935）。

イシオロの検疫所でおこなわれた実験は、南アフリカから輸入されたブラックヘッド・ペルシャン種とサフォーク種の羊を、マサイ、サンブル、ガブラ、そしてナンディから連れてこられた羊と交配させるというものであった。テレゴニー論の名残りだろうか、実験では外来種の雄と在来種の雌が用いられた。実験の目標は、耐病性や環境への適応力といった在来種の遺伝的特徴を保持しながら、羊の体格と骨を改良し、肉質と皮革の質を高め、成長の速度を促進することに設定された。この実験によって得られた知見をもとに、ＮＦＤだけでなくケニアの原住民地域全体で育種と管理の方法を教育することが期待されていた。また、周囲の原住民に優れた品種や近代的な管理方法を紹介するために、各集団の首長に対して実験を見学することが奨励された。

しかし、この実験は首尾よくすすまなかった。羊の一部は、地域の伝染病やブルータングなどのウイルス性疾病にかかって死亡した。また、さまざまな組み合わせの交配を試行したものの、望ましい性質をすべて備えた個体を生み出すことができず、総合的には交配しないサンブル種の羊がもっとも優れていた。結局、翌一九三〇年に「二種類のまったくことなる品種を交配させるのは奨励できない」[39]と結論づけられ、早々に実験は終了した。

北ケニアの家畜医療行政は同年のうちに、それ以外の点でも方針を転換していた。第一に、北ケニアに専任の家畜医務官一名と家畜検査官（Stock Inspectors）二名が着任した。前者は原住民地域における家畜医療サービスを担当し、後者は家畜医務官の監督下で補助的な役割を務めるものであり、いずれも北ケニアに派遣されるのはこれが初めてであった。第二に、イシオロの検疫所内に家畜管理訓練センターが開設された。一九三二年の時点で生徒数は三五人と、ほかのセンターの同様に規模の大きな取り組みではなかったものの、ＮＦＤにおいて近代的な家畜管理に習熟した人材を育成するという重要な企図を担っていた。このように、イシオロはケニア植民地全体における羊の育種と管理のセンターから、ＮＦＤの家畜医療行政の拠点へと、短期間のうちに置き換えられていった[40]。

もっとも、この方針も長続きすることはなかった。一九三四年一〇月には、経済的その他の理由からイシオロの家畜管理訓練センターは閉鎖されることが決まった[41]。また、家畜医務官と家畜検査官も、同年にサンブル県がＮＦＤから隣接するリフトバレー州へと移管されると、同県で牛肺炎の撲滅に取り組むために転出した。その後、ＮＦＤには家畜医療の専門担当官が駐在しない期間がしばらくつづいた。このように明確な方針をもたない場当たり的なものではあったものの、ケニアで原住民家畜が問題化され解決が図られるなかで、ＮＦＤでも隔離規制以外の家畜医療行政が取り組まれるようになったのである。

巡回交易とイサック・ソマリ

前章で述べたように、植民地初期に北ケニアからの家畜調達は、おもに外来ソマリのイサックによって担われていた。しかし、一九二〇年代から原住民家畜の管理と流通の近代化が試みられるなかで、彼らのインフォーマルな家畜取引もまた問題化され始めた。もっとも、以下で見ていくように彼らに対する統制もまた、家畜医療行政の場合と同様に一貫しておらず、ある種の場当たり性によって特徴づけられるものであった。

前章で述べたように、イサックはヘルティとともに「外来ソマリ」と呼ばれていた。北ケニア行政官のリースは、彼らについて次のように述べている。「『外来ソマリ』という用語は、次のように理解される。つまり、『ケニアに住んでいるものの、通常ケニアにはいない部族に属するソマリ』である。彼らは、イギリス領ソマリランドやイタリア領ソマリランド、アデンからの移民、もしくはその子孫たちである。[42]」序章で述べたソマリの六つのクラン群のうち、一八六〇年頃に「アフリカの角」地域からジュバ川を越えて陸路南下し、現在のケニアに当たる地域の放牧地と水場を利用するようになったのが、ダロードとハウィエであった（Dalleo 1975: 5-6; Turton 1972: 120-21）。それに対して、もともとソマリ半島の北岸に居住していたイサックは、ヨーロッパ人の探検家の警備や銃運搬人として東アフリカに到来したという点で、それらの集団とは異なっていた。スタンレー（Henry Stanley）、テレッキ（Sámuel Teleki）、バートン（Richard Burton）、ルガード卿（Frederick Lugard）、そしてグレゴリー（John Gregory）など、一九世紀末に東アフリカの奥地を踏査した探検家たちは、イサックをともなっていた。また、最初にケニアの地を踏んだイサックも、デラメア卿によるリフトバレーの探検隊の構成員だったと言われている。その後、彼らは黎明期の植民地政府によって下級役人、通訳、あるいは兵士として雇用された（Weitzberg 2013: 181-83）。地方行政官たちは、「彼らがいなければＮＦＤで行政を確立するのは事実上不可能であった」し、「ジュバランドの平定でも重要な役割を果たした」として、イサックの貢献を高く評価していた。[43]

ヨーロッパ人の行政官や入植者によるイサックへの信頼は、彼らの優れた知性への評価によって支えられていた。一九〇〇年から一九〇四年まで東アフリカ保護領弁務官を務めたエリオットは、アフリカの原住民を人間よりは動物に近く、世界のほかの地域の野蛮人と比べても品位が劣り、社会的・政治的組織をほとんどもっていないと特徴づけていた。その一方で、ソマリについては「自尊心が強く、忠誠心を欠き、興奮しやすく、執念深い」という「悪い性質」はありつつも、「間違いなく当保護領でもっとも知的な人種である」と記している（Eliot 1905: 91-95, 121-22）。イスラームという一神教を信仰し、アラブ系と類似した身体的特徴を備えたソマリのなかでも、植民地化に貢献したイサックと政府に対して反抗的で「文明化されていない」その他のクランは差異化されていた。グレンディが彼らについて、「ケニアの『原住民』ではないかもしれないが、アフリカ人なのは確かである。とはいえ、決してアジア人ではない」[44]と述べていたように、イサック・ソマリは植民地における貧困化した白人や原住民とのあいだに生まれた混血児と同じく（Stoler 2010）、植民地支配の根幹をなす人種的な境界線をかき乱す、逸脱的な存在であった。実際に、植民地初期にはイサックを含むソマリに対する法的な規定が曖昧であり、一九一〇年の原住民小屋税・人頭税令（Native Hut and Poll Tax Ordinance）では「原住民」の定義に含まれる一方で、身分証明書（キパンデ）の携行を義務づけた一九一五年の原住民登録令（Native Registration Ordinance）では、その定義から除外されていた（Weitzberg 2013: 183-84）。イサックたちは、原住民には許容されていなかった移動の自由と、非原住民としての地位と権利を享受していたのである。

下級役人や兵士として植民地政府に仕えていたイサックは、次第に商店（ドゥカ）の経営と家畜の巡回交易（itinerant trade）に参入していった（Dalleo 1975: 61-63）。彼らは、ほかの原住民には認められていなかった移動の自由を活用しながら、通常ではアクセスできない地域から家畜を調達していた。[45] 一九一八年の家畜交易認可令（Stock Traders License Ordinance）が認可料を支払わない原住民による交易を容認していたために、参入の障壁は低かった。また、彼らは独立して家畜の売買に従事するだけでなく、デラメア卿やコールなどの大規模な牧場経営者に委託されて家畜を調達することもあった。イサックの活発な事業については、野生動物の狩猟目的で東アフリカ保護領に入植したクランワース卿（Lord Cranworth）が著作のなかで、「原住民から羊などの家畜を調達する商人として非常に優れており、インド人による商店経営と比肩しうるほど成功している」と称賛するほどであった（Cranworth 1912: 71-72）。

しかし、こうした商活動に対して一九三〇年頃から規制する動きが見られた。そもそもそれ以前から、イサックはいくつかの点で植民地政府にとって望ましくない存在であった。第一に、彼らは象牙やサイの角の違法な取引への関与が疑われていた。[46] 第二に、イサックの存在は家畜の疾病対策にとって障碍であった。一九二八年の農務局の年次報告書では、この点について次のように書かれている。[47]「ソマリが取引している家畜が、北部辺境州内に牛肺炎を散布していると考えられます。そして、感染源が特定され、制御されるまでは、健全なかたちで交易を確立することはできません。巡回商人が家畜を移動させることで疾病を拡散するのを容認するかぎり、たとえ県や州のレベルで隔離規制したところで、疾病が撲滅される見込みはほとんどないでしょう。」この言葉が端的に示しているように、部族集団間に引かれた境界線を越えて家畜を流通させるイサックの活動は、植民地当局にとってはダニやツェツェバエなどの媒介動物やバッファローなどの野生動物とともに、家畜疾病を蔓延させる潜在的なリスク源にほかならなかったのだ。そして第三に、彼らが家畜のバーター交易に従事することによって、北ケニアにおける経済政策が阻害されることが危惧された。具体的には、牧畜民のあいだで現金使用の定着が遅れることが危惧された。イサックが、取引相手である牧畜民から不当な利益を得ているとされたことも、現金による公平な市場取引という規範的なありかたからの逸脱を意味していた。[48] また、政府が成長を奨励していた商業センター（Trading Centre）と市街地（Township）に不利益がもたらされる可能性があった。実際に、ある商人が一九三一年にこの地域に先駆的に持ち込んだ一台のトラックは、移動店舗としてあまりに成功してしまった。NFDの行政府は、それによってワジアの市街地に定着しつつあった商店が衰退することを恐れて、その活動を規制する判断をくだした。「巡回交易が許可されれば、商業センターも通常の市街地にある商店も存在することができない」とは、地方行政官たちにとって根拠のない憶測ではなかったのである。[49] そして最後に、イサックは政治的にも危険視されていた。この点については、一九三〇年代に「非原住民」としての特権的な処遇を認められなくなったイサックは、原住民ともソマリのその他のクランとも種別化される「アジア人」としての法的地位を要求する運動を展開するなかで、とくに警戒されていた。そのため、一九三九年の州長官の引き継ぎ報告書には、「自分たちの交易活動や家族の事柄のみに活動を制限できないし、する気もない」イサックが、「現地の政治に口をはさみ、なんらかのトラブルを起こす」可能性がある点に注意が促されていた。[50]

このようにイサックに対する警戒感が次第に強まっていくなかで、イシオロ県長官は一九二九年八月のNFD県長官会議において「家畜交易は商業センターのみに制限するべきです。巡回商人が存在するかぎり、センターが成功することはないでしょう」と主張した。この発言に対しては、マルサビット県長官から反対の声が上がり、州長官のヘムステッドも「北部辺境州のような大規模な地域の場合、商業センターですべてのニーズをまかなうのは不可能」という見解であった。最終的にこの会議では、取引を現金で行うという条件付きで巡回交易を容認することが決議された。この問題は、州長官がグレンディに交替したあとの翌一九三〇年八月に開かれた県長官会議でも再度取り上げられた。そしてその際には、前年とは異なり「将来導入される税にそなえて交易を現金ベースにする必要があることから、非原住民（イサック・ソマリ）によるラクダ、牛、山羊、羊の交換を完全に禁止」することが決議された[51]。

しかし、一九三一年から人頭税の徴収が始まると、財源を確保するためにこの方針もまた徐々に変更されることになった。原住民問題担当局が同年に作成した年次報告書には、次のような記述が見られる。「税の支払い方法について本当に問題だったのは、人びとが税の支払いを渋ったり、拒否したりすることではなかった。むしろ問題は、税を支払うためには資産を現金にする必要があるのだが、それが不可能であるという点にあった。彼らの所持する家畜のなかで市場で売却できるのは、羊と山羊だけである。……多くの部族民はラクダしか所持していないということ、そして税金を納めるためにはラクダを山羊や羊に交換しなければならないことに、留意する必要がある。」また、一九三四年一一月にグレンディが一時的にルウェリン（J. Llewellyn）に州長官を交替した際には、「税制度はすでに確立されたと見ることができる。というのも、今日ではこれに反対する者がほとんどないからである」と胸を張る一方で、やはり現金確保の問題に頭を悩ませていた。「依然として問題なのは、現金が不足していることである。なぜなら、市場が不在なだけでなく、皮革の交易活動がスランプ状態にあるからだ。」この問題を解決する手立てとしてグレンディが推奨したのが、NFDのラクダをトゥルカナの地へと連れていき、それと交換に山羊・羊を得るという方策だった。というのも、ケニアではNFDの牧畜民以外にラクダを食用とする文化がほとんどないため市場が限られているのに対して、山羊と羊ならばイシオロを経由してハイランド方面に輸出することで、現金稼得につながる見込みがあったのである。いうまでもなく、この方策はイサックの商人による家畜のバーター交易という在来の制度を活用したものであった。一九三四年一二月にマルサビットで組織を許可された交易隊をはじめ、この種の家畜交易は幾度か組織されたようである。もっとも、トゥルカナにラクダの新しい血種を導入する狙いもあったこの試みは、人びとが「呪医にそそのかされて、外来の家畜が入ってくればこの地に災害がもたらされると考えた」ために、ほとんどラクダを売却できずに終わったという。[52]

結局グレンディは、翌一九三五年にＮＦＤのすべての県長官に対して司令長官通達第一一号を送り、家畜交易認可証を所持しない商店主による交易を容認することを明言した。この方針は一九四一年一二月に開かれた県長官会議でも追認され、家畜交易の担い手は地元の部族民であることが望ましいと留保しながらも、当面は巡回商人が必要であると確認された。[53]

以上述べてきたように、一九三〇年代以降ＮＦＤの植民地行政において、家畜を求めて牧野を徘徊するイサックの巡回商人は両義的な位置づけをされていた。彼らは、一方で現金稼得手段の限られた牧畜民にバーター交易の機会を提供するものとして歓迎され、他方において、組織化された家畜の交易活動の障碍と見なされていた。両者の位置づけは矛盾を孕んでいるようでありながら、どのようにして家畜を植民地の経済開発のために動員するかという問いへの回答であるという点において変わりなく、最終的にはその活動が黙認された。もっとも、この問題に対するＮＦＤの行政当局の態度は一貫性を欠いており、短期間のうちに幾度となく調整をされていた。

(2) 闇取引の問題

第二次世界大戦が始まると、植民地の主要な食糧の流通を管理し、効率的に調達するための制度が整備された。家畜については、軍に対して食肉を安定的かつ多量に供給するために家畜管理局が設置され、入植地域と原住民地域の双方から家畜を買い付けた。家畜管理局が各地の家畜市場から鉄道駅、さらに屠畜場までの輸送を厳格にコントロールして疾病の蔓延する危険性を最小限に抑えたことによって北ケニアからハイランド地方に輸送される家畜に対する規制が緩和され、ワクチンを接種していない牛さえも調達の対象に含まれた[54]。以前リービッヒ社への牛の供給を確保するために北ケニアからの輸送を試みて失敗していたドーブニーは、この期に牛肺炎などの家畜疾病に対する診断方法を改良して感染個体の同定の確実性を高めることによって、この地域からの家畜の輸送にともなう入植白人の家畜医療上の不安を取り除くことに成功した。牛肺炎の診断方法は、オーストラリアのターナー（A. Turner）とキャンベル（A. Campbell）によって改良されており、その手法がケニアにも導入されていたのだ。最終的には、この地域から一〇万頭の牛と一五〇万頭の山羊・羊が調達された[55]。

家畜管理局は、それぞれの州に対して割り当てた頭数（quota）の家畜の供出を求めた。各州の割り当て頭数は家畜医療局長が当該州の長官と軍と協議しながら決定し、州長官が任地の各県にそれらの割り当てを配分した（Spencer 1980: 509）。北ケニアでは、基本的にそれぞれの地域の首長とアスカリが調達の業務を担っていた。首長は所定の期日に決められた頭数の家畜を連れてくることを指示されており、イシオロからやって来る家畜管理局の買い付け人に固定価格で売却した。マルサビットでの取り組みを例に挙げると、二ヶ月ごとに家畜管理局の調達が実施されていた。一九四三年の一一月には、八日にマルサビットでガブラの牛一五〇頭とレンディーレの牛五〇頭の取引が、そして九日にはライサミスでレンディーレの羊一五〇〇頭の取引が実施された。その際には、前月の一〇月中頃に首長に対して指示が与えられた[56]。

地方行政官たちは、家畜調達の現地エージェントへの委託によってさまざまな問題が生じていることに気づいていた。アスカリたちは牧野の深部に分け入る手間を惜しんで最初に行き着いた集落からできるだけ多くの家畜を徴収しようとしたり、群のバランスを考慮せずに質のよい家畜だけを選抜したりする傾向があった。また、首長には調達頭数に応じて手数料が支払われていたために旱魃などで苦境にある原住民からも家畜を接収することがあったが、そうした事態に対する不満の声は、基本的に首長を介して地域の情報を得ていた地方行政官の耳には入りにくい構造になっていた。とはいえ、管理局としても牧野に点在して暮らす牧畜民のもとに派遣するのに十分な数の人員を用意することはできず、結局は彼らに調達業務を依存せざるをえなかった。[57]

地方行政官は家畜管理局にも批判の目を向けていた。原住民は管理局が家畜の流通を独占し、低価格で買い付けることに不満を抱いていたが、この認識は行政官にも共有されていた。[58] たとえば、一九四六年に外来ソマリがイシオロ借用地（Isiolo Leasehold）で放牧していた山羊と羊をニエリ（Nyeri）の市場で売却する許可を申請した際、借用地がオーバーストッキング状態にあると憂慮していた県長官は許可を与えた。しかし、管理局はこの許可を取り消し、それを知った県長官は「すべての当事者が損失を被った」として管理局の判断に不満を漏らした。また、管理局のエージェントが買い付けに指定した期日に姿を見せなかったときには、家畜を用意した原住民だけでなく地方行政官も、任地での統治が依拠していた地域住民からの信用（good-will）が損なわれかねないとして危機感を募らせた。[59]

また、先に述べたように家畜は基本的に各地域の首長とアスカリによって調達されていたが、実際にはそれだけで十分な頭数の家畜を確保することはできなかった。そこで、ローカルの家畜商人が買い付けを部分的に代替していた。地方行政官は原住民がその役割を担うよう奨励していたが、中心となったのはイサックであった。彼らは以前のようにこの地域の家畜交易を独占することはできなかったものの、事実上の「家畜管理局の買い付けエージェント」として、とくに山羊と羊の調達に貢献した。彼らは、街や商業センターから離れた牧野で牧畜民から煙草やビーズ、衣服などの物品とのバーター交換によって家畜を手に入れて、家畜管理局の買い付け人に売却していた。[60] また、ワジアで入手したラクダをマルサビットで山羊と羊に交換して管理局に引き渡すなど、県の境界線を越えた調達に従事することもあった。ただし、この交易はマルサビット側にとって条件が不利であり、また、レンディーレとガブラのラクダの種の固有性がワジアのソマリ・ラクダとの混淆によって損なわれる可能性があるとして、のちに禁止された。さら

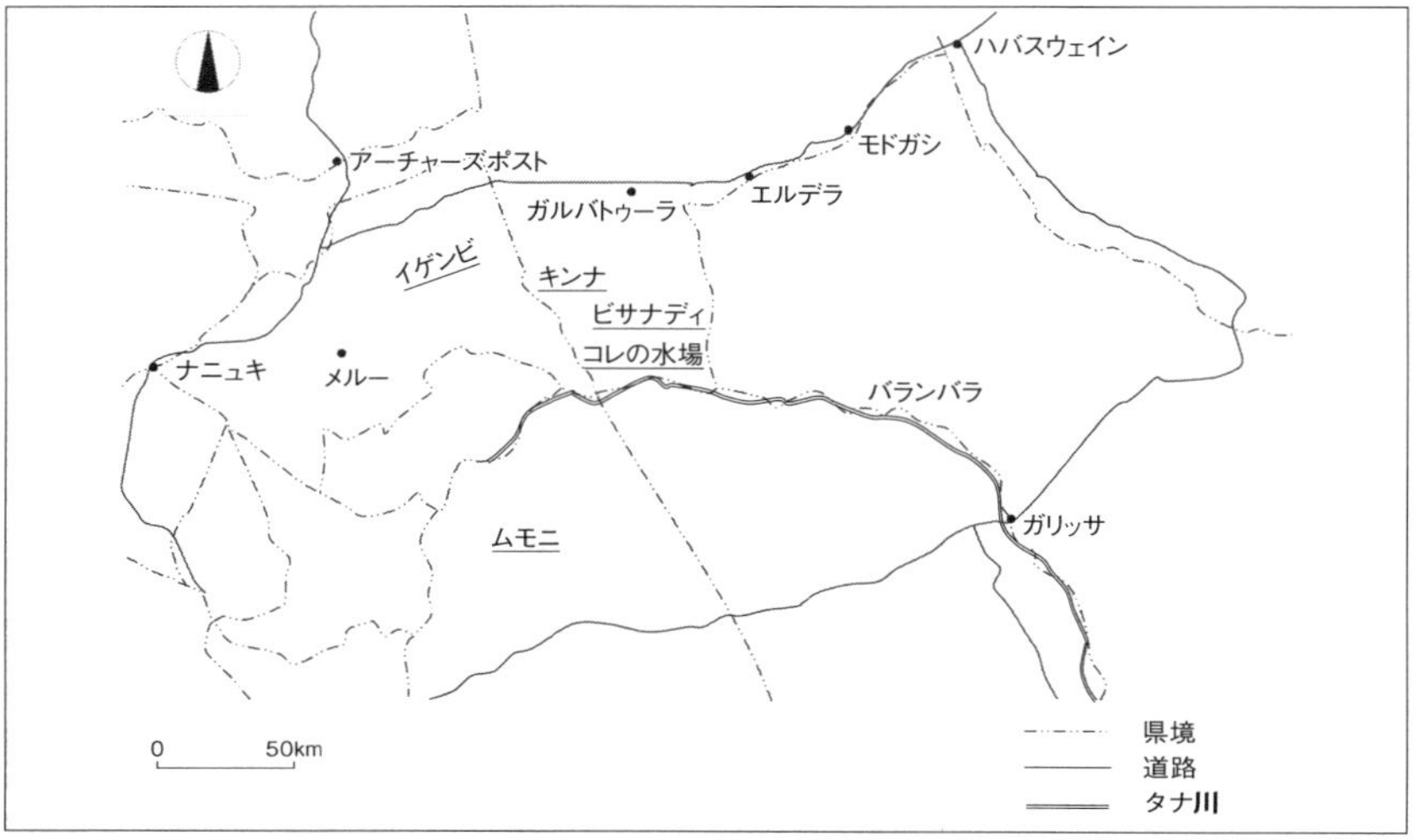

図 2-1　タナ川流域の「違法」な家畜交易の周辺図
出典：KNA/DC/GRSSA 2/21/3, KNA/DC/GRSSA 4/6, KNA/PC/NFD 1/11/1 より筆者作成。

に、イサックについては牧野や他県から買い付けた家畜をすべて管理局に売却せず闇取引（black market）に携わっているだけでなく、取引に不得手な原住民から不当に高い利益を得ているとして、その活動を疑問視する声が植民地当局内にあった。そのため、一九四五年に牧野でのバーター交易は禁止された[61]。このとき、モヤレ、ワジア、ガリッサの三県で競売が始められ、外来ソマリを含むあらゆる部族の商人はそこで競合しながら家畜を買い付けることになった[62]。

もっとも、この決定によって原住民による闇取引が終焉したわけではなかった。できるだけ多くの家畜を調達する任を負っていた管理局にとって、闇取引で公的な流通網から家畜が「漏出」することは避けるべき事態であり、法的にも特別県（行政）令と外部県令、そして動物疾病令をこの問題への対処に適用することができた[63]。図２‐１は、闇取引の拠点としてこの時期の行政文書で頻繁に言及される地名をまとめたものである。まず、ビサナディ（Bisanadi）やコレの水場（Koreh Wells）などタナ川沿いの地域が挙げられる。コレの水場の周辺では、おもにソマリのオガデンとカンバが取引していた[64]。また、ソマリはタナ川沿いのより南方に位置するマルカ・ルピア（Malka Rupia）をカンバとの取引場所としたり、メルー地方のイゲンビ（Igembi）を利用したりしていた。タナ川の左岸では、オルマとカンバがムモニ（Mumoni）において行政官の監視の目をかいくぐっていた[65]。このように、北ケニアの行政当局はどの地域でどの集団が闇取引に従事しているのかをある程度把握していたが、結果的には、第二次世界大戦期のみならず植民地統治が終わりを迎えるまでこの活動を実効的に規制することができなかったと考えられる。本項では以下の二つの具体的な事例を検討しながら、その理由について考察する。

【事例二‐一　コレの水場周辺における闇取引】

一九四四年一〇月六日、マハード（Ibrahim Mahaad）とダウード（Siraj Daud）という二人の警察官が、バランバラ警察署のムティス伍長（Corporal Musembi Mutis）の命令でコレの水場へと派遣された。同行していたソマリのアブドワク（Abdwak）・クランの首長アリ（Mumen Ali）が先遣隊として偵察したところ、三〇人以上のソマリと三〇人ほどのカンバが多数の牛とともに集まっていることが確認された。ソマリ側は、アブドワクやマカブル（Maqaubl）などオガデン系のクランであった。報告を受けた二人の警察官が現場に到着すると、そこにいた人びとの一部は川を渡って逃亡を図り、別の人びとは弓矢で攻撃を仕掛けてきた。結局一五頭の牛が接収され、三人の原住民が逮捕された。その後、逃亡したカンバ一名を逮捕したという連絡がキトゥイ県長官から届いた[66]。

翌一九四五年八月には、ガリッサ県長官のマッキーグ（V. M. McKeag）がみずからコレの水場周辺の調査を実施した。このとき、この地域の闇取引の概要が明らかになった。おもな買い手はカンバであり、売り手側はソマリのアウリハン・クランを中心としてさまざまな集団によって構成されていた。取引の対象は牛と山羊であり、その価格は家畜管理局による買い取り価格のおよそ二倍であった。また、タナ川の両岸に両者が集まると、買い手側のカンバがお金を置いて対岸に渡って交渉を始め、交渉がまとまると売り手側は家畜とともに渡渉し代金を受け取るという取引手順が慣例化していることも判明した[67]。

この事例からは、第一に、行政当局が取り締まりに動員できる人員には限界があり、現地の権力者である首長の協力が欠かせなかったことが分かる。また、マッキーグは検挙によってこの場所での取引は沈静化したものの、地域全体では闇取引が蔓延していると見立てており、「強硬な手段」を採らないかぎり規制は不可能だと考えていた。ガリッサ県当局には取引の局所的な現場を制圧するのに必要な軍事力は備わっていたものの、それは継続的な監視と取り締まりを実行するには不十分だったのだ。そして第二に、一般的に異なる部族間でおこなわれる闇取引の範囲が複数の隣接する県にまたがっていたために、県を統治単位とする地方行政の対応にも限界があったということができるだろう。取り締まりの際に警察官がタナ川を渡渉して逃亡した違反者を深追いしなかったのも、翌年にマッキーグがコレの水場周辺を視察した際にイシオロ県側の深部に進行して調査することなく引き返したのも、そのためであった。

【事例二-二　イシオロ県の行政官による闇取引問題の認識】

次に、イシオロ県長官補のシムズ＝トンプソン（R. Symes-Thompson）が作成して県長官に提出した県内の違法な家畜取引に関する詳細な報告と、それをめぐる書簡のやりとりを検討する[68]。シムズ＝トンプソンはキンナとタナ川流域で調査を実施し、多数の牛、山羊、羊がほとんど毎日のようにキンナを通ってメルー居留地へと違法に輸送されていることを明らかにした。家畜の売り手はソマリとボラナであり、メルーのほかにカンバ、キクユ、エンブが購入していたものの、そのほとんどは交易許可証を所持していなかった。彼によると、一日に一〇〇〇頭以上の山羊・羊が取引されるのも珍しくなく、山羊と羊は一頭当たり八シリングから一五シリングで取引されていた。これは、家畜管理局によって提供される価格よりもかなり高かった。商人らはそれらの家畜を二〇シリングから三〇シリングで転売しており、利益は大きかったという。

興味深いことに、シムズ＝トンプソンはこの違法行為の取り締まりには限界があると率直に認めていた。彼によると、「この違法な家畜取引を阻止するのは極めて困難です。キンナ以南の地域のほとんどは道路が通っていません。

また、あまりに多くの人びとが関与しているために、徒歩による（調査や捜査の）サファリがおこなわれるという噂はあっという間に広まってしまいます。」実際に、彼が実施調査をおこなったときには、取引の中心はすでにキンナから南方のビサングラチャ川（Bisanguracha river）周辺へと移行していた。シムズ＝トンプソンとしては、「闇取引が当植民地の経済に深刻な打撃を与えないのであれば相応の努力を払うのは惜しい」という立場であり、むしろオーバーストッキングの状態を緩和するという点ではメリットがあると見ていた。そのうえで、管理局が家畜の買い付け価格を引き上げないのならば、このような取引活動の根絶ではなく「取引の規模を最小限にとどめ、もっとも勇気ある何人かの家畜商人を脅す」ことをめざすべきだと考え、この目標を達成するために、違反者に見せしめとして懲罰を課す、協力者から取引に関する情報を得る、そして現地の権力者と協力関係を築くなどの経済的な手段を講じた。[69]

シムズ＝トンプソンの報告を受けた県長官のピニー（J. Pinney）も闇取引の撲滅は不可能という点で彼と同意見であり、その前任の県長官であるド＝ブロムヘッド（P. J. de Bromhead）も、闇取引が旱魃によって引き起こされており、「法には背いているものの、家畜を減らすこと自体はよい」と述べ、原住民に対してある程度同情的であった。人的・財政的なリソースが限られたなかでそれぞれの任地で統治の責務を担っていた地方行政官のなかには、このように考える者は少なくなかったようである。それに対して、司令長官のリースは「（闇取引の問題について）ほとんど何も打つ手がないという意見に私は同意しません。我が県は牛の産出において遅れを取っています」と反論し、取り締まりを強化することを主張した。[70] リースは別の機会にも「通常であればＮＦＤから中央州への家畜の輸出は歓迎すべきですが、管理局の家畜が不足している現在にあっては、なんとしても闇取引を阻止しなければなりません」と述べていた。[71] しかし、行政文書のやりとりには具体的な対応策を練ったり対策に必要な人員と財源の確保を試みたりした形跡がなく、どの程度事態を深刻と捉えていたのかは不明である。もっとも、闇取引の問題に対する地方行政官の態度は一枚岩ではなく、ケニア植民地のなかでも周縁化されていたＮＦＤの行政責任者として戦時の食糧調達への貢献を意気込んでいたリースと、任地の原住民に対する統治の受託者である県長官や県長官補レベルの地方行政官のあいだには、意識の差があったということはできるだろう。

3　新たな形式の統治とその失敗

本章では、第一次世界大戦後から第二次世界大戦終結までの期間における、牧畜民とその家畜に対する統治の変容について論じてきた。植民地行政と入植者の事業にとって脅威とみなされてきた原住民家畜は、次第にオーバーストッキングという生態学的な枠組みで問題化されるようになった。一九二〇年代から三〇年代にかけてこの問題が各種の調査委員会や立法評議会で議論されるなかで、教育やデモンストレーションなどの長期的手段と「間引き」という短期的手段の組み合わせによって解決を図るという方向性が次第に固まっていった。これは、望ましい性質と頭数の家畜を近代的な育種と管理の方法によって飼育し、余剰分は市場で手放すことを求めるという点で、牧畜集合体に対する新たな形式の統治を意味していた。しかし、北ケニアの牧畜民とその家畜は、それに対して抵抗を展開した。原住民にとってモデルとなることを期待されていたＮＦＤの羊は、イシオロの検疫所内で実施された育種試験において望ましい結果をもたらすことはなかった。また、第二次世界大戦の開始とともにケニアに駐留した軍隊に対して多数の家畜を調達する必要が生じたときにも、牧畜民たちは行政官や首長による監視の目をかいくぐって闇取引に従事し、「日常的抵抗」（Scott 1998）を繰り広げた。こうした抵抗への植民地当局側の対応は一貫性を欠いており、時期によって変化し、しばしば中央政府とＮＦＤの地方行政府や、ＮＦＤ内の上級行政官と下級行政官のあいだで見解が分かれた。結局、この時期に出現した新たな形式の統治は、この地域における人と家畜の集合的な振る舞いを導く体制として具現化することはなかったのである。

第3章

開発の時代

——第二次世界大戦後の家畜管理　一九四四〜一九六三年

前章で指摘したように、ケニア植民地では戦間期から第二次世界大戦が終わる頃までのあいだに、原住民とその家畜に対する新たな形式の統治が現れた。しかし、ケニア北部の乾燥地域では、それによって牧畜民とその家畜の集合的な振る舞いが、以前とは決定的に異なる方向へと導かれたわけではなかった。それはむしろ、第二次世界大戦後の開発体制のもとで、制度や戦術として具現化したのである。以下、第一節では、イギリス政府のイニシアティブのもとでケニアの開発体制が整備されていく過程を、とくに畜産・家畜医療の分野に焦点を当てながら描く。第二節では、この時期にＮＦＤの文脈で開発がどのようなものとして構想、実践され、そのなかで牧畜集合体の実践がどのようにかたちづくられたのかを明らかにする。

1　戦後の畜産・家畜医療開発

(1)　植民地政策の転換

第二次世界大戦後のケニアにおける開発について考えるうえで重要なのが、当時イギリス本国で植民地大臣を務めていたマクドナルド（Malcolm MacDonald）による、植民地政策の転換である。一九二九年に弱冠二二歳で議員に初めて当選したマクドナルドは、一九三五年に植民地大臣を短期間務めたのちに、自治領大臣としての職務期間を挟んで一九三八年五月に再びそのポストに就いていた。世界各地に散在していたイギリス領の植民地では、一九三〇年代後半にストライキや暴動が相次いで発生しており、その背景である植民地の経済的・社会的問題は、イギリスの政府のみならず一般大衆のあいだでも関心を集めていた（Cooper 2002: 30-32）。マクドナルドは、植民地大臣への就任後すぐにこの問題に着手した。具体的には、一九三五年、一九三七年、そして一九三八年に立て続けにストライキと暴動が発生していた西インド諸島について調査する、王立委員会の設置に向けてはたらきかけた。その結果、一九三八年八月にモイン卿（Lord Moyne）を長とする西インド王立委員会（West Indian Royal Commission）が任命された。さらに、マクドナルドは西インド諸島だけでなく、すべての植民地が直面していた諸問題に帝国として対処する体制を整えるために、植民地開発法の見直しをすすめた。また、財務省に対して植民地政府の財政自立の原則を放棄し、植民地の諸問題の解決に多額の支出をするよう説得し、成功した（Constantine 1984: 227-66）。これらの一連のはたらきかけによって一九四〇年に成立したのが、植民地開発福祉法（Colonial Development and Welfare Act）である。植民地開発法が「輸出用の一次産品や自然資源を抽出し、産出する」（Hodge 2002: 3）という意味での開発を促進し、イギリス本国への経済的な貢献を求めていたのとは対照的に、同法は植民地社会の「福祉（welfare）」を重視する姿勢を明示していた。そこでは、イギリスが各地の植民地の原住民に対して「信託」の責務を負っており、それを積極的に果たす意志が強調された。それは、経済開発だけでなく教育などの社会サービスの提供を重視する方針にも表れていた（Gardner 2012: 127-28）。また、植民地開発福祉法は植民地開発法よりも予算規模が大きく、当初は年間五〇〇万ポンドの支出が計画され、一九四三年と一九四五年の法改正時にはさらに増額された（Anderson 2002: 192）。

　植民地開発福祉法のもとで、それぞれの植民地政府は一〇ヶ年の開発計画を作成することになっていた。その計画が植民地省によって承認されると、それに基づいて予算が配分された。ケニアの場合、一九四四年四月に出された政務局長の通達第四四号によって、それぞれの州と部局は開発計画の準備を指示された。翌一九四五年一月には、この通達に応じて提出された計画案を踏まえて開発計画を策定するために、開発委員会（Development Committee）が設置された。開発委員会は、同年四月に中間報告書を、そして翌一九四六年七月には最終報告書として『ケニア一〇カ年開発計画――一九四六年から一九五五年まで』を提出した[1]。また、一九四五年八月になると開発再建局（Development and Reconstruction Authority）が設立された。その目的は、開発と戦後再建に向けた計画を調整し、その実施状況を監督することにあった。開発再建局は、開発の進捗について年に一度総督に報告することになっており、その予算は植民地行政全体から独立していた（Gardner 2010: 64）。さらに、開発再建局の実行機関としてアフリカ人土地開発機構（African Land Development Organization）が創設された。

畜産・家畜医療分野については、前述の政務局長通達を受けて一九四四年八月に『家畜医療局戦後開発計画（Post War Development Plan for the Veterinary Department）』が作成された。[2]当時、家畜医療局長にはドーブニーが昇進しており、この覚書も彼のイニシアティブのもとで作成された。この覚書は、健全な畜産と家畜医療の発展にとって科学的知識の活用が不可欠だという姿勢を明確にした。そのうえで、家畜流通を戦前の状態に戻すのではなく、家畜管理局の廃止後も適切な管理を維持すべきだと主張し、家畜マーケティングボード（Livestock Marketing Board）の設立を提案した。この案は、ドーブニーが委員を務めていた開発委員会の農業・家畜医療合同小委員会（Joint Agricultural and Veterinary Services Sub-Committee）の報告書でも、採用された。[3]また、総督のミッチェル（Philip Mitchell）や、牧場主協会や畜産業者組合（Stockbreeders' Co-operative Association）などの入植者団体にも支持された。

戦後の家畜流通をテーマとした会議が総督官邸で開催されたのは、翌一九四五年一一月のことである。[4]関連する部局の長官と各州の長官が参加した。この会議で、ドーブニーは原住民地域の土地を回復するためには、家畜流通の管理を維持することが不可欠であると主張した。ミッチェルもこれに賛同し、一刻も早く戦時の家畜流通体制から平時の体制に移行すべきだと発言した。参加者のあいだで意見が分かれたのは、戦時中に管理局が採用していた強制的な割り当て制度を継続するべきかどうかという点であった。この点について、マサイ居留地とＮＦＤの司令長官は継続を主張し、中央州、ニャンザ州、そしてリフトバレー州の州長官は反対の立場をとった。後者の長官たちによると、この制度は戦時という緊急事態にかぎり原住民に受け入れてもらったものであった。彼らは、それを戦後も継続すれば彼らからの信頼を失うことになると懸念していた。最終的にはこの会議では、ニャンザ州長官からの提案を踏まえて、将来的に割り当て制度を復活させる可能性を残しつつも、暫定的に自主参加の家畜競売を導入することで合意された。また、この会議の議事録を各県の長官に回覧して意見を募ることも、同時に合意された。[5]

一九四五年の終わりまでに、総督のもとにはさまざまな意見が寄せられた。翌一九四六年七月には、それらの意見を踏まえたうえで、年末をもって家畜管理局を廃止し、家畜の強制的な徴収を止めることが各州の長官に通知された。同時に、八月から原住民家畜の買い取り価格を三〇パーセント引き上げることと、ナンディ県とマチャコス県で試験的に自主参加の競売を導入することも伝えられた。さらに、管理局が廃止される直前の一二月二八日になると、大都市の住民やアフリカ人労働者に安定的かつ適切に食肉を供給するとともに、原住民地域から余剰家畜を取り除くための機関を翌年から運営することが正式に通知された。その名称は、食肉マーケティングボード（Meat Marketing Board）となった。[6] 食肉マーケティングボードの委員長は家畜医療局長が務めることになり、その他の委員として財務局長、原住民問題担当局長、牧場主協会会長のライト（E. H. Wright）、入植者のパードゥ（E. W. Pardoe）、そして牧畜を生業とする県を代表するアフリカ人としてマサイのンガティア（James Ngatia）がそれぞれ任命された。[7] 重要なのは、この機関が「一時的な措置」に過ぎないと位置づけられたことである。その運営期間中に、正式な家畜流通機関――後述するケニア食肉委員会（Kenya Meat Commission：ＫＭＣ）――の権限を規定する恒久的な法令を導入することがめざされていたのだ。また、家畜をどのように調達するのかについては食肉マーケティングボードとして一元的に規定しないことになった。競売を開くか、家畜の重量と等級に応じて価格を決定するか、あるいは両者の方法を組み合わせるのかの選択は、それぞれの州の行政府の裁量に委ねられた。もっとも、原住民の福祉を重視する文脈から表面的には「屠畜用の牛の供給が強制されることはないだろう」としながらも、「プロパガンダと説得だけでは、すべての県で家畜の頭数を土地の収容力の範囲内に収めることはできないだろう」と、強制的な手段も選択肢として排除されていなかった。[8]

(2) 食肉マーケティングボード

食肉マーケティングボードは、一九四七年一月に設立された。もっとも、この機関による家畜調達は当初から首尾よくいかなかった。その障碍として指弾されたのが、キクユとソマリの家畜商人であった。商人たちは食肉マーケティングボードの買い付け人よりも高い価格を提示し、後者を競争的に排除した。[9] たとえば、一九四七年二月にワジア県のハバスウェイン（Habaswayn）で初めて自主参加の競売が開催された際には、三五〇頭もの牛が連れてこられたにもかかわらず、取引の成立にいたらなかった。ガリッサ県長官の見立てによると、タナ川流域では競売で食肉マーケティングボードが提示した額よりも高い価格で闇取引されていたのが、その理由であった。[10] ハバスウェイン以外で実施された競売でも同様の状況であり、四月一八日に送付された政務局長通達第三九号では、家畜管理局の時期に備蓄していた食肉が八月末には底を尽きると告げられた。[11] そうなれば、民族主義運動や労働運動の気運が高まっていたモンバサやナイロビでは、食糧不足が契機となって暴動やストライキが発生することが懸念された。実際に、この年の一月にはアフリカ労働組合連盟（African Workers Federation）が中心となってモンバサでゼネラルストライキが実施されていた。また、少しあとの一九五〇年にも、東アフリカ労働組合会議（East African Trades Union Congress）の主導によるゼネラルストライキが、ナイロビで発生した。政府としてはこうした事態を誘発しないためにも、食肉供給を安定化する必要があったのだ。そこで政務局長は、「徴収」や「割り当て」といった表現は慎重に避けながらも、原住民が「みずからに自発的に割り当てを課す」ようにすることを各州の長官に対して提案した。さらに、政務局長は四月二九日にも食肉の不足に関する通達を州長官に送付し、現状を改善するための案について県長官と協議することを求めた。[12] このときも、強制的な割り当て制度を復活させる意図はないと断りつつも、食肉を安定的に供給するために原住民からの「貢献」――具体的には、州ごとに調達目標の頭数を設定し、それを達成すること――を要求した。

家畜の強制的な徴収が事実上黙認されたことによって、食肉マーケティングボードによる調達は促進された。それと同時に、食肉マーケティングボードに対する原住民の反発が強まり、彼らから寄せられる信頼に依拠して日々の統治実践を遂行していた地方行政官たちも、不満を募らせていった。[13] また、家畜の調達が至上命題とされるなかで、ナンディやマサイなど一部の居留地では家畜商人の活動が限定的な範囲内で認められた。[14] この点で興味深いのが、NFDからモンバサへの牛の調達をめぐる一連の折衝である。多数のアラブ人やアフリカ人労働者が暮らしていたモンバサでは、毎月八〇〇頭から九〇〇頭の牛が必要とされていた。[15] 一九四七年六月にガリッサで開催された競売は、そこへの供給を目的としていた。この競売で、食肉マーケティングボードの買い付け人は当初の目標を上回る三八〇頭の牛を購入することができた。しかし、その成功はモンバサの食糧危機への懸念を繰り返し説く、「もっとも激しいプロパガンダ」によってもたらされたものであり、「決して自発的と言えるものではなかった。[16]」ガリッサ県長官のウェブスター（J. Webster）は、この競売の終了後に地元のソマリを代表する長老らの訪問を受けて、今後は食肉マーケティングボードへの協力を望まないという意向を伝えられた。ウェブスターとしても、そのようなやり方を継続するわけにいかないと結論づけざるをえなかった。[17]

ウェブスターが代案として挙げたのが、ラム島の対岸に位置するマコウェを調達の拠点とすることであった。マコウェでは従来から家畜の闇取引がおこなわれてきたものの、県庁の置かれていたガリッサから遠く離れていたために、行政による規制は困難であった。ウェブスターはこの点で柔軟であり、「（家畜交易を）止めさせてモンバサの市場に家畜が流通しないようにするよりも、それを奨励し、食肉マーケティングボードのために利用する」ほうがメリットが大きいと考えた。そこで、食肉マーケティングボードが牛を直接買い付けるのではなく、アラブ商人にマコウェの競売でソマリ商人から牛を購入してもらい、彼らからモンバサの食肉マーケティングボードに売却してもらうことを提案したのである。この案が採用されたことによって、モンバサへの食肉供給は安定化した。[18] 以上の経緯からは、家畜を確保するためであれば柔軟な選択をする、地方行政官と食肉マーケティングボードの実用主義的な態度を看取することができるだろう。

もっとも、食肉マーケティングボードはこのように手段を尽くしたものの、期待されたほどの成果をあげることはできなかった。同機関がアフリカ人地域から買い付けた牛の頭数は、一九四七年の時点で約二万二〇〇〇頭に過ぎなかった。その後増加したとはいえ一九四九年でも五万頭以下と、強制的に家畜を徴収していた家畜管理局時代の数字には遠く及ばなかった（Colony and Protectorate of Kenya 1950: 1223）。ただし、この時期の家畜調達が原住民の「貢献」への期待と、闇取引という違法な実践に依拠せざるをえなかったという点は、このあとの展開にとって大きな意味をもった。というのも、次節で述べるように、原住民家畜をより組織的に流通させるための制度と戦略は、このときの経験を踏まえながら開発体制のもとで整備されていったからである。

(3) フォルクナー覚書と改革

戦後開発の体制は、一九四四年一二月にケニア植民地の総督に着任したミッチェルのもとで構築されていった。ミッチェルは着任後すぐに、政務局長を中心とした統治構造が部局間の断絶を招来し、開発の障碍となっていると考えた。そこで、この問題を解決するために一九四五年に評議員制度（member system）が導入された。これは、執行評議会の非公式評議員に複数の関連する部局を担当させることによって、政務局長の権限を分散し、部局間の協調を促進する試みであった。同時に、政府と入植者コミュニティのあいだの対立を緩和することも狙いとしていた（Berman 1990: 282-85）。畜産・家畜医療分野については農務・畜産・自然資源担当評議員（Member for Agriculture, Animal Husbandry and Natural Resources：ＭＡＨＮＲ）のポストが設置され、一九四五年八月にキャヴェンディッシュ＝ベンティンク（Ferdinand Cavendish-Bentinck）が任命された。キャヴェンディッシュ＝ベンティンクは入植白人の利益優先を訴える「過激派」（Coldham 1979: 73）のひとりであり、立法評議会員も務めていた人物である。この時期以降の畜産・家畜医療行政は、彼のイニシアティブのもとで、家畜医療局をはじめとする関連部局や州行政府が連携しながら実施されていくことになった。

キャヴェンディッシュ＝ベンティンクは、農務・畜産・自然資源担当評議員の着任後すぐに家畜医療局の再編を図った。その一環が、一九四七年八月に原住民地域担当の副局長にフォルクナー（D. E. Faulkner）を任命したことである。フォルクナーは獣医学のほかに農学の学位を所持していた人物であり、南北のローデシアでの勤務のほかに、ケニアへの赴任の直前にはスワジランドの畜産・農務局長を務めていた。[19] 彼は、一九四七年の終わり頃から家畜医療局の改革について調査を開始した。その成果は、一九四八年六月に『ケニアの原住民地域における畜産業開発――一九四九から一九五八年までの政策と計画』（以下、フォルクナー覚書）と題された覚書にまとめられた。[20] この覚書は、第二次世界大戦後の開発言説を特徴づける積極的な信託の理念を反映して、原住民の「福祉」と生活水準を高めるという観点から家畜開発の意義を捉えるという姿勢によって貫かれていた。この点で、原住民家畜の問題を取り上げたそれまでの報告書や覚書とは異なっていたと言えるだろう。フォルクナーは、家畜医療の専門家は従来のように疾病の検査や対処という消極的な活動に留まるべきではないと主張した。つまり、家畜の健康の維持と増進に努め、家畜輸送路（stock route）や待機場（holding ground）などの施設を管理し、消費地に安定的に食肉を供給し、草地管理や水資源管理など関連する諸分野との連携を強化する――つまり、多面的な業務に取り組む「国家獣医師（state veterinarian）」として多面的な業務に取り組む――ことを求めたのである。具体的には、競売時の家畜の移動を管理する家畜流通担当官（Livestock Marketing Officer）や、家畜の育種と改良に従事する家畜改良担当官（Livestock Improvement Officer）、酪農について指導する酪農担当官（Dairy Officer）などのポストを新設することが提案された。また、家畜検査官が畜産担当官（Livestock Officer）に改称され、その業務はワクチン接種とダニ対策を通じて疾病管理を強化し、生産性の低い雌個体を間引いて雄個体を去勢することで家畜を改良し、家畜の飼料、管理、放牧、流通について助言を提供することとされた。さらに、それぞれの州の家畜調達について話し合う州家畜流通委員会（Provincial

Livestock Marketing Committee）を置くことも、合わせて推奨された。以下では、本節の第一項で言及したドーブニーの『家畜医療局戦後開発計画』とともに戦後ケニアの畜産開発における基本方針となったこの覚書を参照軸としながら、この時期に畜産・家畜医療開発がどのように展開したのかを見ていく。具体的には、家畜輸送路と待機場、KMC、そしてALMOの三つの点にフォーカスする。

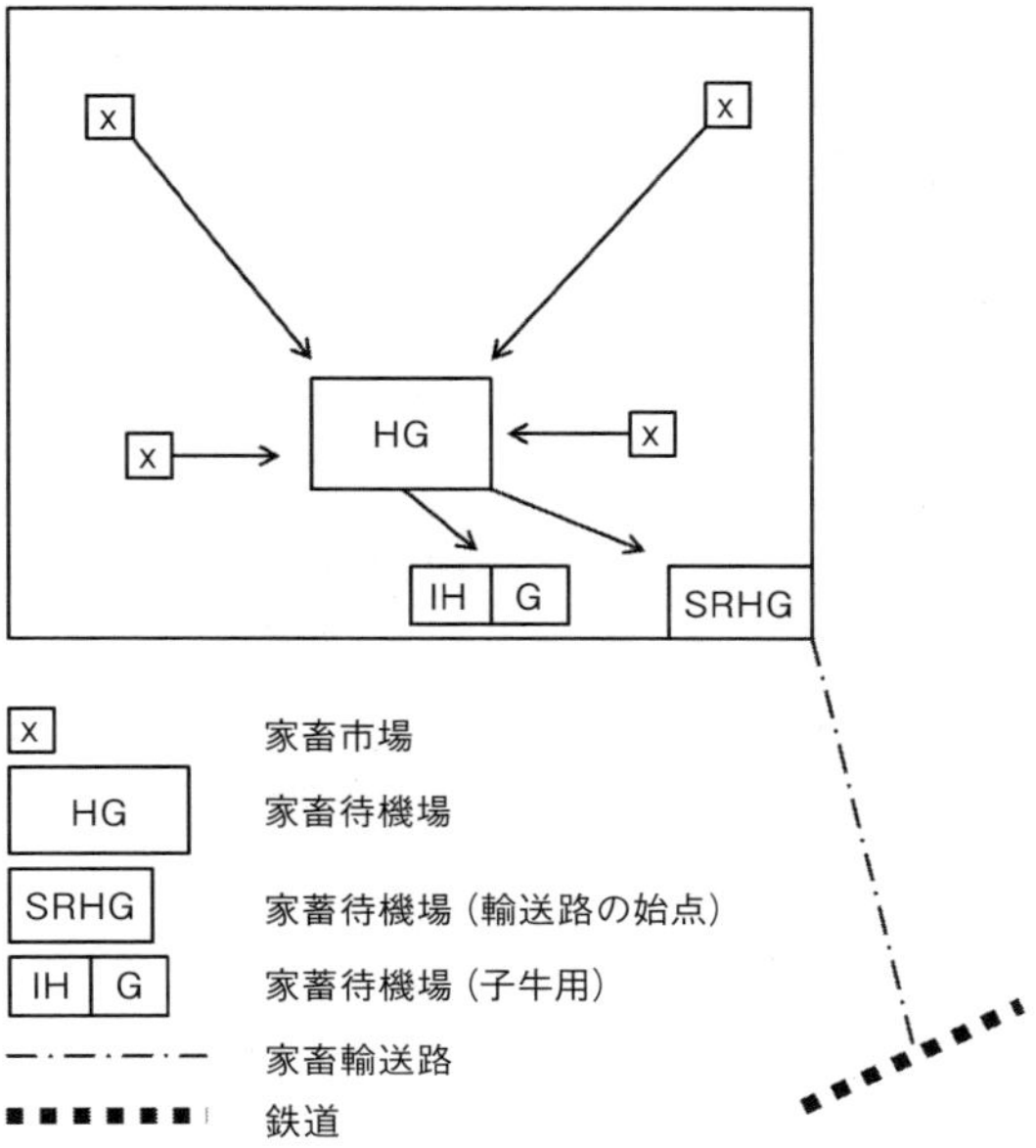

図 3-1　家畜輸送の概念図
出典：以下をもとに筆者作成。Movement of Slaughter Stock from African Areas Standard Facilities in African Producing Districts, from DVS to all field stations on 26 April 1956: KNA/BV 12/268.

輸送路と待機場

戦後ケニアの家畜流通政策において要諦として位置づけられたのが、輸送路と待機場のネットワークである。図３-１は、この時期の家畜流通に関する構想を概念図で示したものである。原住民地域で飼養されていた家畜は、各地に設置された市場で競売によって購入されることになっていた（写真３-１）。それらの家畜は最寄りの待機場まで連れてこられ、そこで健康状態を検査するために一定期間とどめおかれた。ここで健康と確認された家畜は、ハイランド地方を中心に張り巡らされた輸送路と鉄道網を経由して、後述する屠畜場へと輸送された（図３-２）。移動中の家畜の状態

写真 3-1　家畜競売の様子。ワンバで 1955 年頃に撮影された写真（TNA/INF 10/164 より、Crown Copyright）

を維持するために、輸送路の途中には給水設備や休憩場を置くことが指示された。また、移動中の家畜が周辺地域の家畜と接触して疫病の蔓延をもたらすことを避けるために、輸送路をフェンスで囲うことも定められた[21]。

フォルクナー覚書では、建設が予定されていた主要な家畜輸送路がリスト化されており、それらをできるだけ早期に官報で告示することが求められた。これらの輸送路については、ひとつの例外をのぞいて同年三月に開催された食肉マーケティングボードの会議でも合意が確認された。その例外とは、サンブル居留地からルムルティを経由してトムソンズホールズ[22]（Thomson's Falls）の鉄道駅にいたる輸送路であった[23]。開発委員会の報告書では、疾病の感染を防ぐために家畜輸送路と待機場の周りにフェンスを設置することが勧告されており、一九四七年からは開発再建局の基金から拠出された一万三〇〇〇ポンドによって、この作業が着手されていた。開発委員会は、トムソンズホールズまでの輸送路についても開通を勧告しており、周辺に暮らす入植者によって構成されるライキピア農場主協会（Laikipia Farmers' Association）もフェンスを設置することを条件に、当初はこの案を容認していた。しかし、同協会はのちに立

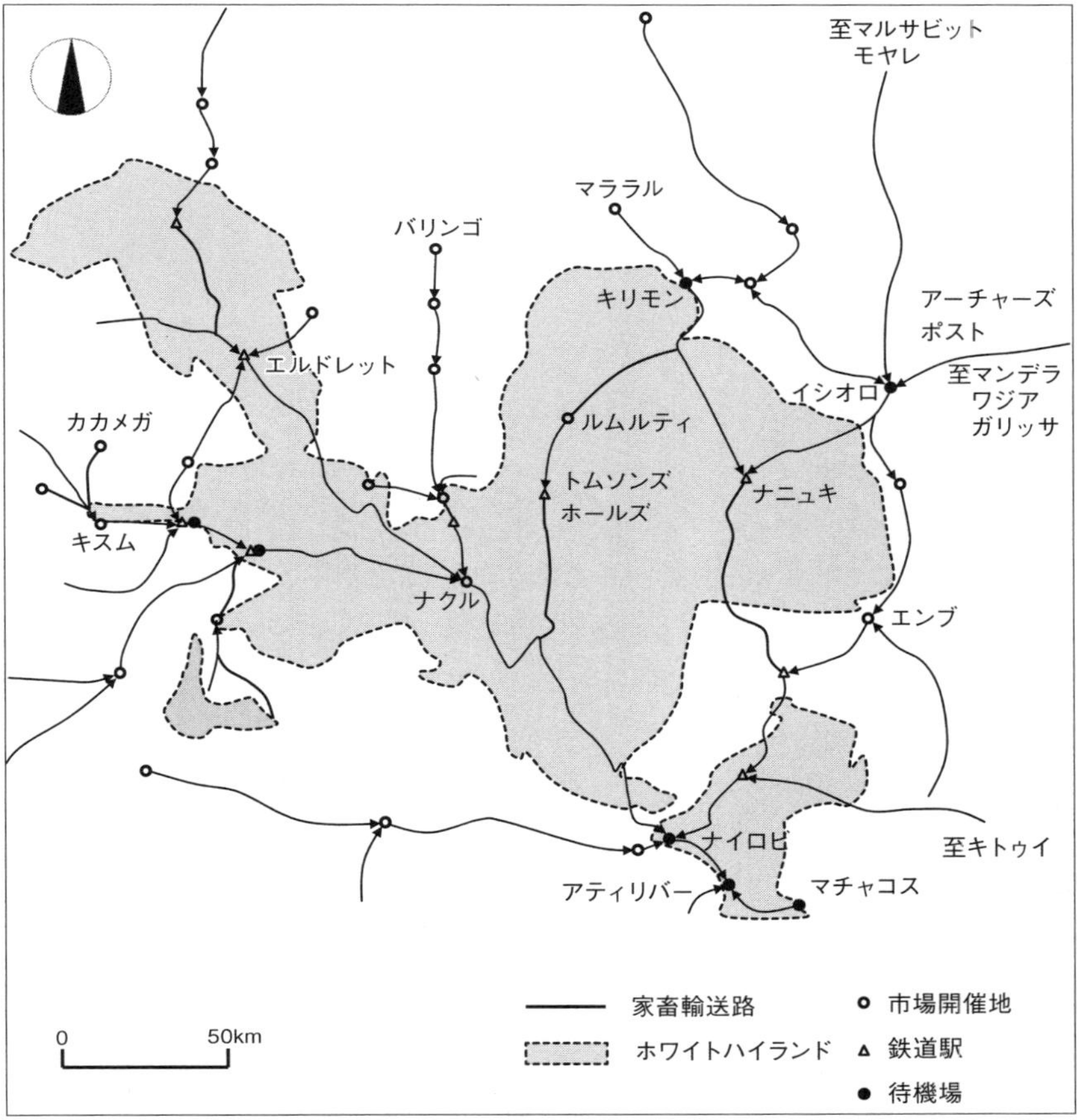

図 3-2　ケニアの家畜輸送路、待機場のネットワーク

出典：以下をもとに筆者作成。Diagram of Stock Routes and Holding Grounds on 28 July 1947: KNA/BV 12/268.

場を転換し、ルムルティを拠点とするケニア・ランチ所有者協会（Kenya Ranchers' Association）やアバーデアの県評議会（Aberdare District Council）とともに、サンブルの家畜をトムソンズホールズではなくイシオロを経由してナニユキにいたるルートで輸送することを政府に対して要請した。また、トムソンズホールズ案で輸送路の始点として想定されていたキリモン（Kirimon）の待機場を政府が継続して使用することにも、異議を唱えた。[24] 五万五〇〇エーカーの敷地を有するキリモンの待機場は、家畜管理局が戦時中の一九四一年に、ナニュキやニエリなどの軍事施設に供給する牛を待機させる目的で使用し始めたものである。その後は食肉マーケティングボードによって引き継がれたものの、キリモン川の南岸のホワイト・ハイランド側に位置しており、しかも当初は三ヶ月間のみ使用すると周囲の入植者に説明していたことから、政府は絶えず入植者からの批判にさらされていた。[25] なかでも、コルヴィルがこの件で批判側にまわっていたことの意味は大きかった。コルヴィルは当時、リフトバレーの入植者のなかでも有力な人物とされており、途中から食肉マーケティングボードの委員にも加わっていた。一九四七年一二月にサンブルの家畜輸送路について食肉マーケティングボードの小委員会が開かれた際には、コルヴィルとパードゥが、家畜医療副局長のハモンド（R. Hammond）と農務・畜産・自然資源担当評議員書記のヘニングス（R. Hennings）と対立した。この件について、前二者は「疾病が蔓延するリスクを最小限に抑えるためにできるだけ少ない数の輸送路で原住民の家畜を輸送するのが正しい」と考えていた。それに対して後二者は、「原住民地域から家畜を排出する適切な手段を用意するのが正しい」という立場であった。結局、会議の場ではこれら「ふたつの流派」のあいだで意見が折り合わず、結論は先送りにされた。[26] しかしながら、翌一九四八年の初頭には、トムソンズホールズ案を採用することが最終的に決定された。九月に招集された食肉マーケティングボード会議でも、ドーブニーの後任の家畜医療局長であるボーモント（Ernest Beaumont）とフォルクナーの意見が採用され、「特定のコミュニティではなく国全体の利益のために」キリモンの待機場を政府が継続的に利用することが、正式に決議された。[27]

コールダム（Coldham 1979）によると、第二次世界大戦中に政府に対する入植者の立場は強化されたものの、その範囲は限定的に過ぎなかったという。この主張は一般論としては妥当かもしれないものの、通常家畜輸送路は原住民地域を起点として入植地域へと伸びていたことから、その設置に当たって入植者たちの存在を無視するわけにはいかなかったと考えられる。トムソンズホールズの輸送路をめぐる上記の折衝は、その他の輸送路のケースとはやや異なる特殊な事例ではあるものの、その設定に際して入植者との交渉と合意形成を必要としていたことを示唆している。

また、トムソンズホールズ・ルートを含む重要な輸送路と待機場にフェンスを設置するに当たっては、先述の開発再建局から拠出された一万三〇〇〇ポンドが充てられていた。しかし、設置がすすむにつれてこの金額では不十分なことが明らかになった。そこで、植民地開発基金に対して二万五〇〇〇ポンドの助成が申請され、翌一九五〇年四月に承認が得られた。これによってようやく、ケニアの各地から家畜を効率的に輸送するネットワークの基盤が整うことになった。[28]

ケニア食肉委員会（ＫＭＣ）

また、フォルクナー覚書では、家畜の屠畜・処理から小売や輸出まで流通全体を統括する法定機関を設立することが勧告された。そのおもな利点は、次のように説明された。[29]

(a) 畜産業の生産者を加工や卸売、供給の部門と結びつけることによって、産業全体の効率性を高めるとともに信頼を回復することができる。

(b) この計画によって価格を固定化することが容易になり、公平かつ妥当な生産、加工、流通の費用に合わせて価格を調整することができる。

(c) 植民地中に効率のわるい加工工場が数多く散在しているよりも、システムを中央化したほうが経済的である。

(d) また、システムを中央化すれば家畜をもっともよい状態で屠畜することが可能になり、屠畜後も流通を待つあいだ一年以上も保存しておくことができる。

(e) この計画によって食肉の闇取引を根絶するとともに、疾病管理を促進することができる。

(f) システムを中央化することで副製品をもっとも効率的に利用できるようにだけでなく、単純なさまざまな処理によって数多くの製品の価値を飛躍的に高めることが可能になる。このシステムのもとで、皮革も最大限の価値を実現することができる。

(g) この計画によって人体と家畜の衛生・疾病管理が効率化され、屠畜方法がより人道的なものになり、格付け(grading)がルーティーン化される。

(h) 居留地の一部でデストッキングが必要になったり旱魃が発生したりすれば、中央屠畜場と冷蔵システムの価値が証明される。それらは、将来的な食肉輸出の可能性の点でも重要である。

この構想は、すでに述べた一九四六年の開発委員会報告書でも主張されていた。そこでは、計画の核となる中央屠畜場の建設に対して五万ポンドを支出することが勧告されていた。[30] この案を練るうえで参照されたのが、南ローデシアとタンガニーカである。とくに前者については、勤務経験のあるフォルクナー自身が家畜医療副局長の就任直後の一九四七年一〇月に訪問した。[31] フォルクナーはそこで、ローデシア輸出・冷蔵会社の加工工場を見学するとともに、同国で実施されているデストッキング(間引き)のプログラムを視察した。その後、ケニア政府は国内でもローデシア・モデルを適用することができるのかを検討するために、同社の社長と部長を招聘して助言を仰ぎ、好感触を得た。さらに、植民地開発会社(Colonial Development Corporation)もこの計画について調査をおこない、資金提供対象として有望と判断した。これらを踏まえて、政府は一九四八年に法定機関の設立を決定した。[32] 一九五〇年にはケニア食肉委員会令(Kenya Meat Commission Ordinance)が立法評議会を通過し、それによって同年六月にKMCが創設された。この法令によって、KMCにはケニア国内で家畜を屠畜、冷蔵・冷凍保存、加工、販売、輸出する、唯一の排他的な権限が付与された。[33] また、KMCは食肉マーケティングボードから資産と負債を引き継ぐとともに、リービッヒ社からアティリバーの食肉加工工場の施設を譲渡され、その敷地内で中央屠畜場の建設を開始した。KMCの決定機構は、委員長と八人の委員によって構成されることになった。後者の内訳は、ケニア全国農場主協会（Kenya National Farmers' Union）の牧場主評議会（Stock Owners Council）が総督に提出するリストから選抜された牧場主が四人、アフリカ人の家畜所有者を代表するアフリカ人が一人、事業能力を備えた者が二人、そして財務担当評議員（Member for Finance）の代理人が一人となった。最初の委員長には、コルヴィルが任命された。

表 3-1　KMC による等級ごとの家畜の買い取り価格（1950 年）

牛	第一等級	第二等級	第三等級	コンパウンド
	0.85	0.72	0.55	0.37
羊	A 等級	B 等級	C 等級	
	1.00	0.90	0.62	
山羊	第一等級	第二等級		
	1.40	1.10		
子牛	A 等級	B 等級		
	0.90	0.65		

備考：枝肉量 1 ポンド当たりの価格。単位はケニア・シリング。
出典：KMC 1951: 2.

ＫＭＣは入植地域とアフリカ人地域の双方で家畜を買い付けていたのだが、いずれの種類の家畜についても前者よりも後者での購入頭数のほうが少なく、後者よりも前者の家畜のほうが全体的に高い等級に格付けされていた。アフリカ人地域での購入頭数が少なかったという点については、事情があった。ＫＭＣは食肉マーケティングボードと同じくエージェントに買い付けを担当させていたのだが、運営開始直後から同地域での家畜の定期的な購入を中止していた。そのため、一九五〇年の最後の三ヶ月間はバリンゴ（Baringo）県、サンブル県、そしてＮＦＤの全域で牛が購入されなくなっていた。[34] その背景としては、主要な消費地であるナイロビとモンバサで第三等級以下の牛肉に対する需要が低下していたことがあった。また、これらの地域で牛肺炎などの疾病がしばしば流行していたことが挙げられるが、この点についてはこれまでと同様、必ずしも科学的な実証をともなわなかった。たとえば、一九五〇年にはＫＭＣが買い付けを停止していたイシオロ県の長官が、ガルバトゥーラで家畜競売をおこなう計画を立てた。しかし、この計画は直前になって牛肺炎を理由に家畜医療局から中止を指示された。それに対して、ＮＦＤを管轄する上級畜産担当官のロー（G. Low）は牛肺炎が流行している徴候は見られないと反論したものの、決定が覆ることはなかった。ローですら、「どの公示によって北部州の隔離が決定されたのかも分からない」状態だったのである。[35] また、キャヴェンディッシュ＝ベンティンクが立法評議会での法案の審議中に「ＫＭＣはアフリカ人地域における家畜を減少させる、いわゆるデストッキングの手段ではありません」と説明していたように、ＫＭＣは営利を目的とした企業であった。同時に、ＫＭＣには消費地である大都市への食糧供給を安定化させるために、精肉店に販売する価格を安く固定する必要があった。そのしわ寄せが、アフリカ人の家畜の等級と価格を低く設定する傾向となって表れていたのである。[36] 表３‐１と表３‐２は、それぞれ一九五〇年と一九五五年の時点でＫＭＣが家畜を購入していた価格を、等級ごとにまとめたものである。それらを比較すると、五年間のあいだに買い取り価格が全体的に上がったことが分かる。しかし、それは依然として原住民にとって魅力的な価格ではなかった。そのため、ＫＭＣのエージェントは家畜競売においてメルー、キクユ、ソマリの商人や精肉店と比べて見劣りする価格しか提示することができず、競合することは難しかった。[37]

表 3-2　KMC による等級ごとの牛の買い取り価格（1955 年）

第一等級	1.18
第二等級	1.07
第三等級	0.85
第四等級	0.50

備考：単位はケニア・シリング。
出典：Letter from Principal Livestock Marketing Officer on 30 December 1955: KNA/PC/NGO 1/7/24.

ＫＭＣがアフリカ人地域での買い付けに熱心ではないことが分かると、低い等級と品質の家畜の問題への対処は、行政の職分として認識され始めた。一九五〇年一〇月には家畜医療局長のボーモントが、アフリカ人地域内にそれらの家畜を屠畜、加工する簡易式の屠畜場を建設することを提案した。[38] フィールド屠畜場（field abattoir）と呼ばれたこの施設は、切り干し肉や燻製肉などの保存可能な製品や、当時入植地域で不足していた家畜、とくに豚の飼料となる肉粉や骨粉を生産するものであり、低品質の家畜でも原材料として利用できるというメリットがあった。また、アフリカ人地域内で屠畜と加工を済ませれば、輸送路や待機場を維持する費用をはじめとして、家畜を生きた状態で輸送する場合のコストを抑えることになった。輸送中に疾病に罹患したり、それを蔓延させたりするリスクについても勘案する必要がなかった。ボーモントは、牛肺炎の流行のために隔離措置が適用されていたサンブル地域で、この屠畜場を試験的に運営することを計画した。翌一九五一年の一月には、三日間かけて建設候補地の視察をおこなった。

写真 3-2　アーチャーズポストのフィールド屠畜場。1955 年頃に撮影された写真（TNA/INF 10/164 より、Crown Copyright）

その結果、有力な候補地とされたのが、アーチャーズポスト（Archer's Post）である。アーチャーズポストはエワソ・ニロ川沿いに位置しているために、水を豊富に調達することができた。また、ナニュキの鉄道駅までの七〇マイルの道路が整備されているためにアクセスが容易であり、NFDからも家畜の調達が期待できた。この計画は、リフトバレー州と北部州の長官や、アフリカ人土地開発機構の長官によっても支持された。同月中に開かれた開発再建局の会議でもすみやかに承認され、九〇七〇ポンドの拠出が決定した。[39] このうち四〇七〇ポンドは無償供与とされ、残りの五〇〇〇ポンドは運用利益から開発再建局に返還されることになっていた。もっとも、この計画の目的はあくまでアフリカ人地域から余剰家畜の頭数を減らすことで土地への負荷を軽減することにあり、利益の追求は副次的に過ぎないという点は、計画の初期段階から繰り返し強調されていた。五月には、生肉を販売せず、生産する製品について事前に通知することを条件に、KMCもこの計画を容認した。八月になると、運用が開始された（写真３‐２）。製品の販売はダルゲティ社（Dalgety and Company Limited）が担当した。[40]

このようにして、一定水準以上の品質と等級の家畜をKMCが購入し、それ以外をフィールド屠畜場で処理するというかたちで棲み分けることが決まった。しかし、この体制にはすぐに綻びが生じた。KMCは、地方行政府が家畜医療局に肩入れして高品質の家畜までもフィールド屠畜場に送り、KMCには痩せこけた牛や山羊しか購入する機会を与えていないと批判した。これに対して地方行政府と家畜医療局の側は、KMCの買い付けが不調なのは彼らの要求水準が高く、提示額が低すぎるためだと反論する。また、それによって地域住民から信頼を失っているとも付け加えた。両者の主張が平行線を辿るなかで、問題の根幹をなしていた等級の格付けを見直す議論がもちあがることもなく、一九五二年の三月にはKMCがフィールド屠畜場の運用停止を求めるにいたった。とはいえ、フィールド屠畜場の成果に満足していた政府が、この要求に取り合うはずもなかった。[41] このような状況のなかで隘路からの出口として期待されたのが、家畜の公的な流通機関の計画であった。この計画は、一九五〇年の一二月に農務・畜産・自然資源担当評議員、原住民問題担当局長、家畜医療局長、リフトバレー州長官、北部州長官、そしてKMC委員長が参加した、原住民家畜の流通に関する会議で採用が決定されたものである。その概要は、家畜医療局が競売で家畜を購入し、それを重量と等級によって定められた価格でKMCに転売する、というものであった。[42] この構想が結実して設置されたのが、アフリカ家畜流通機構（African Livestock Marketing Organization：ALMO）である。

アフリカ家畜流通機構（ALMO）

ALMOは、一九五二年六月に家畜医療局の一部門として設置された。ALMOに属する畜産担当官や家畜流通担当官は、KMCから割り当てられた目標頭数を達成するために、州行政府と協力しながら各地で家畜競売を組織して、買い付けをおこなっていた。購入された家畜は最寄りの待機場まで連れてこられ、そこで健康状態を検査するために一定期間とどめおかれた。ここで健康と確認された家畜は、ハイランド地方を中心に張り巡らされた輸送路と鉄道網のネットワークを経由して、最終的にはアティリバーかモンバサでKMCが運用する食肉加工工場へと輸送された（図

3-2参照)。ただし、これはKMCが求める品質水準を満たした場合の話であり、それを下回る家畜はアーチャーズポストのフィールド屠畜場で屠畜、加工された。アーチャーズポストの屠畜場が成功し期待された成果を挙げたことを受けて、南部州のカジァド県とリフトバレー州バリンゴ県のマリガット(Marigat)にも同様の施設が建設された。また、キトゥイ県の場合はどのフィールド屠畜場からも距離があったために、屑家畜もアティリバーに送られた。[43]

ALMOが地方行政府とKMCと調整しながら家畜調達の任を一括して担うことによって、先に述べた前二者と後者のあいだの軋轢は解消されるかに思われた。しかし、ここでもやはり事態はより複雑であった。第一に、KMCから割り当てられる家畜の頭数と種類がそれぞれの地域の状況を踏まえたものでなかったり、急に変更されたりすることに対して、地域住民はもちろん地方行政官や、実際に買い付けをおこなっていたALMOの専門担当官も不満を抱いていた。[44]第二に、彼らはKMCによる家畜の格付けに対しても批判の目を向けていた。地方で勤務する行政官や畜産の専門担当官たちは、KMCが用意する価格がその地域の相場価格より低すぎると感じていたのだ。また、KMCは家畜管理局とは異なり、同じ等級の家畜については所有者がヨーロッパ人でもアフリカ人でも同じ価格を設定していたものの、委員の半数を入植白人が占めることになっていたこの組織で、後者にとって状況が急に好転するはずもなかった。換言すると、アフリカ人の家畜に対する格付けが不当に厳しいという疑念は、消え去ることがなかったのである。一九五三年八月に開かれたALMOの最初の評議会でも、家畜医療局長がこれらの問題を取り上げた。彼は、NFDやソマリアをおもな供給元とするモンバサの屠畜場に搬入される家畜のうち、八八パーセントが第三等級と査定されるのに対して、入植者からも家畜を多く調達するナイロビでその数字が三一パーセントにとどまっている点について質問した。[45]一九五六年二月に開かれた第六回の評議会では、格付けの不当性の問題に取り組むために、ナイロビとモンバサの屠畜場に政府から格付けの担当者を派遣する交渉がすすめられていると報告された。[46]また、南部州の家畜医務官からは、第四等級の牛の価格である一ポンド当たり五〇セントが安すぎるという指摘があった。[47]同州のキトゥイ県で勤務していた畜産担当官は、KMCが独占的な立場にあることが原因で家畜の価格が全般的に「人為的に」

引き下げられ、不当に格付けされていると強く批判した[48]。この報告を受けとったキトゥイの県長官は彼に同意しながら、「私見では、現在のKMCは植民地全体の助けになっておらず、むしろその障碍となっています。KMCによる独占は、すぐにでも撤廃されるべきでしょう」と、上司である南部州長官に意見を述べた。彼に言わせると、「原住民居留地から家畜交易人を締め出そうとするいかなる試みに対しても、強く抵抗するべきです。というのも、彼らを締め出してしまえば、人為的に家畜の価格を下げるという現行の制度を継続することになるだけですし、それによって利益を得るのはごく一部の人間だけ」なのは明白であった。KMCによる独占の弊害がキトゥイ県に固有の問題ではなかったことは、この件が一九五五年九月にすべての州長官を参集して開かれた会議の場で取り上げられたことからも明らかである。この会議では、「KMCは人為的にアフリカ人の所持する家畜の価格を下げており、法を改正してKMCの地位を変更する日が来るまで、この問題が解決されることはないでしょう」という点で、意見の合意がなされた[49]。

つまり、ローカルな現場で家畜の「排出」に当たっていた地方行政官と専門担当官は、KMCの廃止までは望んでいなかったものの、入植者の利益を尊重するこの機関が家畜の屠畜と流通について独占的な立場にあることによって生じる諸問題には批判的であった。ただし、何を背景としてKMCに対して批判的であったのかについては、地方行政官と専門担当官で状況がやや異なっていたという点は重要である。畜産担当官や家畜流通担当官などALMOの専門担当官は、畜産分野のスペシャリストとして、おもに家畜の流通という業務の効率性の観点からKMCに不満を抱いていた。これに対して、各地域の行政の責任者である州長官や県長官の目には、専門担当官とは異なる意味でKMCの方法が問題として映っていたと考えられるのだ。

後者の点について示唆的なのが、キトゥイ県長官が一九五五年一〇月に南部州長官に宛てて送った、県内の家畜の市場取引の現状に関する報告である。県長官はこの報告のなかで、市場取引が開始した当初は家畜の価格が低く、多少のトラブルもあったと振り返っている。そのうえで、現在はカカメガ（Kakamega）やタンガニーカなどから商人が買い付けに来ており、価格が「公正」になっていると述べた。「よい牛はよい値段がつくが、質のよくない牛には値段がつかない」という認識がアフリカ人にも共有されつつあり、この状態が続くならば彼らは家畜の売却を支持するだろうと、今後の展望を前向きに伝えている。ただし、市場取引を競争的な環境のなかでおこなうことが肝要であり、「ALMOやKMCによるいかなる独占の試みにも、徹底的に抵抗するべき」であった。[50]

ここでキトゥイ県長官によって表明されている市場と価格に関する見解は、KMCと、この機関を第二次世界大戦後の家畜流通の中核として位置づけて排他的な権限を付与していた中央政府によって抱かれていたものとはまったく異なっていた。後者のあいだで支配的だったのは「自由市場で売り買いされている家畜の価格はでたらめにつり上げられていて、その真の価値をまったく反映していない」[51]という論理である。この論理は、家畜商品の「真の価値」とは近代的な食肉の評価基準に則して算出されるという考えによって支えられていた。そして、ローカルな現場で家畜の「排出」に従事していた地方行政官や専門担当官は、上記とは対照的な価格に関する理解をしていたと考えられる。つまり彼らは、アフリカ人の家畜商人の市場への参加を許容し、彼らを含む買い手間の競争を促すことによって初めて価格の「公正」が実現されると認識していた。

もっとも、市場での競争を促すことによって「公正」な価格を実現することをめざした地方行政官の企図が、もっぱらアフリカ人の安寧や福祉に対する責務の意識に端を発していたと整理するのは早計に過ぎるだろう。というのも、家父長主義的な責務の意識は、家畜流通政策に対するアフリカ人労働者の反発が引き金となって、地域内の秩序が不安定化することへの懸念とむすびついていた、とも考えられるからだ。そしてそれは行政官の個人的な評価の低下を含意していた。プライアー（Prior 2013）が指摘しているように、植民地で勤務していた地方行政官たちは帝国に奉仕するという無私の精神だけでなく、個人の経済的・社会的な利益の追求によっても動機づけられていたのである。

前節でふれたフォルクナー覚書をはじめ、中央政府が発表した政策文書では、KMCの要求する種類と規模の家畜を集めるために強制的な手段をとることはしばしば推奨されていた。しかし、以下に引用した南部州長官がキトゥイ県長官に宛てた書簡でも示唆されているように、地方行政官は一般的にこの点について慎重な立場をとっていた。[52]

近年の牛の輸出頭数は目を見張るものがありますが、（家畜買い取りの）「業務の手順」に関する報告書を送っていただけると、うれしく思います。また、ALMOによって提供されている価格を含めて、流通計画に対して何か反発が生じていないか、教えていただければと思います。とりわけ私が知りたいのは、人びとが自発的に家畜を売却したのか、あるいは、強制的に割り当てられた売却頭数を満たすために、首長によって何らかのかたちで圧力がかけられたのかどうか、です。

どうして彼は、牛の買い付け成績を喜んだそのすぐあとに、それらがどのような手段で調達されたのかを気にしなければならなかったのだろうか。その答えは、これに続く以下の文章から明らかである。

マチャコスでの失敗を思い返すと、生産者の利益に反するかたちで強制的に家畜を売却させるのは、入念に回避しなければなりません。私としては、家畜流通の計画は、関係する地域に住むカンバの人びとによって全面的に支持されたものでなければならないと考えています。

前節で触れた一九三八年にマチャコスで起こった抵抗運動は、地方行政官の想像力のなかで再び起こりうるものとして記憶されていた。先に述べたように、都市部ではモンバサとナイロビで相次いでゼネラルストライキが勃発し、一九五二年からはキクユ地域を中心としてマウマウ内戦とその掃討作戦が展開していた。そのため、彼らにとってそうした事態の到来は決して非現実的な想定ではなかった。そして、植民地統治体制のもとで任地の法と秩序の維持を担っていた彼らは、家畜を地域内から「排出」することによって生態環境のバランスの維持に努めることが秩序の不安定化を招来しかねないことを憂慮していたのである。次の引用もやはり、キトゥイ県からの報告の一部である。[53]

現在、家畜の間引きはこれ以上ないほど成功しています。全般的にアフリカ人は間引きの政策を受け入れており、一部は熱心に協力しています。しかし、なかには間引きを政府による抑圧的な処置だと考えている者もおり、細心の注意を払って状況を引き続き観察しなければなりません。私の興味を引くのは、アフリカ県評議会の一部の評議員が、政府による県内での間引き政策に反対すると言っていることです。[54] 彼らはそれだけでなく、このことを公然と発言すれば、その発言が曲解されて、政府によって罰せられるのではないかと恐れています。彼らが間引き政策に対する反対意見を公然と述べるのは、それが評議会の議題として採用される場合のみです。というのも、そうすれば非難の矛先を評議会に向けることができるからです。

公然と口にされることのなかった非難の声にまで耳を澄ませる感性は、人びとによる大規模な抵抗運動への懸念の大きさを物語っているように思われる。そして、地方行政官たちはこの懸念の大きさゆえにKMCに対して批判的な態度をとっていたと考えることができる。このように、第二次世界大戦後のケニアにおける家畜流通は、KMCと地方行政官、専門担当官というお互いに相容れることのない論理のもとで行動するアクターによって支えられていた。そこで重要だったのは、バーマン（Berman 1990）が指摘したように地方行政官と専門担当官のあいだの対立ではなく、中央と地方のあいだの対立のほうであった。

(4) 修正の試み

ここまで述べてきたように、改革後の畜産・家畜医療行政は問題に直面していた。そして、一九五〇年代中頃からは、これらの問題に対処するためにいくつかの点で制度や戦略の修正が試みられた。この取り組みを主導したのが、一九五五年から農務・畜産・水資源大臣（Minister for Agriculture, Animal Husbandry and Water Resources）の地位にあったブランデル（Michael Blundell）である。ケニアでは、一九五四年三月に植民地大臣のリトルトン（Oliver Lyttelton）が発表した統治体制のもとで評議員制度が廃止され、大臣制度（ministerial system）が導入されていた[55]（Berman 1990: 395）。ブランデルは入植白人のなかでも相対的にリベラルな思想を抱いており、多人種主義にも理解を示していた。彼のイニシアティブのもとで、一九五五年の中頃には、ＡＬＭＯは購入した家畜をＫＭＣに売却する義務から解放され、ニャンザなどの商人や精肉店に転売することが許可された。同時に、家畜を買い付ける際にも、ＫＭＣに売却するのであれば赤字が見込まれる価格を設定する裁量を認められた[56]。また、ブランデルは翌一九五六年の一月にすべての州長官と県長官に対して、ＡＬＭＯの目的が「過放牧状態にある地域からはその土地の収容力に収まるように家畜を削減し、過放牧の起こっていない地域からは自然に増殖する頭数分を取り除くことによって、安定的な家畜の規模を維持する」ことにあると確認する書簡を送付した。ＡＬＭＯはそのために、「地方行政府と綿密に協力しながら、牧畜民の居留地で生産されるアフリカ人の家畜を売却することによって、国内から最大限家畜が排出されるように組織し、資金提供し、奨励」しなければならなかった[57]。

一九五六年四月になると、ブランデルはケニア国内の畜産業の機構について報告してもらうため、ネヴィル（Christopher Nevile）に調査を依頼した。報告書の『ケニアにおける食肉産業に関する調査報告書』は八月に提出され、一〇月にはその内容に関する政府の見解を併記した刊行物が出版された（Colony and Protectorate of Kenya 1956）。ネヴィルはイギリス人で、イングランド・ウェールズ農民組合（National Farmers' Union of England and Wales）の組合長を務めていた。そのため、ネヴィルはケニアの入植白人と直接の利害関係にない立場から、ＫＭＣを中核とする畜産・家畜医療政策自体には反対しなかったものの、この機関が人びとから支持を取り付けるのに失敗していることを直截に批判した[58]。そのうえで、ＫＭＣ事業部長を委員長との併任とすることを提案した。同時に、ＫＭＣの事業範囲を入植地域に限定し、アフリカ人地域は自由取引に委ねることも勧告した。政府は、ネヴィルからの報告を受けて、ＫＭＣの委員会を再編することを決定した。しかし、委員長の併任案や事業範囲に関する案など、具体的な提案については取り合うことがなかった。このように、開発体制下の畜産・家畜医療行政はいくつかの点で修正が試みられたものの、ＫＭＣやＡＬＭＯの役割など、根本的な部分が変更されることはなかったのである。

2　北ケニアにおける開発と家畜

それでは、第二次世界大戦後の北ケニアで開発がどのように構想され、プログラムとして結実したのだろうか。そして、とくに畜産・家畜医療の分野ではどのような取り組みが実践されたのだろうか。本節では、これらの点を検討する。

(1)　開発の構想

前節で述べたように、政務局長がそれぞれの県と部局に戦後開発計画の作成を命じる通達を送付したのは、一九四四年四月のことだった。とはいえ、北ケニアではその通達が届く前から開発に向けた議論がすすめられていたようである。この点でとくに重要なのが、一九四一年の一二月末にＮＦＤの司令長官とすべての県長官がイシオロに集まって開かれた会議である。[59] それは、ＮＦＤの定例会議としてはおよそ一〇年ぶりに開催されたものだった。その会議では、冒頭でＮＦＤ以外の地域ですでに取り組まれていた開発がこの地域でも試みられることになるという見通しが伝えられたのちに、それぞれの県で進行中だった取り込みについて報告がなされ、直面している課題が確認された。このことから、開発計画の実施を前にして政府の方針と問題の認識をNFD全体で共有するための体制を整えることに、この会議の狙いがあったことを窺い知ることができる。また、この会議に先立って司令長官のリースが政務局長に送付した書簡は、彼が開発に何を託し、何を期待していたのかを考えるうえで、非常に興味深いものである[60]。というのも、彼はこの文書で開発をNFDに暮らすアフリカ人だけでなく、同僚の行政官たちが置かれていた状況にかかわる問題として捉えていたからである。リースによると、北ケニアは過酷で停滞した環境と見なされており、行政官はそこへの赴任を「刑期」として認識していた。彼らはこの地域に配属されると、その措置をほかの県で人材として必要とされてないことの証左と見なし、労働の意欲を失っていたという。

植民地支配の政治力学は、被統治者の社会に大きな変化をもたらしていた。その点で、北ケニアのような中央から離れた周縁的な地域も例外ではなかった。しかし、あまりにも急激な変化は社会に深刻な混乱をもたらし、牧畜民を「ヨーロッパ風の服を着た、なかば部族から抜け出した(semi-dertibalised)街の住人」にすることが懸念されていた。そのため、行政官たちは牧畜民が家畜とのつながりを完全に失ってしまわないように、つまり「依然として遊動的で、よりよい家畜と売却可能なその他の商品をつくるのに熱心なうえに、より健康で幸福に暮らせるように近代的な知識をすすんで獲得し、食事もゆたかにする[61]」ように先導することを、みずからの責務として引き受けるようになっていた。もっとも、そこに賭けられていたのは牧畜集合体の生を改善することだけではなかった。

第一章の第一節で述べたように、北ケニアの行政官は厳しい環境で禁欲的な生活を送ることを求められていた。彼らのその経験は、その他の地域で勤務する同僚たちから差異化された職業的なアイデンティティの形成につながっていた。その点で、彼らがハイランド地方を「ケニア」と呼び、みずからの任地とは区別される領域的な概念としてこの語を用いていたという事実は、示唆的である。彼らと交友があったハクスリーによると、「北ケニアの偉人たち」のひとりとして知られるグレンディは、NFDにいるときは自由に話をしていたものの、ハイランドに滞在しているあいだは口数が少なくなっていたという（Huxley 1985: 164）。彼らが植民地政府の中枢に対して見出していた距離感は、日常的な振る舞いとなって表れていたのである。

とはいえ、この地域に赴任したすべての行政官がそうしたアイデンティティをすすんで引き受け、規律化されていたわけではなさそうである。極度に乾燥した過酷な環境は彼らから気力を奪い、その神経を蝕んでいた。リースがのちに回想したところによると、一九二七年に彼がトゥルカナ湖の南に位置するコロシア（Kolosia）に派遣されたとき、その前任者は神経症に陥っていた。その人物は、官舎内で就寝すれば屋根の下敷きになり、屋外で寝れば頭をハイエナに食べられてしまうという恐怖に憑りつかれた結果、ベッドを半分が屋内に、あとの半分が屋外になるように配置して寝ていたという。彼以外の前任の行政官のなかにも、神経症に罹ってハイランド地方に送還された者や、みずから命を絶った者が含まれていた（Allen 1979: 98）。一九三五年にターンブルが初めてＮＦＤに赴任したときにも、やはりその前任者は神経症のためにすでに離任していた[62]。また、この地域で長いあいだ勤務したとしても、同僚たちから異端視されることがあった。一九二〇年代から三〇年代にかけてワジアやガリッサなどで県長官を歴任したシャープが「エピクロス主義者」と呼ばれていたのは、彼がグレンディやリースに人格的に代表される「悲惨な環境における逞しさ」を称揚する風潮から、ひとり距離を置いていたためであった（Huxley 1985: 149）。

先に言及した書簡でリースが取り上げたのは、この規範からの逸脱という問題だった。この問題は、植民地支配がつづくなかで勤務環境の整備状況に地域ごとに格差が生じるとともに、官僚職に占める大学卒業者の割合も高くなっていったことを背景として、解決されることなく残されていた。そこでリースが解決の糸口を見出したのが、開発の契機であった。リースは、部下の地方行政官たちに対して教育、医療、水資源保全、農業などの諸分野の開発に向けた調査をおこない、その結果得られた知見をもとに先進的な手段に実験的に取り組むよう促した。それによって、彼らがその他の地域の同僚たちと同等の知識と能力を備えていると承認されるだけでなく、失われた自負心を取り戻すことを期待していた。勤務地としてのＮＦＤのイメージを刷新し、「この砂漠地域で適切で先進的な統治を実施するのはケニアのみならず東アフリカ全体にとっても必要なことであり、それはもっとも優秀な若手の行政官にとってやりがいのある仕事である、という考えを促進し、奨励する」こと。それこそが、リースによって提示された処方箋であった。[63]このように、北ケニアにおける開発とはこの地域がどのような方向にすすみ、そのなかで牧畜民とその家畜の振る舞いをどのようにかたちづくるのかに関する問題であるのと同時に、統治の担い手である行政官のキャリア上の問題としても理解されていたのである。

(2) 戦後開発体制と家畜の統制

一九四四年一一月、リースは政務局長通達第四四号を受けて開発計画案の作成をすべての県長官に指示した。翌年には、それらの案をもとに『北部州戦後五カ年開発計画』が策定された。[64]教育、医療、公共事業、農業などの諸分野で現状と展望を述べたこの開発計画がもっとも重視したのが水資源開発と放牧管理であり、その内容は以下の二つの調査報告書に依拠していた。そのうちのひとつが、エドワーズ（D. C. Edwards）が一九四三年一一月に提出した『ケニアの北部辺境県における放牧地に関する報告書』である。[65]エドワーズは放牧地担当の上級農務官（Senior Agricultural Officer）であり、一九四三年の八月から九月にかけて北ケニアで植生状態が悪化している地域とその原因について検討するために、包括的な植生調査を実施していた。彼によると、植生悪化の根本的な原因は適切な水供給がおこなわれていないことによって、家畜が適切に分布せずに特定の水場の周辺に集中していることにあった。そこで、この報告書では水場の数を増やして適切に配分することが勧告された。勧告には、部族的な組織を活用しながら明確な放牧管理の計画を立案し、実行することも含まれていた。そのために、専門の担当官を登用したり、放牧監視員（grazing guard）を投入したりする必要があるとされた。

不適切な水供給の問題は、もうひとつの重要な報告書である『北部辺境県の水路学的調査』でも取り上げられた。

これは、ディクシー（Frank Dixey）が一九四三年八月から一一月まで調査をおこない、翌一九四四年一月に作成したものである。[66]ディクシーは地質学、とくに水理地質学の専門家であり、当時は北ローデシアの水資源開発局長官（Director of Water Development）を務めていた。北ローデシアのほかに、シエラレオネ、ニヤサランド（現マラウィ）、そしてナイジェリアで勤務した経験があり、一九四七年からは一九五九年まで植民地地質学調査局（Colonial Geological Surveys）の局長を務めることになる人物である。ディクシーもエドワーズと同様に、水供給の問題と放牧地の問題は関連が深いと考えていた。彼によると、エワソ・ニロ川やタナ川などの年中利用可能な給水場や、ワジアやエルワク（El Wak）などさく井の周辺では土壌侵食が発生していた。そして、その原因は水場の数の不足と不適切な分布状況にあった。ディクシーは、家畜の適切な分布を達成するために、さく井を採掘し貯水槽を設置することによって利用されていない放牧地を活用することを勧告した。その内容はエドワーズの報告書と大筋で変わらなかったものの、項目ごとの具体的な費用を算出して六年間で三三万二五〇〇ポンドの予算計画を策定したという点では異なっていた。

エドワーズとディクシーによる調査の結果を踏まえて、放牧管理と水供給に関する総合的な計画が用意された。「ディクシー計画」と呼ばれたこの計画に対して、開発再建局から二五万ポンドが拠出された。この資金は、前節で言及したアーチャーズポストのフィールド屠畜場の建設のほかに、さく井とダムの建設や、放牧管理に対して支出された。これによって、範囲は限られていたものの北ケニアでも近代的な放牧管理の制度が導入されたのである。

放牧管理と同様に、家畜医療もこの時期に新たな局面をむかえた。第二章で述べたように、第二次世界大戦までにこの地域で家畜医療サービスを導入する動きはあったものの限定的であり、その方針は一貫していなかった。しかし、一九四五年になると上級家畜医療調査官（Senior Research Officer）のフォザリンガム（W. Fortheringham）がケニアに長期間滞在し、この地域の家畜疾病に関する包括的な調査をおこなった。[67]また、一九五〇年にはＮＦＤに家畜検査官が着任し、その後も畜産と家畜医療の分野の専門担当官が派遣された。彼らは、牛疫をはじめとする疾病に対して血清やワクチンを接種した。牛疫に対するKAGの有効性は、この頃には広く認められていた。早くも一九五三年には、ガリッサ県の牛のうち九五パーセントに対してKAGの接種が完了した。また、調査やワクチンの接種に当たっては、現地のアフリカ人の職員たちが重要な役割を果たした。[68]

もっとも、この取り組みも限定的なものであった。専門担当官が赴任したとはいえ、その数は十分ではなく、一九五九年末の時点で北ケニアに駐在していた家畜医療局のスタッフは八人に過ぎなかった。しかも、そのうちの五人はALMOの業務に従事しており、あとの三人は皮革改良担当官（Hides Improvement Officer）、主任家畜医務官、そしてトゥルカナ地域担当の畜産担当官であった。人的・財源的なリソースが限られていたことから、ほかのアフリカ人地域では牛疫のワクチン接種が義務化されていたのに対して、NFDでは戦略的に重要な地域以外は流行時のみKAGを接種するのが基本的な方針だったのである。この地域では接種を強化したところで、「エチオピアとソマリアの国境線を越えて遊動的な部族が季節的に移住してくるために、牛疫が完全に撲滅される見込みはほとんどない」のが実情であった。また、口蹄疫の問題もほとんど対処されなかった。ワクチンが牛疫のように国内生産されておらず、輸入に頼っていたために費用が高くついたのが、その理由であった。[69]

家畜医療行政においてラクダの疾病が関心をもたれなかった背景にも、同じ状況があった。ヒトコブラクダが罹患する疾病のうちもっとも深刻とされているのが、トリパノソーマ症である。牛のトリパノソーマ症がツェツェバエによって媒介されるのとは異なり、ラクダのトリパノソーマ症はおもにエバンス・トリパノソーマ（*Trypanosoma evansi*）の原虫が機械的に伝播することによって感染する。[70] この原虫は、インドのパンジャーブ（Punjab）州に駐在していた獣医師のエバンズ（Griffith Evans）が馬とラクダの大量死の原因を調査するなかで、一八八〇年に発見したものである。そのため、ケニアの植民地当局でもラクダのトリパノソーマ症を指す際には、ソマリ語やボラナ語の語彙に由来する「ドゥカン（*dukan*）」のほかに、パンジャーブ州における民族名称である「スーラ（*surra*）」が用いられた。[71] スーラの典型的な症状としては、体重が減少し、コブが落ち込み、長距離を歩くことができない、皮膚が硬化するなどが挙げられる（Röttcher et al. 1987: 464-65）。北ケニアでは、インペリアル・ケミカル・インダストリーズ社（Imperial Chemical Industries）の製品であるアントリポール（Antrypol）とアントリサイド（Antrycide）の二種類の薬剤が、スーラの治療薬として使用されていた。前者の一般名はスラミン（Suramin）といい、一九一六年にドイツのバイエル社研究所で初めて開発された[72]。また、キナピラミン（Quinapyramine）の一種である後者は、インペリアル・ケミカル・インダストリーズ社のカード（Francis Curd）とデイビー（Garnet Davey）が開発した製品である。両者がこの開発に着手したきっかけは、スーダンでスーラに感染したラクダにアントリポールを投与して治療したところ、結果が思わしくなかったという報告を受けたことであった（Curd and Davey 1950）。

ただし、これらの取り組みのラクダの健康に対する寄与は、限定的な範囲に留まることになった。カードとデイビーが実験をすすめた結果、アントリサイドはエバンス・トリパノソーマだけでなくトリパノソーマのほかの種類の原虫に対しても有効だと判明した（Curd and Davey 1950）。そのため、ケニアでは一九五〇年代からこの薬剤はむしろ牛のトリパノソーマ症に対する治療薬として普及するようになり、カベテの獣医学研究所でもその効果に関する研究が始まった。結局のところ、ケニアにおいてラクダは「（北部）州の外で多数が売却されるとは考えられないので、旱魃によって牛が死んだ場合に人びとが食料を手にするのに十分な分だけを飼養すべき[73]」存在に過ぎなかった。そのため、スーダンとは対照的にケニアの家畜医療局ではラクダの疾病について包括的な調査や科学的な研究が実施されることはなかった[74]。さらに、一九五一年になるとワジアの県長官が、それまでこの県で実施されてきたドゥカンへの予防接種の中止を提案した。彼がその理由として挙げたのが、県内でのラクダの頭数が急激に増加するのを喰いとめる必要があるというものであった。その二年後にターンブルが州長官を務めていた際には、過去一二ヶ月のあいだ適切に放牧地を維持するという条件を満たしたときのみドゥカンへの予防接種を認めていたという。しかし、結果的に彼の在任中に接種が実際におこなわれることはほとんどなかった[75]。また、一九四五年の県長官会議では、スーラに対する薬剤の投与は「ラクダの頭数を増やすという結果に終わるだけ」という理由からおこなわないことで合意されていた。[76]つまり、ようやく北ケニアでも家畜疾病の問題が対処されるようになったとはいえ、疾病を「自然によるチェックアンドバランス」[77]と見なす態度は依然として保持されていたのだ。ある家畜医務官が覚書のなかで使っていた、「ときとして自然は、厳しい旱魃をもたらして数千頭に及ぶ貧弱な動物を殺すことによって、バランスを回復する」[78]という新マルサス主義的な表現は、植民地当局が「自然」の作用の一形態である家畜疾病をなすがままにしておくことが、必ずしも否定的に捉えられていなかったことを示唆している。

資料の制約上、牧畜民がこれらの取り組みをどのように捉えていたのかは不明だが、全面的に受容したわけでも全面的に拒否したわけでもなさそうである。アントリポールの薬剤としての有効性は牧畜民にも認められていたようであり、地方行政官にしばしば投与の要望が寄せられていた。たとえば、一九五五年にエルワクとマンデラで警察用のラクダに対してドゥカンの予防接種としてアントリポールを投与した際には、周囲に住むアウリハン・ソマリからも投与を望む声が聞かれたという。もっとも、アントリポールが「万能薬」としてもてはやされていたわけでもなかった。一九四九年六月にマンデラ県長官が報告したところによると、半年以上のあいだ投与が実施されていなかった。それは、この地域で政府に対して敵対的な立場にあったガレーが、アントリポールを投与されたラクダは不妊になるという噂を流したことと関係していた。[79]一九六一年には、エルワクでラクダに対する予防接種が実現した。しかし、このとき投与されたのはアントリポールではなく、抗ピロプラズマ薬のジミナゼンの一種であるベレニル（Berenil）であった。ベレニルは一九五〇年代から牛のトリパノソーマ症に対する治療薬として用いられていたものの、ラクダに投与する場合は毒性が強すぎるという調査結果がちょうど同じ年にスーダンから報告されるまで、その危険性は広く認識されていなかった（Leach 1961）。このときの投薬が原因となってラクダの大量死が発生し、政府に対する人びとの信頼も揺るがされることになったという。[80]また、一般的に化学薬剤やワクチンは部族やセクションごとに、指定された期日と場所において投与されていたのだが、その場に牧畜民とその家畜が姿を現さないのは珍しいことではなかった。このように、薬剤が望ましくない結果をもたらした場合に、牧畜民のあいだに家畜医療に対する不信感が生じることがあったのだが、逆にそうした不信感が引き金となって、薬剤治療を積極的、消極的に拒否することもあった。牧畜民たちはこれらの技術や製品を、みずからの利益になる範囲で受容していたと考えられる。この点についての踏み込んだ考察は、口述資料をふくめたさらなる資料の収集と分析を要するだろう。

本節の最後に、家畜流通の変化を取り上げる。前節で指摘したように、第二次世界大戦後のケニアにおける家畜流通は、ＡＬＭＯがアフリカ人地域から家畜の余剰を「排出」する役割を担い、その屠畜・流通・加工をＫＭＣが担当する、という分業体制を基本としていた。ＮＦＤにおけるＡＬＭＯの業務を具体的に追っていくと、ワジア、モヤレ、マンデラ、そしてマルサビットなどの主要な街で定期的に家畜競売が開かれていたことが分かる。ＮＦＤの畜産担当官や家畜流通担当官は、これらの市場に直接足を運び、買い付けの交渉をおこなった。ただし、競売の時期には雨季のあとで家畜輸送路沿いに十分な水場と放牧地があり、道路をトラックが通過できる程度には乾燥している必要があったことから、競売が開かれるのは一年のうち六月頃と一二月頃の二つのタイミングに限られていた。[81] たとえば、家畜流通担当官を務めていたダグラス（H. Douglas）は、一九六二年の一月二六日から二七日までワジアで、翌二八日と二九日はモヤレで牛の買い付けをおこなった。それが終わると、飛行機でマンデラに移動して競売に参加した。また、同年の六月一八日から二五日のあいだに再びモヤレ、マンデラ、ワジアの三ヶ所で買い付けをおこなったあと、今度はマルサビットに飛んで買い付けの交渉をしている。[82] これらの競売が開かれる前日には、予定地にテントと家畜を入れておくための簡易の柵が設営され、冷凍庫で保管されたワクチンが用意されていた（Chenevix-Trench 1964: 125-29）。競売で買い付けられた家畜のうち、ＫＭＣが購入するものはイシオロの待機場へとまず輸送された。そこには、家畜の皮膚に付着したダニなどを落とすための薬浴施設と井戸が置かれていた（写真３－３）。ここで検査を受け、数日間を過ごして問題のなかった家畜は、家畜輸送路を通ってケニア山西麓に位置するナニュキまで運ばれていった。この輸送路はフェンスで囲われており、中途には家畜用の給水施設と休憩場が用意されていた。[83] これらの家畜は、鉄道駅の置かれたナニュキからアティリバーまでは鉄道輸送され、そこで屠畜、処理された。また、ＫＭＣが買い取ら

写真 3-3　イシオロにある牛用の薬浴漕跡（筆者撮影）

ない家畜の場合はイシオロではなく、その北方のアーチャーズポストに連れて行かれ、そこにあるフィールド屠畜場で処理された。

　しかし、この体制にはいくつかの点で問題があった。第一に、政府の流通政策に対する北ケニアの住民たちの不満は、第二次世界大戦以前と同様に、このときになっても解消されることはなかった。この点について非常に興味深いのが、立法評議会の任命議員で、次章で言及するランカスター会議にも出席したファラ（Ahmed Farah）という人物によって作成されたある覚書である。[84] この覚書によると、ALMOの職員は個人としては「親切で、理解があり、家畜を可能なかぎり高い価格で買い取ってくれる」という。また、彼らが「（この地域で）大変な苦労をして移動し、週末に競売を開催し、私たちが抱えている問題についてもよく分かっている」ことや、一部の家畜商人に便宜を図ったことに対して感謝の意を表している。ファラはこのように政府の役割に一定の評価を与える一方で、家畜流通の問題が「北部周縁地域において政治的に厄介な問題」であると指摘する。また、政府がこの問題は「その他の問題よりもこの地域の人びとに強い感情を掻き立てる」ことを十分に認識していないとしたうえで、次のように述べている。「私の考えでは、ＡＬＭＯはこの地域の人びとの信頼を失っていますが、それは自業自得です。強情なソマリが政府の粗探しをしているなどと考えないでください。たしかにソマリは狭量な人びとですが、理由なく政府に敵対しているわけではないのです。」ファラによれば、ＡＬＭＯが家畜の流通を独占すること自体には反対しないものの、その業務は効率的で、公正なものでなければならないという。しかし、実態はそれとは程遠く、人びとは不信感を募らせていた。たとえば一九五八年七月には、牛がオークション・リングに用意されているにもかかわらず、ＡＬＭＯの買い付け人が資金不足を理由に何も買わずに立ち去るという出来事があった。翌一九五九年一二月にも、今度は輸送路の周辺があまりに乾燥しているという理由で、予定されていた競売が直前になって中止された。このとき、人びとはより早い段階で中止を通知することができたのではないかと感じたという。さらに、家畜流通の業務について、地方行政官とＡＬＭＯの専門担当官のあいだでコミュニケーションの不足も見られた。こうしたことが積み重なるうちに大きく損なわれた政府に対する信頼は、前述のダグラスやローなど、長年北ケニアで勤務し、この地域の人びとに慕われていた専門担当官がほかの地方に転出したことで、さらに失われた。というのも、「ＮＦＤでは、個人（的な関係）が極めて重要」であり、それは植民地当局との関係においても例外ではなかったからである（Chenevix-Trench 1964: 125-29）。

第二の問題として、前節でも指摘したように地方行政官とＡＬＭＯの専門担当官もまた、しばしばＫＭＣとのあいだに軋轢を抱えていた。地方行政官たちは、ＫＭＣが要求する家畜の頭数や種類が、各地域の「排出」目標とは無関係に設定されることに対して不満の声をあげていた。たとえば、一九五九年五月に開かれたある会議では、北ケニアからＫＭＣが要求する家畜を調達することができなかったことが報告された。それに対してＮＦＤの家畜医務官は、「ＫＭＣが要求する家畜は、今年の一月以降倍以上に増加している」ことが問題だと批判した。急な要求の変化に対応するために、家畜競売をキャンセルしたり増加させたりすれば、アフリカ人からの信頼が失われ、闇取引が加速する恐れがあったのだ。また、北ケニアで家畜の買い付けを担当していた家畜流通担当官のメイン（R. H. Main）も、「仮にＫＭＣが割り当て頭数を減らしてきても、通常どおり買い付けをつづけますし、必要であれば、ＫＭＣに連れて行けるようになるまで待機場で家畜を待機させておきます」と述べた。これは、ＫＭＣの要求からある程度自立した買い付け方針を採ることの表明であった。さらに、北ケニアの行政官たちは、この地域で多数飼養されている山羊と羊に対するＫＭＣの要求頭数が少ないことについて、不満をもっていた。一九六二年一〇月に開かれたＮＦＤの県長官会議では、家畜医務官から「ＫＭＣに強く圧力をかけましたが、毎月の山羊と羊の割り当て頭数は六〇〇〇頭のままです。近い将来に、この数字が増加することはないでしょう」という報告があった。[85] また、別の機会には家畜医療局長が「現在、ＫＭＣが要求している山羊と羊の頭数は、かなり少ないです」[86] としていたが、彼にも割り当て頭数を決定する権限はなかった。このように、北ケニアにおける地方行政官とＡＬＭＯの専門担当官は、所定の頭数を要求するＫＭＣと、家畜の余剰を「排出」するという政府の生態学的な方針のあいだで、板挟みになっていた。

そして第三に、ＡＬＭＯは次第に本来の目的から逸れたところに活動の重心を置くようになった。前節でも述べたように、ＡＬＭＯにとっての至上命題は、ＫＭＣに家畜を安定的かつ効率的に調達するとともに、その供給源である北ケニアの生態学的なバランスを維持することであった。しかし、ある時期から入植白人と一部のアフリカ人の利益のほうが優先されるようになっていた。北ケニアの牛のうち質の劣る個体は、従来のようにキリモンやイシオロの待機場で健康状態をチェックされたあと、アティリバーの食肉加工場へと輸送されていた。一方で、質のよい未成熟の雄牛の場合は、待機場から入植地域の牧場へと連れて行かれた。それらの牛は、牧場で肉量が増加して等級が上がった状態まで肥育されたあとで、アティリバーで屠畜されていた。[87]

さらに、北ケニア産の未経産の雌牛は、それとはまた異なる運命を辿ることになった。当時、中央州とニャンザ州をはじめとするアフリカ人地域では、スウィナートン計画（Swynnerton Plan）と呼ばれる土地改革と農村開発の総合的な計画がすすめられていた。酪農業の近代化はこの計画の支柱のひとつに位置づけられており、乳量の多い品種改良された酪農用の牛を導入することは非常に重要な課題とされていた（Conelly 1998: 1737）。第一章の第二節で述べたように、ケニアにおける家畜の品種改良は異品種交配が基本的な方針であり、牛の場合は在来のゼブー種の雌とサヒワール種などの純血種の雄をかけあわせるのが一般的であった。しかし、南アフリカやイギリスなど他国から質のよい純血種の牛を輸入するのは、高額な費用がかかるという問題があった。この問題に技術的な解決をもたらしたのが、人工授精の導入である。近代的な人工授精の技法は一九世紀末にロシアで確立されたあと、イギリス、デンマーク、ドイツ、アルゼンチンなどの国々で研究がすすめられ、家畜育種の現場にも応用されていた（Foote 2002）。ケニアの場合、精液を長期間保存する方法を開発したケンブリッジ大学のウォルトン（Arthur Walton）の研究が紹介され、一九三五年にナイヴァシャの家畜試験場で家畜医療局のアンダーソン（James Anderson）が最初に実験をおこなった。当初、人工授精はおもに生殖器疾患の感染を予防するための手段と見られていたものの（Anderson 1942: 4）、まもなくその技術と装置は不妊症の問題を解決したり、大規模かつ安価に家畜を改良したりする点に、そのポテンシャルが見出された。一九四六年には、精液の供給を組織化するためにカベテに中央人工授精局（Central Artificial Insemination Station）が設立されている。この機関ではホルスタイン種、エアシャー種、ジャージー種などの品種の優秀な種雄が飼育され、その精液が大量生産されていた。それらの精液は、人工授精師によって入植地域だけでなく、のちに中央州やニャンザ州などの原住民地域でも販売され、雌牛に注入されていた。また、一九五六年には凍結精液の技術が導入された。凍結精液は、保冷剤としてドライアイスを使用するために新鮮精液よりも高価ではあるものの、利便性が高く、技術的にも優れていた。一九六〇年の時点で、中央人工授精局では新鮮精液と冷凍精液合わせておよそ一〇万回分の精液が生産、供給されていたという[88]。そして、北ケニアや、北ケニアを経由してソマリアから輸入される未経産の雌牛は、人工授精によって乳量の多い乳用牛をつくりだすうえで欠かせない存在だったのである。

先に述べたように、第二次世界大戦後の北ケニアでは牧畜民を「依然として遊動的で、よりよい家畜と売却可能なその他の商品をつくるのに熱心なうえに、より健康で幸福に暮らせるように近代的な知識をすすんで獲得し、食事もゆたかにする」ように導くことがめざされており、家畜流通の改革もその目的に沿っているはずだった。しかし、そのビジョンの実現を期待されていた質のよい牛たちは、牧畜民自身の福祉に直接的にむすびついていたわけではなかった。耐病性や乳量の多さといったポテンシャルを実現し、そこから利益を引き出す機会は、実際には入植白人やキクユなどの農耕民の前に用意されていたのである。

3　植民地開発の限界

本章の問いは、戦間期に出現した牧畜集合体に対する新たな統治の形式が、戦後の開発体制下で戦略やプロジェクトとしてどのように現実化したのか、そして、北ケニアの牧畜民とその家畜はどのように振る舞うように導かれ、抵抗したのかを明らかにすることであった。大戦後のイギリス政府は、ケニアを含む世界各地の植民地に暮らす原住民への「信託」の責務を積極的に果たす姿勢を強く打ち出すようになり、それぞれの植民地が抱える経済的・社会的な諸問題に帝国規模で対処するシステムを整備していった。この時期に、ケニアの原住民の「福祉」と生活水準を高めるという観点から彼らの家畜の資源としての意義が評価されるようになり、その価値を実現するために家畜輸送路や待機場などの施設を管理し、地方行政官が家畜医療、草地管理、水資源管理などの専門担当官と連携を強化することが要請された。また、北ケニアの地方行政官たちは開発を、牧畜民とその家畜の振る舞いをどのように形成するのかに関する問題であるのと同時に、みずからのキャリア上の問題としても理解していた。実際この時期には、畜産・家畜医療の分野で改革が実施され、放牧管理、家畜医療、そして市場流通のありかたが大きく変化した。しかし、その範囲は依然として限定的であり、入植白人とアフリカ農耕民の利益のほうが優先されることもあった。また、牧畜民とその家畜はこのような統治の体制に対して、闇取引に従事し、家畜医療のサービスを選択的に利用し、ワクチンの過剰摂取で大量死をもたらすなど、集合的な抵抗を展開した。行き過ぎた社会変化と脱部族化を警戒していた植民地当局は、牧畜民が家畜とのつながりを失うことなく近代的な価値観と生活様式を体得することを希望していた。しかし、そのユートピアは実現することなく、独立の日をむかえることになった。

第4章

国家、市場、自由

――ポスト植民地期における牧畜民の再周縁化とエンパワーメントの統治

本章では、一九六三年にケニアがイギリスから独立してから現在までのあいだに、牧畜集合体を標的とした新しい形式の統治が出現するプロセスを描いていく。第一節では、独立直前の時期に端を発する北ケニアの急激な政治的・経済的な変化を概観したあとで、それを背景とした畜産・家畜医療行政の展開について論じる。第二節では、ケニア政府が一九八〇年代に構造調整政策を導入し、開発戦略の方向転換を図るなかで、それまでとは異なる統治の合理性、知識、技術、そして実践が徐々に姿を現していったことを指摘する。第三節では、現在の新自由主義的な統治的介入について考察を深めるために、モドガシ市のラクダ市場を事例を検討する。最後に第四節では本章の議論をまとめる。

1　独立以降の牧畜民の再周縁化

(1)　ＮＦＤの分離運動からシフタ紛争の発生まで

一九五〇年代末から六〇年代初頭にかけてケニアの独立に向けた動きが加速するなかで、ＮＦＤの領土問題が顕在化していった。ケニア植民地政府は一九五九年一〇月に東アフリカ王立委員会（East Africa Royal Commission）の勧告を受けた内容の政府白書を発表し、人種間の格差を撤廃してハイランドの土地所有についてもすべての人種に対して開放することを宣言した（Berman 1990: 405-406）。また、翌一九六〇年には一月から三月までロンドンのランカスター・ハウス（Lancaster House）で憲法制定会議が開催され、ケニアの独立を最終的な目標とすることが確認されるとともに、立法評議会の改革案が提示された（Hornsby 2012: 60）。この会議で、それまで県単位に限定されていたアフリカ人の政党活動が全国規模で活動することを容認されたことによって、ケニア国内でさまざまな政党が結成された。なかでも勢力が強かったのが、同年五月と六月にそれぞれ組織されたケニア・アフリカ人全国同盟（Kenya African National Union：ＫＡＮＵ）とケニア・アフリカ人民主同盟（Kenya African Democratic Union：ＫＡＤＵ）である。即時の独立と社会改革を主張した前者の団体は、民族的にはキクユとルオを中心としており、ンジョンジョ（Charles Njonjo）、オディンガ（Jaramogi Oginga Odinga）、ムボヤ（Tom Mboya）らをおもなメンバーとし、投獄されていたケニヤッタに代わってギチュル（James Gichuru）が総裁の座に就いた。他方で、キクユとルオという二大民族による支配を恐れた人びとはカレンジン政治連合（Kalenjin Political Alliance）、マサイ統一戦線（Maasai United Front）、コースト・アフリカ人人民同盟（Coast African People's Union）、ケニア・アフリカ人人民党（Kenya Africa People's Party）、そして一部のソマリ人指導者を結集して、ＫＡＤＵを組織した。ＫＡＤＵはＫＡＮＵと比べて独立について穏健で、ヨーロッパ人寄りの立場を採った。また、ＫＡＤＵの民族構成は多様であり、全国を複数の地方（region）に分割して一定範囲の自治を付与するという「地方主義（regionalism）」――通称、マジンボイズム（majimboism）――の方針を掲げていた。一九六一年二月におこなわれた立法評議会の選挙ではこれら両党が躍進し、全五三議席のうち最多の一九議席を獲得したＫＡＮＵが組閣を期待されたものの、要求したケニヤッタの釈放が実現しなかったためにその任を拒んだ。そのため、ＫＡＮＵに次いで多い一一議席を占めたＫＡＤＵが、ブランデル率いる新ケニア党（New Kenya Party）とケニア・インド人会議（Kenya Indian Congress）との連立で四月に内閣を組織した。首相の座には、コースト州の有力な政治的指導者でＫＡＤＵ総裁のンガラ（Ronald Ngala）が就いた（Hornsby 2012: 64-67）。

翌一九六二年の二月から四月にかけて、ランカスター・ハウスで二回目の憲法制定会議が開催された。前年の一〇月に釈放されたケニヤッタをはじめとするＫＡＮＵの代表者とンガラなどのＫＡＤＵの代表者が参加したこの会議では、統治構造や土地所有の問題がおもなトピックとして取り上げられた一方で、ＮＦＤの帰属についても話し合われた。一九六〇年七月にイギリス領ソマリランドとイタリア信託統治領ソマリランドが合併・独立して、ソマリア共和国（Somali Republic）が成立していたことから、ＮＦＤでもケニアから分離して「大ソマリア（Greater Somalia）」の理念の実現をめざす政治運動が活性化していた。北部州人民進歩党（Northern Province Peoples Progressive Party：NPPPP）や北部辺境民主党（Northern Frontier Democratic Party）など、この時期に創設された政治団体は、分離を強硬に主張していた。これらとは対照的に、北部州連合協会（Northern Province United Association）や北部州人民同盟（Northern Province Peoples National Union）は、ケニアへの残留を訴えた。[1] イギリス政府としては、独立後の国家の領土と境界線を確定するうえで、こうした動きに対処する必要があったのである。

この問題について、イギリス政府は従来から「フランス領ソマリランド、ケニア、エチオピアの領土的統合を奨励したり支持したりすることはないが、関係する政府と人びとがそれを望んだ場合にかぎりこの問題を検討する」というマクミラン（Harold Macmillan）首相の議会での発言を基本的な方針とするのみで、態度を保留していた。[2] イギリス政府がNFDの分離とソマリアへの統合を明示的に支持しなかった背景には、エチオピアに対する懸念があった。というのも、エチオピア政府は分離案に反対しており、それが実現した場合には、エチオピアの住民と近縁の非ソマリ系の人びとが暮らす北部州の地域に対する所有を主張すると明言していたからである。[3] しかし、ケニア国内の政治状況は、この問題をこれ以上先延ばしにすることを許さなかった。

NFDの帰属問題については、三月一六日と二三日の二度に渡ってランカスター・ハウスで会合が開かれた。協議のテーブルには、植民地省とケニア政府の行政官やKANUとKADUの代表者のみならず、NFDから派遣された代表団も加わった。NFDの代表団は、NPPPPに所属していたレンディーレのコルコリ（Alex Kholkholle）とソマリのカリフ（Abdi Rashid Khalif）、ボラナの高名な首長であるディダ（Bij Galm Dida）、ガリッサに在住していたソマリの指導者アブディ（Yusuf Haji Abdi）、ファラ、そしてモハメッド（Sheikh Mohammed）によって構成されていた。また、法律顧問としてマーギャン（Mohamed Ali Murgian）と勅選弁護士のローソン（N. Lawson）も同行した。初回の会合では、NFDの代表団が分離を求める姿勢を強く打ち出したのに対して、KANUとKADUはともに否定的な主張を展開した。ケニヤッタは、分離という選択肢が植民地支配を特徴づける分割統治の延長線上にあると指摘したうえで、パン・アフリカ主義を掲げながらNFDの経済的・政治的な諸問題にケニア人の同朋としてともに取り組んでいく意志があることを表明した。また、ンガラは分離案を受け入れることはできないとしながらも、新憲法で地方主義を採用してNFDに自治を付与すれば、この地域が抱えている問題に対処することができるという見方を示した。ケニヤッタがNFD代表団の代表性に対して疑問を投げかけたこともあって議論は紛糾し、結局この会合はそれぞれの意見の隔たりが埋まらないままに終わった。[4]

一週間後におこなわれた二回目の会合では、NFDとKADUの代表団のあいだに意見の調整が見られた。前者は、NFDが行政と開発の財源を保証されたうえで地方として自立できるのであれば、一定の留保条件を付けながらもKADUの提案を受け入れる用意があると述べた。これに対して後者は、NFDを地方として独立させるのは経済的な妥当性の観点から問題があるとしながらも、強いてこの選択肢を採用するのであれば開発の資金を中央政府から借り入れるなどの措置を講じる必要があると述べた。このように両者が距離を縮めていった一方で、NFDとKANUは依然としてお互いに歩み寄ることがなかった。前者は後者に対する不信感を表明し、後者の側は前回と同じ主張を繰り返した。[5] 最終的にこの会合が何らかの明確な方針を示すことなく、両者が今後も話し合いを継続していくことを確認しただけで終わったことによって、植民地省とケニア植民地政府はともに、この問題に関するNFDの世論を調査する委員会を設置することが唯一の解決策だという結論にいたった。[6] この見解は憲法制定会議の報告書の内容に反映され、それを受けてNFD委員会（Northern Frontier District Commission）が一〇月に任命された。調査は翌月にかけて速やかに実施され、一二月には報告書が提出された。[7]

調査の結果、NFD委員会は北ケニアを「分離を支持するエリア」「残留を支持するエリア」そして「両者の意見が混在しているエリア」の三つに区分し、前者の割合がもっとも大きいことを指摘した。他方で、憲法制定会議の報告を踏まえて任命されたもうひとつの委員会は、それとは異なる勧告をおこなった。つまり、地方行政の新たな基礎単位となる地方の境界線について調査することを目的として七月に設置された地方境界委員会（Regional Boundaries

Commission）が、残留を支持していた植民地大臣のサンディーズ（Duncan Sandys）とケニア総督のレニソン（Patrick Muir Renison）の意を汲んで、ＮＦＤを二つに分割し、それぞれを東部地方（Eastern Region）とコースト地方（Coast Region）に含めることを勧告したのである。[8] この主張はＮＦＤ委員会の報告書に表れた民意を裏切るものとして、ＮＰＰＰＰなどの国内の政治団体やソマリアから反発を受けた。そのため、サンディーズは分離派と残留派の双方を説得する方策として、翌一九六三年三月に独立した行政単位として北東地方（North Eastern Region）を設置することを発表した。しかし、ソマリア政府はこの決定にも不満を抱き、イギリスとの断交を発表した。さらに、ＮＦＤ内ではＮＰＰＰＰをはじめとする分離派が選挙のボイコットを呼びかけた。結局、四月には連邦制の憲法が公布され、翌月にはそれに基づいた上下院選挙と地方議会選挙されたものの、分離派は不参加の姿勢を崩さなかった。その結果、ＮＦＤでは残留派の政治家のみが議席を占めることになった（Whittaker 2015b: 35-38）。

この選挙で勝利をおさめたＫＡＮＵは六月に暫定自治政府を樹立し、ケニヤッタが首相に就任した。とはいえ、その後もＮＦＤの帰属をめぐる問題は決着を見ることなく、八月にイタリアのローマでイギリス、ケニア、ソマリアの三ヶ国が集まってこの件について話し合った。[9] ここでも交渉が首尾よく終わることはなかったものの、ケニア政府は話し合いを継続していく姿勢を見せていた。しかし、その後状況は急転した。シフタ（*shifta*）と呼ばれる分離派の暴徒が、政府寄りと見られていたボラナ首長のディダや、アフリカ人として初めて県長官に任命されたボラナのワベラ（David Dabasso Wabera）などの要人を暗殺したり、警察署や軍駐屯地を襲撃したりするなど、一九六三年の終わりにかけてＮＦＤ内の治安が悪化するなかで、ケニア政府は次第に国内の分離派とソマリアに対する態度を硬化させてゆき、この件を外交ではなく内政上の問題として位置づけるようになったのである。[10] やがて、一二月一二日にケニアが独立を果たしてケニヤッタが初代大統領に就任すると、その一六日後にはＮＦＤ全域に非常事態を宣言し、シフタを鎮圧するための強権的な法令を次々と導入していった。まず、治安維持法（Preservation of Public Security Act）によって北東地方治安条例（Public Security (North-Eastern Region) Regulations）が定められた。この条例によって、ソマリアとの国境沿いの五マイル地帯に許可なく侵入した者は逮捕され、最大で二八日間拘留されることになった。また、この条例が翌一九六四年九月に改正されると、NFDとその周辺の県内であれば犯罪の疑いのある者を令状なしに逮捕し、その家屋を破壊し、家畜を没収するという広範な権限が軍と警察に付与された[11]。さらに、政府は一般市民のあいだに諜報網を張り巡らせ、出頭した者には恩赦を与えることによって、シフタの支持者とその鎮圧に協力する者の差異化を図った。と同時に、治安部隊にとってシフタとそれ以外の人びとを判別するのは困難だったことから、後者も集団的懲罰の対象に含めるとともに、牧畜という生業自体を犯罪と見なした。実際、この時期には牧畜民のみならず彼らの家畜も危険視され、銃や毒によって数多くが殺された（Anderson 2014; Khalif and Oba 2013; Whittaker 2015b: 98-105）。政府は人びととその家畜の移動を制限し、集団的懲罰を適用することによって、シフタの活動の鎮静化に成功したのだが、これらの施策はそれ以外の点においても重要だった。つまり、「ケニア政府による暴動鎮圧戦略の核心は、それまで中央政府が周縁的な領域としてみなしてきた地域に国家の支配を拡げ、確立するという試みであった」（Whittaker 2015b: 105）のだ。

さらに、一九六六年六月にはNFDの住民を定住集落へと移住させる、いわゆる集村化（villagization）のプログラムが実行に移された（Whittaker 2015b: 108-29）。それによって、およそ二万人の住民がNFD内の各地に設置された二八ヶ所の集落での生活を強いられたとされる（Khalif and Oba 2013: 5）。このプログラムの表面上の目的は、一般市民をシフタの敵対的な行為から保護するとともに、医療や教育などの基本的なサービスを提供することで開発の拠点を形成することにあった。しかし、財源不足のために集落では約束された開発計画がほとんど実施されず、人びとは治安部隊による日常的な暴力に晒された。このことは、集村化政策の真の狙いがシフタとそれ以外の人びとを物理的に引き離し、前者の移動を効果的にコントロールすることのほうにあったことを示唆している。興味深いことに、このとき設営された集落はマウマウの内戦時にアフリカ人が拘留された収容所をモデルとしていた。実際、集村化プログラムを支持したケニヤッタ、カリウキ（Geoffrey Gitahi Kariuki）、ンゲイ（Paul Ngei）、カギア（Bildad Kaggia）などの有力政治家には、これらの収容所に囚われていた経験があった。また、ムブル（John Mburu）やマヒフ（Eliud Mahihu）など現地でこのプログラムを実施した行政官のなかには、マウマウの鎮圧に従事した者たちが含まれていた（Branch 2011: 33）。ウィテカー（Whittaker 2015b: 125）がいうように、独立したケニアの担い手となったエリートたちは植民地政府の暴力的な統治実践を内面化していたのである。

シフタに対する鎮圧作戦自体は、一九六七年一一月をもって終了した。とはいえ、免責法など強権的な法令の多くが撤廃されずにその後も残ったことで、現在にいたるまで北ケニアの牧畜民は政府の抑圧的な措置を受けつづけることになった。たとえば、一九六八年にはガルバトゥーラのダーバ・ガルバ（Daaba Garba）という集落で虐殺事件が起こった。当時を知るボラナ人男性によると、集村化政策によって設置されたその集落は、一ヶ所の入り口を除いて柵で囲われており、その柵の周りではケニア軍の兵士がつねに警備に当たっていたという。ある日、集落の入り口にトラックがやってきて、成人男性のみを連れて行った。彼らのうちの一部は草むらのなかで遺棄されて餓死し、別の者は焼かれ死んだと、その男性は語っていた。[12] また、一九八〇年一一月にはある県長官補がガリッサ・リボイ（Liboi）間の道路上で殺害された事件について調査していた部隊が、ガリッサのブラ・カルタシ（Bulla Kartasi）という集落の住民を殺害し、小学校の校庭で数日間拘留、拷問した。この時期に発生した非人道的な事件のなかでもっとも凄惨なものとして知られているのが、ワガラの虐殺（Wagalla massacre）である。この事件では、一九八四年二月にワジア県のワガラに位置する飛行機滑走路に、多数のデゴディア・ソマリの人びとが連行された。彼らは、水も食料も与えられないままそこで長期間拘留されたのちに、殺害された。このとき、数百人が死亡したとされるが、いまだに正確な実情は判明していない（Anderson 2014; Branch 2011: 168-73）。さらに、一九八九年にはケニア国民のソマリとソマリア出身のソマリを差異化する「スクリーニング」のプログラムが実施され、ケニア国民であることを証明できなかった人びとは国外に追放されている（Lochery 2012）。

それだけではない。多くの人びとがこれらの事件に巻き込まれるのを免れながらも、シフタ紛争とその鎮圧の過程でモビリティの高い彼らの生活を支えてきた家畜を失ったことによって、生業としての牧畜を放棄することを余儀なくされた。家畜とのつながりを失った彼らは、物質的のみならず文化的な意味でも長期的に貧困化していった。[13] イシオロ県のボラナ社会でシフタ紛争の長期的な影響について調査したカリフとオバ（Khalif and Oba 2013）によると、紛争が終わってから四四年が経っても、家畜の群はそれ以前の規模まで回復していなかったという。そのため、この地域では今でもシフタの時期がボラナ語で「終わりの時」を意味する「ガーファ・ダーバ（*gaafa dhaabaa*）」と呼ばれている。独立後の混乱によって生じた政治的、経済的、社会的な余波は、現代にいたるまで尾を引いているのである。

(2) 独立後の開発と乾燥・半乾燥地におけるプロジェクト

では、このように独立後急激に政治状況が変化するなかで、この地域の牧畜集合体に対する統治はどのように変化したのだろうか。この点について考えるうえで重要なのが、畜産・家畜医療行政の変容と、国際援助機関による活動の展開である。まず前者の点について、独立後も国の中心の地位を占めた中央州などの地域では、酪農業の成長を促進するために家畜の改良がすすめられた。これらの地域では、独立前の一九六〇年頃から家畜医療局によって人工授精の技術が導入されていた。独立後に乳牛に対する需要が高まり、精液の生産が間に合わないことが分かると、一九六六年七月にケニア国立人工授精局（Kenya National Artificial Insemination Service）が設立された。人工授精局には一九七五年の時点で二六〇人の人工授精師が所属しており、それぞれが各地で平均して一日五回ほど人工授精を実施していた。彼らの活動は、優秀な品種が迅速に普及するのに寄与した。[14] そして、それは北ケニアとは対照的な状況であった。北ケニアでは、独立とともに経験豊富なヨーロッパ人の家畜医療の専門家が退職した。それにともなって、家畜流通を民間商人に移管するという植民地期以来のＡＬＭＯの方針はさらに促進された。また、シフタ紛争とそれに対する政府の鎮圧は畜産・家畜医療の事業に直接的な影響をもたらした。一九六三年のうちに、アーチャーズポストのフィールド屠畜場は機械の不調も重なって一時的に閉鎖されることになった。ALMOによる家畜の調達も、治安の悪化によってたびたび中止を余儀なくされた。[15]

シフタをめぐる混乱が沈静化したあとも、NFDのように資源が乏しくポテンシャルが限られた地域において政府が積極的に開発に努めることはなかった。先に述べたように、KANUは独立前にランカスター・ハウスで開かれた憲法制定会議でパン・アフリカ主義に言及しながらNFDの経済的・政治的な諸問題に対処していくことを明言していた。この姿勢は、一九六三年五月の選挙に際してKANUが発表した政党マニフェストでも貫かれていた。「アフリカ社会主義」を標榜し、国民に対して平等に自由と成長をもたらすことを約束したこのマニフェストは、とくに牧畜地域について次のように述べていた。

植民地主義者たちはマサイ、カレンジン、トゥルカナ、ボラナ、ガブラなど、ケニアの牧畜民に教育を提供しませんでした。そして、このことを口実として経済的・社会的な進歩を奨励しなかったのです。KANU政府が用意する開発計画では、マサイ・ランドと北部州を特別に扱うことになります。私たちは牧畜民の人びとに水場や道路を提供したり家畜医療サービスを改善したりするだけでなく、教育によって家畜に対する近代的な姿勢を身につけてもらいます。これらの地域の食肉生産に関するポテンシャルを活用すれば、開発の費用を工面することができるでしょう。[16]

しかし、ことNFDについて、独立後の政府は上に挙げた開発の約束を果たす素振りを見せなかった。そしてそのことは、独立直後の政府内における権力闘争がもたらしたひとつの帰結であった（Livingston 2005: 8）。従来KANU内では、国家主導の経済成長を重視するムボヤ、ンジョンジョ、ギチュルなどの保守派と、海外資産を国有化して富を平等に再分配することを主張していたオディンガ、カギア、オネコ（Achieng' Oneko）、ムルンビ（Joseph Murumbi）などの急進派が衝突していた。前者はアメリカとイギリスの、そして後者はソ連や中国の支援を受けていたという点で東西冷戦構造を反映していたこの対立関係は、一九六四年末から翌年初頭にかけてケニヤッタへの権力集中が加速するとともに前者の優位へと推移していった。独立前に制定された憲法が一九六四年一二月に改正されると、ケニアは連邦制から共和制の国家へと移行し、新設された大統領職にはケニヤッタが就任した。このとき実施された内閣改造で、ムボヤが経済計画・開発担当大臣、KADU出身のモイ（Daniel arap Moi）が内務大臣の要職を得たのとは対照的に、オディンガは実質的な権限をもたない副大統領の地位に追いやられた（Hornsby 2012: 106-07）。オディンガは最終的に一九六六年四月に副大統領を辞任し、創設されたばかりのケニア人民同盟（Kenya People's Union：KPU）に合流した（Hornsby 2012: 156-62）。また、同時期にオディンガ以外の急進派も政権の中枢から遠ざけられた。新政府の土地・定住政策に対する不満を公言していた教育副大臣のカギアは一九六四年六月に政権を追われ、KPUに加わった。翌一九六五年二月には、オディンガの側近として活躍していたピント（Pio Gama Pinto）が殺害された。ムルンビは、同年五月の内閣改造で副大統領に抜擢されたものの、その年のうちに辞任した（Branch 2011: 44-47）。

このような政治状況下でムボヤによる主導のもとで作成され、同年の四月に発表された政策文書『アフリカ社会主義とその計画への適用』は、「アフリカ社会主義」を掲げながらもその内実は政府の管理下で経済成長を推進する国家資本主義にほかならなかった（Branch 2011: 54）。この文書では、「自然資源が豊富で、土地が良質で、降雨量に恵まれ、交通と電力の設備が整っており、人びとが開発を受け入れ、積極的にかかわる」ような、ポテンシャルの高い地域に投資を集中する姿勢が明示された（Republic of Kenya 1965: 46）。そして、一九七〇年代前半までのケニアの経済政策は、この文書に基づいて海外から民間投資と開発資金を呼び込んで中央州などポテンシャルの高い地域に集中的に充てる一方で、学校教育などの公共サービスやNFDなどの周縁地域の開発は自助努力に委ねることを基本的な方針としていた（Hornsby 2012: 128）。

その他のアフリカ諸国と同様に、この時期に政府の関与が限られたＮＦＤで畜産・家畜医療部門の開発のイニシアティブを握ったのが、独立後急速に財政的・技術的な支援を拡大した二国間・多国間の援助機関であった（Gardner 2012: 233-35; Mann 2015; Rossi 2015）。すでに独立前の一九六一年から翌年にかけて、世界銀行グループの国際復興開発銀行（International Bank for Reconstruction and Development：ＩＢＲＤ）がケニア、タンザニア、ウガンダの東アフリカ三ヶ国の経済的なポテンシャルについて調査を実施し、これらの国々で畜産業が経済的に進展する可能性があることを指摘していた（World Bank 1963）。また、一九六三年には国連特別基金（United Nations Special Fund：ＵＮＳＦ）が、東アフリカ三ヶ国で投資による成長が見込まれる分野を特定するためにコンサルタントのフット（Hugh Foot）を派遣した。フットはその報告書で、健全な計画を立案することによって成長分野に大規模な投資を呼び込むことができると指摘した。その指摘を受けて、三ヶ国の畜産関係の省庁とＵＮＳＦ、そしてＦＡＯの協議が始まり、これらの国々で畜産開発の問題に対して共通の枠組みを採用するとともに、各国の政策はその枠組みの範囲内で実施していくことが確認された（FAO 1967: 1）。その結果、ＵＮＳＦとＦＡＯが資金を提供してこれらの国々の畜産業の問題と可能性に関する包括的な調査をおこなった。

さらに、一九七一年一月からはスウェーデン国際開発協力庁（Swedish International Development Cooperation Agency：ＳＩＤＡ）と世界銀行のＩＢＲＤの支援を受けて、ケニア畜産開発プロジェクト（Kenya Livestock Development Project）が始動した。[17] 世界銀行には、一九五九年のウルグアイを皮切りに、一九六〇年代にラテンアメリカ諸国で畜産開発プロジェクトに取り組んだ実績があった。[18] 牛肉生産、とりわけ牧畜社会の人びとによる生産の増加を目的としたこのケニア畜産開発プロジェクトの眼目は、ランチングの導入にあった。ランチングとは、「広大な土地を利用してなるべき少ない労働力によって家畜を飼育して、市場向けの畜産物を生産する方式」（太田 一九九八：三〇一）のことであり、このプロジェクトでは対象地域の社会構造や立地などに応じて集団ランチ（group ranch）、個人ランチ（individual ranch）、企業ランチ（company ranch）、そして商業ランチ（commercial ranch）の四種類が導入された。このうち集団ランチと個人ランチは、それぞれ複数の世帯と個人が土地の所有権を保持するという点で異なっていたが、個人として家畜を飼養するという点では同様であった。また、企業ランチとは、企業のメンバーが政府から借用した土地において集団で家畜を飼養し、得られた利益を合意に基づいてメンバー間で配分するという制度である。最後に商業ランチとは、植民地期にライキピアなどで入植白人が発展させた、質の高い牛肉を生産するもっとも先進的なランチの形態を指している（World Bank 1968: 5-7）。

これらのランチの導入を求める声は、北ケニアからも上がっていた。そのため、ケニア畜産開発プロジェクトの開始に先立ってこの地域で実施された調査でも、ランチを導入すべきかどうかが検討項目に加えられた。このプロジェクトの社会的な側面に関する調査を委託されたのが、チェンバース（Robert Chambers）である。のちに参加型開発アプローチを提唱したことで知られる開発実務家のチェンバースは、一九五八年からＮＦＤで地方行政官として勤務した経験があり、この地域について経験と知識が豊富であると評価されていた（Chenevix-Trench 1993: 283-86）。皮肉なことに、この調査で彼が果たした役割は、この地域の畜産開発に向けた動きにブレーキをかけるものであった。というのも、彼が調査の結果導き出した結論は、ランチの導入に関する地域社会の要求は資源をめぐるソマリの集団間の競合という文脈で理解する必要があり、その導入には慎重を期すべきというものだったからである[19]。チェンバースの報告を受けて、このプロジェクトではＮＦＤはランチとしてではなく、ランチで肥育するための未成熟牛の供給源のひとつという、植民地後期と同様の空間として位置づけられた。また、その生産と流通の増加を目的として、水場や輸送路などの設備が用意されることになった。植民地期とは異なり、北ケニアから屠畜場のあるアティリバーまでの家畜輸送が重視されなくなったのは、そのためである。

さらに、ケニア畜産開発プロジェクトの実施をきっかけとして、一九五二年から家畜医療局のＡＬＭＯが家畜流通を管轄してきた状況を変革すべきだという声が高まった。そこで、ＡＬＭＯの機能は農務省内に新たに設置された家畜流通局（Livestock Marketing Division：ＬＭＤ）へと移管された（World Bank 1968）。ＬＭＤはＡＬＭＯと同様に家畜の購入・輸送や、輸送路や待機場などの設備の維持を担った。その活動範囲はＮＦＤの全域、マルサビット県、カジァド県、ナロック（Narok）県、そしてバリンゴ県など、これもＡＬＭＯと同じく民間の家畜商人がいない地域に限られていた[20]。

このように、ＮＦＤを含むケニアの乾燥・半乾燥地（ＡＳＡＬｓ）では、独立後にＬＭＤとＫＭＣを中心とした家畜の流通ネットワークが構築された[21]。具体的には、ＡＳＡＬｓで飼養される家畜はＬＭＤが各地で開催する競売において取引され、待機場で疾病と健康状態を検査されたのちに一部は肥育用にランチへと輸送された。また、その残りはアティリバーとモンバサに置かれたＫＭＣの屠畜場で屠畜・加工され、国内外の消費地へと販売されていた。このネットワークは、国際援助機関によるさまざまな支援を受けながら、基本的には植民地後期に整備された制度や設備を引き継ぎ、発展させるかたちで組み上げられていった。とはいえ、次節で述べるように、この体制は早くも一九七〇年代からほころびを見せることになった。

国際援助機関による活動は、上記とは異なり、定住化を促進するというかたちでも、牧畜集合体の統治に変容をもたらした。一九五〇年代から一九六〇年代にかけて、サハラ以南アフリカでは全体的に比較的雨量が豊富であったと言われている。それとは対照的に、一九六〇年代の終わりになると大規模な旱魃が発生し、西アフリカのサヘル地域では一九七三年に、そして翌一九七四年には「アフリカの角」地域でそのピークに達した。そうしたなかで砂漠化と呼ばれる問題に対する国際的な関心が高まり、生態学的な調査が実施され、その対策について議論が交わされた（Hogg 1987）。さまざまな援助機関のなかでも、国連教育科学文化機関（United Nations Educational, Scientific, and Cultural Organization：ＵＮＥＳＣＯ）はとくに積極的にこの問題に取り組んだ。ＵＮＥＳＣＯは、砂漠化が地球規模の問題として認識される前の一九五〇年代から、ＡＳＡＬｓの生態学的調査に取り組んでいた。一九七一年には、科学的知識を総合的に応用して地球の自然資源の持続可能性を維持することをめざす、「人間と生物圏（Man and the Biosphere）」

プログラムに着手し、チュニジア、レソト、ガーナなどアフリカ諸国の乾燥地域でプロジェクトに従事していた。UNESCOをはじめとする国際機関による砂漠化に対する取り組みは、一九七七年八月にケニアのナイロビで開かれた国連砂漠化会議（United Nations Conference on Desertification）へと結実した。この会議では、砂漠化に関する科学的調査の知見が検討され、個々の事例研究が紹介されるとともに、包括的な砂漠化マップが提示された。また、この会議に関与した科学者が慎重にも砂漠化の原因と範囲について断定を避けたにもかかわらず、その最終報告書では砂漠化が地球上の広い範囲で進行しており、その原因は土地利用の強化、過放牧、そして不適切な灌漑など、人間の活動にあると結論づけられた。この会議を経て、二〇〇〇年までに砂漠化の進行を阻止することを目標とする砂漠化対策行動計画（Plan of Action to Combat Desertification）が採択された。

このイニシアティブによって喚起されたプロジェクトのうち、ケニアにおける代表的な例がケニア乾燥地総合プロジェクト（Integrated Project on Arid Lands in Kenya：IPAL）である。このプロジェクトは、国連砂漠化会議に先立つ一九七六年にUNESCOと国連環境計画（United Nations Environment Programme：UNEP）がケニア政府の了承を得て、実施を合意したものである。IPALは「人間と生物圏」プログラムの一環として位置づけられており、砂漠化対策行動計画でも、この問題に対する重要な貢献のひとつに数えられた（Integrated Project in Arid Lands 1985: 1-2）。このプロジェクトでは、進行しつつある砂漠化の原因を科学的に調査するとともに、その問題に対処するための戦略とガイドラインを策定することがめざされた。対象地域は、ボラナ、レンディーレ、ボラナ、そしてアリアールなどの牧畜民が暮らすマルサビット県であった（Hansen 2015: 214-24）。

IPALでは、生業牧畜が砂漠化のおもな原因として位置づけられた（Fratkin 1991: 13）。つまり、彼らの家畜と装置の管理方法が非効率であるために、地域の植生に過剰な負荷をかけ、砂漠化をもたらしていると結論づけられたのである。そこで、彼らが保有している家畜の頭数を減らすために、包括的な取り組みが実行に移された。具体的には、家畜競売を開催するとともに、治安を改善し、道路やさく井を建設し、銀行による融資の機会を提供した。また、現金経済の浸透を図るために、就業機会が増やされた。

しかし、ＩＰＡＬは思わぬ結果ももたらした。たとえば、アリアールなどの牧畜民は、ＩＰＡＬの意図とはまったく反対の目的で家畜競売を利用していた。彼らは定住的な生活に必要な物品やサービスを手に入れるためだけではなく、肉体労働によって得られた賃金で家畜を購入したり、山羊や羊を売却して牛を入手したりしたのである（Fratkin 1991: 109-12）。また、このプロジェクトはこの地域の定住化を促進することになった。この地域を含む東アフリカの乾燥地域では、政治的な混乱、旱魃、放牧の制限、そして定住地における援助物資、保健医療、教育機会の提供などを契機として、人びとが自発的ないし非自発的に定住的な生活に移行していた。そして、ＩＰＡＬはこの傾向をさらに推し進めた。そのこと自体はＩＰＡＬの意図した結果ではあったものの、定住化は経済格差の拡大や子どもの栄養不良など、社会的、経済的にネガティブな影響をともなっていた（Fratkin 1991; Fratkin et al. 1999）。提示された処方箋こそ微妙に異なっていたものの、ここでも生業としての牧畜自体が植民地期と同じ論理のもとで問題化されていたのである[22]。

2　構造調整政策と乾燥・半乾燥地のメインストリーム化

ここまで見てきたように、北ケニアでは独立後に大きな政治的、経済的な混乱がもたらされたものの、牧畜集合体に対する統治的介入は、基本的には植民地期から引き継がれた形式のもとでおこなわれた。新たな形式の統治がもたらされたのは、脱植民地化という政治体制の転換ではなく、一九八〇年代に一連の構造調整政策が開始したときであった。このとき、牧畜集合体についてどのような合理性のもとで何を問題とみなすのかが根本的に変化するとともに、その問題を解決するためにそれまでとは異なる処方箋が提示された。この節と次の節では、この新しい形式の統治の内実を検討する。

前節で述べたように、独立後のケニアではＬＭＤが家畜を調達し、ＫＭＣがその屠畜から流通までを担うというシステムが採用されていた。

表 4-1　北東州全体の牛の売却頭数の推移（1962～85年）

	頭数
1962 年	31,000
1963 年	21,000
1964 年	23,000
1965 年	22,300
1966 年	27,800
1967 年	26,800
1968 年	35,800
1969 年	25,300
1970 年	52,100
1971 年	45,100
1972 年	53,400
1973 年	22,800
1974 年	60,500
1975 年	1,300
1976 年	22,400
1977 年	2,700
1978 年	35,700
1979 年	23,700
1980 年	31,072
1981 年	5,812
1982 年	11,821
1983 年	8,092
1984 年	33,279
1985 年	16,756

出典：以下をもとに筆者作成。Ministry of Agriculture and Livestock Development, Department of Agriculture North Eastern Province Annual Report, 1985.

それは、第二次世界大戦後の植民地後期に整備された体制をベースとして、さまざまな国際援助機関が関与しながら発展させたものであった。しかしながら、この体制は早くも一九七〇年代から限界を露呈していた。ＬＭＤによる牛の購入頭数の推移をまとめた表４‐１からも明らかなように、一九七〇年代を通じて政府の公的な流通網を介して取引される家畜の頭数は、年度によって変動が激しく、全体として減少傾向にあった。その背景としては、ケニアを含むサハラ以南アフリカのさまざまな地域で、一九六〇年代末から大規模な旱魃が発生したことが挙げられる。また、国境間の家畜の移動を規制するのが事実上不可能であったことから、北ケニアからより高い価格で取引されるソマリアに牛が流出していた（Mahmoud 2003: 91）。さらに、民間とのあいだで競争に直面していたことも、もうひとつの要因として指摘することができる。ＬＭＤは、都市居住者の生活を安定させるために、食肉を含む農産物を安価で供給することを優先する傾向にあった（FAO/World Bank 1977: 45; Maxon and Ndege 1995: 154）。そのため、家畜の買い付け価格を引き上げることはなく、より高値で取引する民間の商人との競争に耐えることができなかった。ＫＭＣも、一九七〇年代初頭から参入を認められた民間の屠畜場との競争で劣勢に立たされ、国内の食肉販売におけるプレゼンスを低下させていった。追い打ちをかけるように、一九七〇年代中頃まで好調を維持していたコーンビーフなどの食肉製品の輸出は、次第に減少していった（表４‐２）。他国との競争に晒されたことと、主要な輸出先であるヨーロッパ圏の輸入規制が強化されたことが、その原因であった。

そうしたなかで、一時はＫＭＣやハイランド地方のランチ所有者から公式の家畜仲買人として認知されていたＬＭＤは、次第にその地位を失っていった。ＬＭＤに配分されていた家畜買い付けの予算は、一九八三／八四年度をもって停止された（Hornsby 2012: 356-61）。一九八七年二月には、牛肉に対する価格規制も撤廃されている。[23] また、それまでＬＭＤが管理していた薬浴漕などの流通施設は、地域コミュニティに委託されたり放棄されたりした。たとえば、待機場については二〇一一年の時点で国内一一二ヶ所のうち、コミュニティなどによって運営されているのは五パーセントに過ぎなくなっている（Republic of Kenya 2011: 57）。ＬＭＤは現在も農務・畜産・漁業省内に存在しているものの、そのおもな役割は国内の家畜流通を「監督」することに限られている。[24] ＫＭＣについても、経営不振を理由として一九八七年一一月に屠畜場を閉鎖することを余儀なくされた（Rutten 1992: 60-64）。北ケニアから公的な流通網を経由して域外に輸送された家畜の頭数も、六万頭を超えた一九七四年をピークとして、低水準を維持しつづけている（表４‐１）。

畜産部門における国家の縮小は、一九七八年八月に大統領に就任したモイの政権で推進された、構造調整政策による改革の一環でもあった。一九七〇年代の世界的な経済危機とオイルショックや、ＧＤＰ成長率の低下と財政赤字の拡大など、国内外の経済問題に対処するために、ケニア政府は世界銀行と国際通貨基金（International Monetary Fund：ＩＭＦ）の構

表 4-2　ケニアからの家畜の輸出頭数・量（1973〜89年）

	輸出頭数	輸出量（ton）
1973年	1,018,051	6,664
1974年	1,376,920	6,780
1975年	1,355,728	8,280
1976年	2,056,755	9,775
1977年	758,216	9,344
1978年	227,489	3,033
1979年	139,964	2,643
1980年	224,269	1,253
1981年	44,317	1,890
1982年	32,565	2,916
1983年	32,104	2,367
1984年	41,434	4,294
1985年	62,060	3,669
1986年	162,333	763
1987年	74,048	87
1988年	143,456	71
1989年	366,663	403

出典：Rutten 1992: 61.

造調整融資を受け入れて、経済自由化をすすめていた。このとき、準国営機関が肥大化して国家財政を圧迫していることが問題として指摘され、非効率的な準国営機関は民営化するか解体することが提言された。ただし、ケニア政府はトウモロコシや小麦など主張な農産物の食料自給を達成するために、農業生産の促進を優先していたことから、農業部門については民営化の要求を受け流して準国営機関による流通の独占を継続した（Maxon and Ndege 1995）。その点で、畜産部門における速やかな国家の縮小は例外的な動きでもあった。

しかし、以上の経過が牧畜集合体に対する統治的介入の撤退を意味するのかどうかについては、慎重に検討する必要があるだろう。というのも、北ケニアは少なくとも表面上、この時期から国家開発におけるプレゼンスを高めているからである。たしかに、モイは生業牧畜を中心とするカレンジンの出身でありながら、ケニヤッタと同様にＡＳＡＬｓの開発を重視していなかった。それは、「必要不可欠ではない活動（not-essential activities）」への政府支出を抑制するという、構造調整期の開発方針に沿った判断であった（Maxon and Ndege 1995: 156）。とはいえ、一九八〇年には経済開発・開発省内にＡＳＡＬｓの問題を担当する部局が設置された。一九八九年から一九九二年まで、この部局はＡＳＡＬｓ開墾・開発省（Ministry of Reclamation and Development of Arid, Semi-Arid and Wastelands）として、一時的に独立した省に格上げされた。活動の範囲は限定的ではあったものの、政府がＡＳＡＬｓという地域に固有の問題に取り組むという姿勢を明示したのは、それが初めてのことだった（Hornsby 2012: 439-40; Republic of Kenya 2011: 17）。また、モイ政権末期の一九九八年には、北東州やリフトバレー州などＡＳＡＬｓを選挙区とする議員によって、牧畜地域選出議員団（Pastoral Parliamentary Group）が結成された。独立後のケニアでは、長らくＫＡＮＵによる一党制が続いていたものの、政治の自由化を要求する国内外からの声を受けた結果、一九九二年に複数政党制が復活していた。この議員団は、独立後も取り残されてきたこの地域で開発を促進するために、圧力を受けながらも政府に対してはたらきかけていた。二〇〇二年の総選挙後の国会における二一〇議席のうち、ＡＳＡＬｓを選挙区とするのは三九議席であり、彼らの存在は無視できるほど小さなものではなかったと考えられる（Livingston 2005）。

ＡＳＡＬｓの問題に向きあうという姿勢は、モイの次の政権においてより鮮明になった。二〇〇二年一二月に実施された選挙の結果、ケニアでは初めて政権交代が実現した。大統領に就任したのは、国民虹の連合（National Rainbow Coalition：ＮＡＲＣ）を率いたキバキ（Mwai Kibaki）である。キバキは、ＮＡＲＣ政権の経済戦略として翌二〇〇三年六月に発表した『富と雇用創出のための経済再生戦略（Economic Recovery Strategy for Wealth and Employment Creation）』において、ＫＡＮＵ政権とは異なる国のありかたを示した。この文書は、前政権が経済成長を何よりも優先していたことを批判する一方で、それまで見過ごされてきた貧困、経済的な格差の拡大、そしてソーシャル・サービスや教育に対するアクセスの不平等などの問題に取り組むことを明示した。さらにＡＳＡＬｓについても、この地域が抱える問題は内在的なものではなく、植民地期から近年まで一貫して等閑視されてきた結果であると、政策文書としては初めて明言した（Elmi and Birch 2013: 4）。その前文では、次のように力強い言葉で、この問題に取り組んでいく姿勢が表明された。

> 政府は今こそ、国民全体で団結して開発を進めていくことを表明しなければならない。開発のプロセスはあらゆる人びとを含み、ケニアの国民性を促進するものになるだろう。そのために、この再生戦略にとって重要なプログラムにおいては、これまで慈悲深くも蔑ろにされてきたＡＳＡＬｓにとくに注目し、この地域のポテンシャルを開発することにしたのである。[25]

また、ＡＳＡＬｓの問題には、『経済再生戦略』の第八章の全体が充てられていた。

ＡＳＡＬｓに対するまなざしは、『経済再生戦略』に代わる長期的な開発戦略として二〇〇六年一〇月に開始した、『ビジョン二〇三〇（Vision 2030）』にもそのまま継承された。この文書によると、ケニアは政権交代後に経済を回復させることに成功し、高い成長率を実現したという。成長によってもたらされた富は広く再分配され、貧困率の低下にもつながった。しかし、満足できる成果が達成されたとはいえ、多くの課題が残されているという。とくに強調されるのが、「二〇三〇年までにグローバルな競争力をもち、豊かで、生活の質が高い国になる」（Republic of Kenya 2007: vii）という『ビジョン二〇三〇』の目標に向けて努力していくなかで、すべての国民の平等という理念が忘れられてはならないという点である。「将来的にこの国では、あらゆる人種、民族、宗教、ジェンダー、そして社会経済的な地位の人びとのあいだで、平等が確立されるだろう。そのとき、人びとの多様な価値観と伝統や、全国民に利益をもたらしたいという意欲は尊重されるだけでなく、活用されるだろう」（Republic of Kenya 2007: 158）。このように、経済的な意味だけでなく社会的、文化的な意味でも平等な将来をもたらすための取り組みの一環として、二〇〇八年四月には北ケニアを含むＡＳＡＬｓの問題を担当する北ケニア等乾燥地開発担当省（Ministry of State for Development of Northern Kenya and Other Arid Lands）が設置された（Elmi and Birch 2013）。また、二〇一一年八月には『ビジョン二〇三〇』の北ケニア版として、『北ケニア等乾燥地のためのビジョン二〇三〇開発戦略（Vision 2030 Development Strategy for Northern Kenya and other Arid Lands）』が発表された（Republic of Kenya 2011）。

『経済再生戦略』と同様に、『北ケニア・ビジョン二〇三〇』でも北ケニアが直面している貧困と不平等の問題は、この地域の生態学的な環境に起因するものではなく、政治的な構築物と見なされる。つまり、この地域の貧困状況や、治安が悪く、暴力が蔓延しているという一般的なイメージは、植民地期から現在までつづく政治的な選択の産物として位置づけられている。他方で、天然資源、経済的な資源としての家畜、観光に適した野生動物保護区、そして戦略的な位置など、この地域のポテンシャルは正当に評価されておらず、活用も試みられていないという。そこで、この文書では、政府は北ケニア等乾燥地開発担当省の主導のもとでこの地域が直面している問題に対処するのと同時に、このポテンシャルを現実化していくという方針が表明されている（Republic of Kenya 2011: 8-19）。実際に、農業部門の成長を牽引する六つの旗艦プロジェクト（flagship project）のうち、二つはＡＳＡＬｓに関連したものが選ばれた。[26]

このように、ＮＡＲＣ政権以降に北ケニアを含むＡＳＡＬｓが国家開発の重要な支柱として位置づけられていった過程を、オディアンボ（Odhiambo 2014）は「ＡＳＡＬｓのメインストリーム化」と呼んでいる。

近年の開発戦略で提示され、現実の計画やプロジェクトをかたちづくる基礎となっている「ビジョン」は、以下に述べる三つの点で種別的である。第一に、ここでは生業牧畜の合理性に光が当てられ、積極的な評価の対象となっている。牧畜は、近代的な生産様式と対置されるべき、伝統的で非合理的なものではなく、家畜と自然環境、そして気候に関する洗練された知識と実践に依拠していると見なされる。また、牧畜は自然環境に対して過度の負荷を与えるというよりは、自然の資源を持続可能なかたちで柔軟に利用するという点において評価される。彼らの生業を特徴づけるモビリティの高さは、定められた境界線を侵犯する逸脱行為ではなく、不安定な環境の条件に対する洗練された、合理的な反応として見直される。したがって、この地域における統治的介入においては、牧畜集合体の合理的な振舞いを阻害し、無理に方向を変えるのではなく、それが十分に活性化できるように導くことが基本的な方針となる。それは、生業牧畜に何らかの合理性を認めず、抑圧したり近代化したりする標的として位置づけてきたそれまでの統治理性とは決定的に異なっていると言えるだろう。

第二に、生業牧畜の合理性を評価するうえで、人類学や開発経済学の専門的な知識が活用されている。人びとの振る舞いを導くためには、社会や人間の本性に関する専門的な知識が不可欠である。リー（Li 2014）はこのような知識、つまり「改良をもたらすために人びとの振る舞いを方向づけようとする集合における、対象集団に関する知識」を、「統治における民族誌（ethnography in governing）」と呼んでいる。『北ケニア・ビジョン二〇三〇』の場合、この地域をフィールドとする研究者としてフラトキン（Elliot Fratkin）、マクピーク（John McPeak）、そしてリトルの研究が参照されている。前節でも言及したフラトキンは、政府と国際援助機関によって促進された定住化を批判し、その社会的、経済的な影響について同僚の研究者とともに長年調査してきた人物である（Fratkin 1991; Fratkin et al. 1999）。マクピークは、開発経済学者でありながら生業牧畜の合理性を経済学的、生態学的な観点から検討した。そのうえで、乾燥地域で実施された開発プロジェクトが失敗した原因の一端は、牧畜民が経済合理性に反した行動をとったことではなく、彼らについて事実に反した考えがプロジェクトにおいて前提とされていたことにあると主張している（McPeak 2005）。また、人類学者のリトルは、近年活性化しているとされるケニア、エチオピア、そしてソマリアの国境間の家畜交易について調査している。リトルによると、政府が市場インフラや制度を整備していないにもかかわらず、この地域の家畜交易は六〇〇〇万ドルを超える経済規模にまで成長しているという。リトルは、植民地期の行政官のように国境間の家畜交易を行政の限界を標しづける違法行為として捉える代わりに、そこに開発の高いポテンシャルを見出している（Little 2009）。ここで名前を挙げた三人は、いずれも政府の牧畜民政策に批判的で、高度近代主義的な開発の理念から距離をとってきた研究者である。そのほかにも、「北ケニアは商業的、文化的な紐帯によってむすばれた、活発な地域ネットワークの中心に位置している」（Republic of Kenya 2011: 100）という記述をふくめて、これまでこの地域の研究者によって蓄積されてきた「民族誌」的な知識の片鱗は、引用元こそ明示されていないものの『北ケニア・ビジョン二〇三〇』の随所に見られる。近年では、生業牧畜の内在的な論理や地域性を理解しようとする試みは、開発をめぐる想像力に外部をもたらすわけでも、統治に対抗する代替的な「ビジョン」を用意するわけでもなく、その営みにとって不可欠な部分を構成しているのである。

最後に、第一の点と第二の点とも関連するが、『ビジョン二〇三〇』における開発の概念は、それまでとは異なる含意をともなっているという点を指摘したい。第二次世界大戦後から一九七〇年代頃まで、開発とは国家主導によって経済成長を促進することを意味していた（Finnemore 1997）。しかし、一九七〇年代に世界的な経済危機が起こると、この考え方に変化が生まれた。このとき、アジアやアフリカの国々の発展が遅れているのは、それらの国の政府が非効率かつ過剰に経済活動に介入しているためだという議論が生じたのである。その結果、一九八〇年代までに自由市場の原理を信奉する新自由主義的な理論への転換が実現した。新自由主義に依拠した開発理論は、構造調整政策の実施を通じてケニアを含むアジア、アフリカの国々に影響をもたらした（Hodge 2015）。さらに、一九九〇年代中頃になると構造調整の弊害が指摘されるようになり、経済成長一辺倒の開発が問題を孕んでいることが認識され始めた。

この時期の開発言説におけるキーワードが、「エンパワーメント」である。この時期を境として、世界銀行やUSAIDなどの主要な国際援助機関では、女性や先住民などの周縁化されてきた人びとのエンパワーメントと包摂や、貧困削減の問題がアジェンダに組み込まれていった。開発分野における世界共通の枠組みであるミレニアム開発目標では、「ジェンダー平等の推進と女性のエンパワーメント」が主要な目標のひとつに据えられた。世界銀行の場合、一九九五年に総裁に就任したウォルフェンソン（James Wolfensohn）の任期中に、エンパワーメントと包摂の言説がその使命のなかに浸透していった。世界銀行から二〇〇二年に刊行された『エンパワーメントと貧困削減』という報告書では、開発を促進するエンパワーメントの意義が改めて強調された（Narayan 2002）。こうして、開発の言説では経済の自由化、緊縮財政、そして民営化などとともに、エンパワーメントや政治制度の整備が、現在にいたるまで中心的な位置を占めている（Sharma 2008: xiii-29）。そして、エンパワーメントと社会的包摂を中核とする図式は、ケニアの開発戦略でも共有されている。『ビジョン二〇三〇』では、「エンパワーメント」の語自体は女性や若者を対象とした支援の文脈以外でほとんど使用されていないものの、民間部門との「パートナーシップ」や「参加」など関連する議論は全体に通底している（Republic of Kenya 2007）。『北ケニア・ビジョン二〇三〇』はこの点でより明確であり、開発の概念を「機会と自由が拡大するプロセス」として定義している。そのうえで、国民はそのプロセスを経ることによって「みずからのポテンシャルを十全に実現し、新憲法の人権規定で定められた公約を享受するようにエンパワーされる」（Republic of Kenya 2011: 18）と述べている。[27]

政治学者のクルックシャンクによると、エンパワーメントのプログラムは近隣団体の活動や、セルフヘルプやセルフエスティーームの運動などとともに、「シチズンシップのテクノロジー（technologies of citizenship）」のひとつに数えられる（Cruikshank 1999）。端的に言うと、それは個人を政治的に活発で、みずからに配慮し、みずからを統治することができる市民的存在へと転換するための、一連の言説やプログラムを指す。シチズンシップのテクノロジーの特徴は、人びとの自律性、自発性、意志、そして能力に依拠するという点にある。つまり、それらを打ち消したり抑圧したりする代わりに、それらにはたらきかけ、促進し、形成する――いいかえると、「みずからを助ける手助けをする（help people to help themselves）」（Cruikshank 1999: 4）――ことを通して作動するのである。エンパワーメントのプログラムをはじめとして、シチズンシップのテクノロジーは民主主義と新自由主義を中心的な教義とする現代において、隅々にまで行き渡っている。それは、特定の場を越えた《トランスローカル》開発の領域においても同様である（Elyachar 2005: 191-212; Li 2007a: 230-69; Sharma 2008）。

ここまで述べてきたように、現在の開発戦略ではそれ以前とは異なる合理性、知識、そして介入実践が組み合わされている。そして、ここに牧畜集合体に対する新しい形式の統治の現れを見て取ることができるだろう。それまでの時期に問題とされていたのは、牧畜集合体が管理、放牧、取引などの点で前近代的な水準に留まっていることであり、それに対して国家が十分に介入し、近代化を先導できていないことであった。しかし、現在では問題を問題として捉える論理そのものが転換しており、失敗の意味が読み替えられている。つまり、牧畜集合体の合理性を評価せず、それが「みずからのポテンシャルを十全に実現」できていないことこそが問題化され、その自律的で自発的な振る舞いと能力に対して過剰に介入することが、統治の失敗と見なされるのである。このとき、国家はローズ（Rose 1999）のいう条件整備国家（enabling state）として立ち現れるのであり、牧畜集合体がそのポテンシャルを現実化し、みずからを統治することができるように、その振る舞いの可能性と条件にはたらきかけていくことになる。国家のこのような特徴は、二〇〇八年五月に畜産開発省（Ministry of Livestock Development）が発表した『畜産政策に関する政府白書（Session Paper on National Livestock Policy）』にも、明白に表れている。この短い政策文書は同省の長期的な開発戦略であり、国家戦略である『経済再生戦略』と『ビジョン二〇三〇』の方針に沿った内容になっている（Republic of Kenya 2008b: iv）。この白書によると、ケニアでは構造調整政策によって畜産製品の流通、家畜医療サービス、ダニのコントロール、人工授精サービス、そして家畜飼料の流通など、畜産・家畜医療分野の全体で政府の介入が縮小し、自由化と市場化が推進されたという。もっとも、改革があまりに急激に実行に移されたことで、現場では多くの

写真 4-1　イシオロ市で開催されたイベント（Kenya Pastoralists' Week）の様子（筆者撮影）

弊害と混乱がもたらされた。そこで、白書ではこれらの問題点に対処するために、地域コミュニティや民間企業とのパートナーシップを強化し、政策における彼らの関与を促進しながら、自由化と市場化をさらに推進していくという政府の姿勢が示されている。実際に、たとえば近年まで消費需要がほとんどなかったラクダ乳の市場化は、公的な規制と標準化が限られているからこそ急成長しているのであり、後述するように政府もそのことを認識している（Anderson et al. 2012）。また、近年では構造調整以前のように政府が近代的な技術や知識を直接指導する一方で、ＡＳＡＬｓの各地で国際援助機関、ＮＧＯ、民間企業、研究者、そしてマスメディアと連携してイベントを開催し、問題の認識と最新のテクノロジーを活用した処方箋を共有することが試みられている（写真４‐１）。その普及の範囲については議論の余地があるものの、ここでも国家は牧畜集合体のエンパワーメントによる統治という役割を引き受けているといえるだろう。

現在の開発戦略が自由市場における競争を重視する新自由主義の理念を中核としていることから、家畜市場の整備と流通の促進は、ＡＳＡＬｓにおける最優先課題のひとつとして位置づけられている。現に、畜産物の取引は近年急速に活性化しており、それに合わせて畜産部門のGDP貢献率も上昇しているとされる（Behnke and Muthami 2011）。もっとも、現在では国家と家畜市場のあいだの関係は、政府機関が市場の取引に介入することによって「公正な価格」を実現するという、植民地後期から構造調整期までのありかたとは異なるものになっている。それらの時期とは異なり、現在ではALMOやLMDのような政府機関が家畜の流通を担っているわけではないし、先に述べたように公的な家畜医療サービスの範囲も縮小されている。それでは、このように政府の関与が限られているなかで、家畜市場はどのような意味で統治テクノロジーと捉えることができるのだろうか。また、何をもって統治に対する抵抗と見なすことができるだろうか。次の節では現在の統治的介入について考察を深めるために、ラグデラ県モドガシ市のラクダ市場を事例として取り上げながら、これらの点を検討する。

3　統治テクノロジーとしての市場

モドガシ市にラクダ市場（*suuqa geel*）が設置されたのは、この街に県庁を置くラグデラ県が新設された二〇〇七年のことである。[28] この街では山羊・羊を対象とした市場（*suuqa ari*）が毎日開かれているのに対して、ラクダ市場は週に一度、月曜日のみ開かれる（写真４‐２）。月曜日になると、周辺で放牧している牧畜民がラクダを連れて集まってくる。牧畜民の多くは、この地域におもに居住しているソマリのアウリハン・クランに属しているものの、ボラナの人びとが来ることもある。

ラクダ市場が開かれるのは、街の中心部から歩いて五分ほど離れた空き地である。そのあたりはちょうど、モドガ

写真 4-2　モドガシのラクダ市場の様子（筆者撮影）

シ市を貫く季節河川トグウェインの褶曲部になっており、空き地をゆるやかに囲んでいる（写真0-9）。河川の反対側は小高い丘がつづいており、まばらに家が建っている。このような立地は、山羊・羊を取引対象とする市場が、周囲に商店がならぶモドガシ市の中心部の空き地で開かれるのとは対照的である。空間的に外部と切り離す柵のようなものはなく、現に市の開かれる月曜以外の日は、トグウェイン沿いに連なる集落から街に買い出しや乳を売るためにやってくる人びとの通り道になっている。開市日でも、人びとやラクダはめいめい好きな方向から姿を見せる。

空き地における物質的な配置のなかでその空間を市場らしく見せている唯一のものは、ひと連なりの簡素な造りの小屋（*makaayad*）である。小屋は太い木の枝を支柱とし、細目の木の枝を束ねて外壁としたものである。普段は放牧中の山羊や羊が入ってこないようにタモル（*tamor*）という有棘木で入り口を閉じており、市のたつ日だけ、地面にマットが敷き、日の光が内部に入らないように外周を布で覆う。そこでは、お茶、チャパティ、野菜の煮込み料理、あるいはミラー（*miraa*）などがふるまわれ、交渉の成立を待つ売り手や休憩をとりに来た商人、あるいはただお

写真 4-3　家畜市場に併設されたバザールの様子（筆者撮影）

しゃべりに来た人たちで賑わう。

敷地内のところどころには、背の高いアカシアの木々が立っている。市場に連れてこられたラクダはこれらの木に繋留され、交渉が終わるのを待つ。また、アカシアは人びとに、強い日差しをさえぎる絶好の日陰を提供している。

現在、家畜市場はケニア国内のさまざまな場所で開かれているものの、その様子は地域によって異なっている[29]。多くの市場では、併設された広場でバザールが立ち、家畜を売って現金を得た人びとが食料、日用雑貨、嗜好品、そして家畜用の薬剤などの商品を購入している（写真4-3）。それらのケースに比べると、家畜を留め置くための柵がなく、バザールも立たないモドガシ市の市場は、簡素で規模が小さいような印象を受ける。とはいえ、この地域におもに居住しているアウリハン・ソマリの人びとにとって、この市場は経済的にも社会的にも重要な場になっている。この節では、統治テクノロジーとしての市場の全体像を示すことではなく、ひとつの「小さな歴史」を描くことをめざす。第一稿では、この市場の設立がアウリハン・ソマリの人びととケニア政府の双方にとってどのような意味をもっているのかを確認する。次の第二項でソマリ社会におけるラクダ飼養の概要について述べたのちに、第三項で市場取引の概要とラクダの売却に関する社会的側面について検討する。最後に第四項では、この市場で取引を代理しているディラール（*dilaal*）と呼ばれる人びとが公的な言説においてどのように認識されており、実際にどのような役割を果たしているのかを分析する。

(1) ラクダ市場の設立

第一章で述べたように、アウリハンの集団はイギリスによる植民地化の前後に、オガデンのほかのクランの人びととともに現在のケニアに移動してきた。彼らのテリトリーは、牧畜民のモビリティの高さを警戒する植民地当局によって確定され、その境界線は独立後も基本的には引き継がれた。しかし、モイ政権期になるとこの状況に変化が訪れた。一般的に、モイ政権における施政は特定の集団とのパトロン－クライアント関係によって基礎づけられたものとして特徴づけられる。そして、一九八二年八月に発生したオチュカ（Hezekiah Ochuka）によるクーデター未遂事件のあとで重用されるようになったのが、マフムード・モハメッド（Mahmoud Mohamed）とフセイン・マーリム・モハメッド（Hussein Maalim Mohamed）の兄弟であった。このうち前者は軍人であり、クーデター事件の際には軍隊と警察を率いて事態の鎮圧に当たった。事件後はモイの信頼を得て、ケニア国防軍のトップの地位に登りつめた。また、後者は政治畑を歩んだ人物であり、モイ政権で大統領府担当大臣やエネルギー担当大臣などを歴任した。ケニアにおいてソマリが、そしてムスリムが入閣したのは、それが初めてのことだった（Branch 2011: 169-73）。二人は、アウリハンと同じオガデンでキョウダイ関係にあり、アウリハンとは西側で境界を接しているアブドワク・クランに属している。[30] しかしながら、モイ政権における縁故主義の恩恵は、アブドワク以外のクランにも及んだわけではなかった。当時、北ケニアにはモハメド・シアド・バーレ（Mohammed Siad Barre）体制下で政情が不安定なソマリアから多数の人びとが流入し、治安が悪化していた。そして、この問題への対処を一任されたのが、マフムード・モハメッド将軍であった。その時期を知るアウリハンの人びとによると、マフムード・モハメッドはその任務をアブドワクの集団的な利益を拡大するために利用し、アウリハンから多数の家畜と放牧地を奪い、人びとを殺害したという。とくに象徴的な出来事としてしばしば言及されるのが、一九九三年にイシオロ付近のシャープ（Sharp）という場所で起こった事件である。当時、アウリハンの人びとは牛の放牧に適したその地域でも放牧していた。しかし、放牧していた牛群をまとめて、ガリッサの方面に移動しようとしていたところを国防軍によって襲撃されたという。その結果、三五人が殺害され、合わせておよそ二万八〇〇〇頭の牛が収奪されたといわれる[31]。この時期以降、アウリハンのテリトリーは徐々に縮小していったと認識されている。とくに、市場価値が高い牛の放牧に適した、雨量が比較的豊富で水場の多い地域を失ったことは、彼らにとって大きな痛手であった。

そうしたなかで、二〇〇七年にモドガシ市にラクダ市場が設立されたことは、彼らの生活においてひとつの転機となった。第一章で述べたように、植民地期の北ケニアでラクダは統治者と被統治者の双方にとって欠かせない存在だったものの、その市場価値は低かった。そして、独立後もその点に大きな変化はなかった。モドガシ市の周辺でも、市場の設立まではラクダを取引する機会がかなり限られていた。ラクダを調達したり売却したりしたければ、ラクダが活発に取引されているワジア市や、ソマリアの家畜市場まで出向くしかなかった。あるいは、アラブ人の商人がときおり買い付けに現れたり、家畜の給水場になっているトグウェインで取引の話が持ち上がったりするのを、ただ待っていた[32]。後述するように、市場の開設はアウリハン・ソマリの人びとに、儀礼に使用するラクダを購入したり、学費や結婚費用を用意するためにラクダを手放したりするなど、それまでよりも多くの選択肢をもたらしたのである。

この小さな街にラクダ市場ができた背景には、難民キャンプの存在があった。モドガシから直線で約一五〇キロメートル離れたダダーブ（Dadaab）に一九九二年から設置され始めたキャンプ群は、拡大をつづけるうちに北ケニアで最大の消費人口を抱える「都市」に成長していた。また、ダダーブ以外の国内の都市や中東諸国でも、二〇〇〇年頃からラクダの肉や乳に対する需要が高まっている（Anderson et al. 2012）。そうしたなかで、ラクダの市場取引はアウリハン・ソマリの人びとにとって貴重な現金稼得の機会となりつつある。

他方で、モドガシのラクダ市場の創設は、二〇〇八年に作成されたラグデラ県の開発計画で定められた最優先課題のひとつに、家畜取引の改善が明記されたことも関係している。実際に、この県ではモドガシを含む各地に家畜市場を設置し、供給を促進することが、主要な開発戦略のひとつとして位置づけられている（Republic of Kenya 2008a）。この方針は、前節で言及した『畜産政策に関する政府白書』に沿ったものでもある。その第一章第二節には、次のような記述がある。

> ラクダの頭数はおよそ九〇万頭と推定されている。ほとんどの乾燥・半乾燥地（ＡＳＡＬｓ）に当たる諸県において、ラクダの飼養は高い可能性をもっている。食料の安全保障におけるラクダの重要性は、旱魃の条件下でも生き延び、生産的でありつづけることのできるその能力に由来するものである。ラクダの肉生産量は年間およそ六六〇〇トンと推定されている。ラクダはＡＳＡＬｓにおける主要な乳のソースであり、年間およそ二億二〇〇〇万リットルを生産している。……ＡＳＡＬｓ以外の地域でも、ラクダの乳と肉の消費を拡大する必要がある。ラクダの乳は滋養に富んでいるにもかかわらず、雨期のあいだはかなりの量の乳が廃棄されているのだ。[33]

この記述からは、「旱魃の条件下でも生き延び、生産的であり続ける」というラクダの能力が高く評価されていることが分かる。これらの能力はラクダのイメージと不可分に結びついており、これと同様の記述は行政文書に限らずさまざまな報道記事でも確認することができる。また、ここでは北ケニアの乾燥・半乾燥地以外の地域でラクダ製品の消費を拡張する必要性が指摘されており、とくにラクダの乳の活用可能性が強調されている。

さらに、この白書は第三章第六節で再びラクダに言及している。

現在、ラクダの乳と肉の市場は特定の生産地域に限られている。……市場の規模が限られているために、とくに雨期のあいだに売却する市場がないために、ラクダの乳の多くは廃棄されている。その結果、牧畜民は乳の売却から得られるリターンを最大化する機会を与えられていない。この制限を解消するために、政府はラクダの乳を加工する施設へのさまざまな投資インセンティブを通じて、ローカルな市場と外部の市場の双方で、ラクダ製品の加工と消費を進めていくだろう。[34]

この文章から看取することができるのは、ラクダは高い能力をもっているものの、その能力を有効に活用する制度や設備が整えられていないために飼養者が収益を最大化する機会を逃している、という現状認識である。こうした議論は公的な言説の外部でも広く共有されているものであり、実際に種々の国際援助機関は二〇〇〇年頃から乾燥地域におけるレジリエンス強化の手段としてラクダのポテンシャルに着目している（Watson et al. 2016）。現状では、政府が相対的に重要性が低いラクダの市場化という課題について、「ラクダ製品の加工と消費を進めていく」などの取り組みに尽力しているとは思われない。とはいえ、近年北部のさまざまな地域でラクダを売買する市場が創設されていることは、「機会と自由が拡大するプロセス」としての開発を実現するという、構造調整期以降の国家開発戦略のなかに位置づけて理解することはできるだろう。

(2)　ソマリとラクダ

ここで、ソマリの人びとにとってラクダがどのような存在なのかを見ておこう。ソマリの多くのクランと同様に、アウリハン・クランの人びとはラクダ、牛、山羊、羊などの家畜の飼養をおもな生業としている。このうち、経済的、社会的、政治的、そして宗教的にもっとも重要なのがラクダである。[35] したがって、小家畜（*ari*）と総称される山羊と

写真 4-4　ソマリの居住小屋、アカル（筆者撮影）

羊の扱いは、所有、管理、処分といった側面でラクダのそれとはまったく異なる。以下では前者との差異においてラクダ飼養の概要を述べるが、そのうえで前提となるのが、序章で説明したレールと並んで親族概念として重要なイド（*id*）である。レールの最小単位、つまり家長（*duq*）の男性と複数の妻、そしてその子どもたちによって構成される集団を「一族」と呼ぶとするならば、一族はそれぞれの妻とその子どもたちからなる複数のイドによって構成されるものとして理解することができる。[36] たとえば、家長にアミナとヒバの二人の妻がいた場合、その家長はイド・アミナとイド・ヒバに分かれることになる。

たとえ同じ一族に属していたとしても家畜を含む財産の所有、管理、相続はそれぞれのイドごとにおこなわれる。また、イドの違いは集落の空間的な構成にも反映される。同じ集落のなかに複数のイドが居住する場合、イドごとに居住小屋（*akal*）が建てられる（写真4‐4）。独立前の息子たちは、みずからの母親の小屋の付近に妻の小屋を構える。また、夜間に山羊や羊を入れておく家畜囲いも、イドごとに分かれている。

一族に属する息子たちは、家長の男性が亡くなるか複数の妻をむかえて多数の子どもを得た場合に、父の一族から独立してみずからの一族をもつようになる。それは、一族から新たな一族が形成されることを意味する。さらに、新たな一族が形成される過程はそのまま、新しい一族の傘の下でイドが形成される過程に重なる。他方で、一族が生成する過程において、もとからあった一族を構成していたイドは、財の所有、管理、相続といった役割を終える。しかし、だからといって役割を終えたイドが社会的カテゴリーとしての機能を失うわけではない。系譜上のレールに言及するとき、イドは、並列関係にあるレールを分節するという役割を果たす。このように、理念的にはレールとイドは循環的に発展していくものと見なされる。

家畜については、その種類によって管理と放牧の単位が分かれることになる。まず、山羊と羊はイドごとに管理、放牧される。集落が複数のイドによって構成されている場合でも、それらの群は別々の囲いに入れられ、その放牧はそれぞれのイドの年少者が担当する。また、ラクダと比較した場合、山羊と羊の処分においては個々のイドと個人に広い裁量が認められる傾向がある。

それに対して、ラクダは一族の単位でまとめて管理、放牧される。放牧を担うのは、一族内の年長の男性である。原則として、息子は生誕時――これを「臍の緒をむすぶ（*huddun hir*）」と呼ぶ――をはじめとして、ライフコースのさまざまな機会に父親からラクダを譲与される。それらのラクダはある意味において個人的な所有物であるが、同時に、彼が成人後に独立して群を分離するまでは一族にも帰属しており、父親や一族のほかのメンバーの同意を得ずに個人の裁量で処分について判断することは許されない。このことは、ラクダが通時的、共時的に広がるソマリ社会の系譜と絡みあっていることを背景としている。現在では部分的に現金に代替されているとはいえ、ラクダは依然として名目的には婚資（*yarad*）や、殺害や傷害に対する賠償である血償（*dhiig*）として、特定の集団間で授受される対象である。ルイス（Lewis 1961: 83）が「ラクダは、血償支払い集団に属しているすべてのメンバーの所有物である」と述べているように、ラクダは血償の支払いや受けとりを通じて、血償支払い集団のメンバーのあいだの関係を媒介する。また、「山羊と羊は生活上のニーズを満たすための家畜に過ぎないため、ラクダほど関心は払われない」のに対して、「ラクダの増加とリネージの拡大は同一なものと見なされ、クランで所有されるラクダは創始者から受け継がれてきた世襲財産として考えられる」(Lewis 1961: 85)。実際に、ソマリでは人間の系譜とラクダの系譜が、前者が父系で後者が母系という相違はあるものの、具体的な出来事を結節点として絡みあいながら記憶されている。

(3) ラクダを売る

取引の概要

それでは、ソマリの人びとはこのように社会的な重要性が高いラクダを、市場でどのように取引しているのだろうか。一般的にソマリの社会生活では、「社会の外部」とコンタクトをとる際に、二者関係ではなく三者関係のもとで——つまり、当事者のほかに第三者が関与しながら——物事を進めることが好まれる。本書の第一章で、ジュバ川流域のキャラバン交易ではアバーンと呼ばれる人びとが異なる集団間の仲介役を担っていたことを紹介したが、これはその好例である。また、個人のあいだで特定の種類の家畜を別の種類の家畜と交換することがあるが、その場合は信頼できる知人に立ち会ってもらうことになっている。市場もまた見知らぬ他者と出会う場であり、そこではソマリ語でディラール(*dilaal*)と呼ばれる人びとがその役割を果たしている。モドガシのラクダ市場では、売り手と買い手が直接やりとりすることはほとんどなく、ディラールが両者の代理人として売買の交渉から代金の引き渡しまでをおこなっている。まず、図4-1を参照しながら取引の標準的な手順を確認しよう。

売り手がラクダとともに市場に現れると、代理人が近寄っていく[37]。売り手は、希望する売却価格などの条件を代理人に伝えると、ラクダをアカシアの木に繋留し、あとの交渉は彼に任せてその場を立ち去って交渉の妥結を待つ。その間に、代理人はラクダを買ってくれる人を探してまわり、買い手か買い手の代理人が見つかると、交渉に入る。売り手が希望する売却価格が買い手の希望する購入価格を大きく上まわる場合、売り手のもとに行って価格帯を設定し

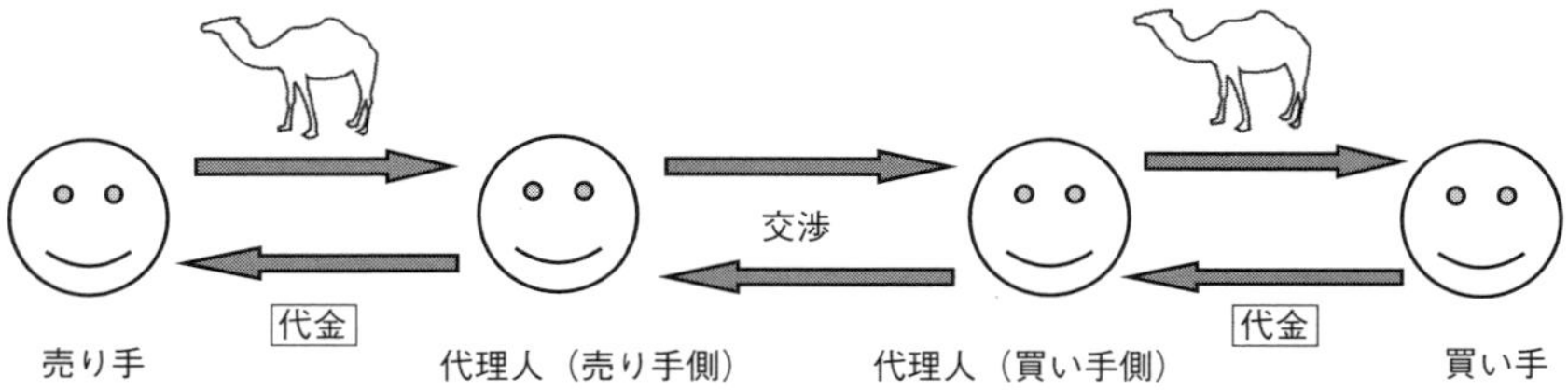

図 4-1　ラクダ市場における取引の流れ
出典：筆者作成。

表 4-3　市場につれてこられたラクダの頭数

	コドモ	オトナ	合計
雌	21	18	39
雄	61	6	67
合計	82	24	106

備考：便宜的に *nirig* と *kalin* を「コドモ」、*hashe* を「オトナ」と分類した。雄については、*qurba* と *waaray* を「コドモ」、*rati* を「オトナ」と表記している。
出典：2010 年 1 月 10 日、1 月 17 日、1 月 31 日、2 月 7 日に開かれた市場の観察・聞き取りをもとに筆者作成。

なおすこともある。代理人のあいだで交渉の末にお互いの条件が折り合ってくると拳を固く握り合い、それらの条件を唱和しながら握った手を大きく振り上げる。振り上げた手が勢いよく離された（*salit*）とき、両者のあいだで合意が成立したことになる。その後、売り手から代理人を通じてラクダが引き渡され、代理人を通じて代金が支払われる。最後に、代理人は報酬として一頭当たり二〇〇シリングを受け取り、市場の徴税人に取引税（*amshur*）を支払う。これで、取引は終了する。

モドガシのラクダ市場では、どの程度の規模で取引がおこなわれているのだろうか。この点について検討するために、筆者は二〇一〇年の一月一〇日、同一七日、同三一日、そして二月七日にこの市場で参与観察と聞き取り調査をおこなった。表4-3は、この四日間に市場に連れてこられたラクダの頭数を種類別にまとめたものである。また、表4-4はラクダの種類ごとの平均価格を表している。前者の表から明らかなように、この四日間に連れてこられたラクダの総数は一〇六頭で、一日あたりの平均頭数は二六・五頭であった。[38] 調査時点では取引頭数が減少傾向にあると語られていたが、そもそもモドガシ市の市場自体、ガリッサやワジアなど周辺の市場と比べて取引規模は大きくないと考えられる。性別、成長段階別に見ると、性成熟前のコドモ雄の頭数が六一頭ともっとも多く、全体の

表 4-4　市場で取引されたラクダの平均価格

	コドモ	オトナ	平均価格（Ksh）
雌	22,731（13）	22,706　（9）	22,721（22）
雄	10,639（23）	18,333　（3）	11,527（26）
平均価格	15,006（36）	21,613（12）	16,657（48）

備考：括弧内は平均を割り出した頭数。小数点以下は四捨五入。聞き取った価格が一致しない場合、平均値をもちいた。価格の単位はケニア・シリング。
出典：2010 年 1 月 10 日、1 月 17 日、1 月 31 日、2 月 7 日に開かれた市場の観察・聞き取りをもとに筆者作成。

表 4-5　売り手の民族的属性（レール）

reer の名称	事例数
アウリハン	
アリ	62
アフワ	15
アフガブ	13
ワフェテ	3
カシム	1
アジュラン	9
マカブル	1
不明	2
合計	107

出典：2010 年 1 月 10 日、17 日、31 日、2 月 7 日に開かれた市場の観察・聞き取りをもとに筆者作成。

表 4-6　ラクダ売却の理由

理由	事例数
学校の授業料、入学料	17
店での負債の支払い、食料・衣服などの購入	12
結婚、結婚式のための費用	6
雌ラクダの購入	5
家の建設費用	4
贈与物（*saka*）の分配	1
埋葬・死者儀礼のための費用	1
病気の治療費	1
合計	47

備考：全 106 事例のうち、売却の理由を聞き取れた 47 例が母数。複数項目回答の場合（7 事例）、それぞれ 1 として数えた。
出典：2010 年 1 月 10 日、17 日、31 日、2 月 7 日に開かれた市場の観察・聞き取りをもとに筆者作成。

約五七・五パーセントを占めていた。ただし、市場に連れてこられたラクダのうち売買が成立していたのは、全体のおよそ三分の二に過ぎなかった。

また、ラクダは一般的に雄より雌のほうが、そしてコドモよりオトナのほうが高価だといわれる。コドモよりもオトナのほうが高額で取引されるのは、基本的に体重と価格が比例関係にあるためである。購入されたラクダの多くは最終的に食肉として利用されるために、より多くの肉をえることができるラクダにより高い価格がつけられる。その意味では雄と雌のちがいは重要ではないといわれるが、後者については出産能力が価格に反映されることがある。

次に、これらの四日間の取引における売り手について検討する。まず、表４‐５で売り手の民族的な帰属について、つまり売り手がどのレールに属しているのかをまとめた。この表から、全一〇六事例のうちアジュランの九事例とマカブルの一事例を除く九六事例が、すなわち売り手全体のうちおよそ九〇・六パーセントがアウリハンによって占められていたことが分かる。また、アウリハンに属するサブ・クランのなかでも、アフワの一五事例、アフガブの一三事例、そしてワフェテの三事例を除く六六事例が、つまりアウリハン全体の六八・〇パーセントが、アウリハンのなかでもっとも規模が大きいアリ（*reer* Ali）によって占められていた[39]。以上の結果は、この市場におけるラクダの売り手のほとんどがこの地域に暮らす牧畜民であることを示唆している。それは、ラクダの買い手の多くが都市部に拠点をもつ家畜商人であることとは対照的な状況である。

他方で、ラクダを手放した人に売却の理由を尋ねた結果をまとめたものが、表4-6である。挙げられた項目としては「学校の授業料、入学料の支払い」が一七事例でもっとも多く、以下、「店での負債の支払い、食料・衣服などの購入」が一二事例、「結婚・結婚式のための費用」が六事例とつづいた。学校の授業料と入学料の支払いが理由としてもっとも多く言及されたというこの結果は、筆者が調査をおこなった時期が新しい学年度をむかえる直前だったことも関係していると考えられる。

ここで、売却理由のひとつとして言及されている雌ラクダの購入について、一点だけ付記しておく。雌ラクダは、食肉として利用する以外にも群の繁殖力を高める目的で購入されることがある。そのために、この地域の牧畜民は不妊の雌ラクダ（*awer*）や年老いて繁殖力の弱くなった雌ラクダを売却し、その代金で若い雌ラクダを購入することがある。たとえば、次の事例四-一で取り上げたのは、そのような買い手のなかのひとりである。

【事例四-一　雌を買いかえる[40]】

サラー（三〇代男性）は二〇一〇年一月三一日の市場に、ダーハンという名前の若い雌ラクダとウロウという名前の一五歳の年老いた雌ラクダを売りに行った。ウロウはこれまで雌を二頭産んでいたが、二頭とも産まれてすぐに死んでしまった。サラーはウロウの生殖能力が劣っていると考え、雌ラクダを買い換えることにした。この日はダーハンは売れたがウロウには買い手がつかず、連れ帰られた。サラーは翌週の市場にもウロウと、もう一頭の別のラクダを連れて行き、三万シリングで売った。[41] 取引が終わると、その代金でコドモ雌（*kalin*）を購入し、家に連れ帰った。このラクダは、その日のうちにメイレイと名づけられた。

右で述べたように、群の維持・増殖に貢献するコドモ雌（*kalin*）が取引頭数全体に占める割合は必ずしも大きくはない。とはいえ、この事例が示しているように、市場は雌を購入する機会を牧畜民に提供することによって、群の繁殖力の増強に寄与していると考えられる。

ところで、表4‐6で理由として挙げられた項目は、「雌ラクダの購入」を例外として、いずれも早急な経済的必要性と関連している。同様の指摘は、アフリカの牧畜民が家畜を手放す理由を「財政的な必要性」（Pavanello 2010）や「差し迫った必要への直面」（Ferguson 1990: 135-66）に求めてきた先行研究にも見出すことができる。たしかに、アウリハン・ソマリでは、資本主義社会の理念に従って資本の自己増殖のサイクルの一環してラクダを売却しているようには思われないし、「お金に困ったときにラクダを売る」に類した語りは、しばしば耳にするところである。しかし、「差し迫った必要への直面」が具体的にどのような事態を指すのかは必ずしも明確ではないし、実際には市場に連れてこられたラクダのうちおよそ三分の一が、売買が成立せずに連れ帰られていたことを明確に理解することが難しいだろう。第二章ですでに述べたように、売却目的で連れてこられたラクダのうち三分の一が、売られないままに連れ帰られたという調査結果の解釈が困難になるだろう。そこで次に、アウリハン・ソマリの社会で「差し迫った必要」がどのような事態として認識されているのかを分析する。

「ダン」について

一般的に、ソマリの人びとはそれぞれのラクダに性別と成長段階に応じた役割を与えており、無暗に市場で手放すようなことをしないし、そうした行為はしばしば非難の対象となる。ここでは、ラクダを売るという他者から非難される可能性がある行為を正当化する手段として、ソマリ語のダン（*dan*）という語彙の語用に着目する。この検討を通して、ラクダを売ることに正当性を付与する「差し迫った必要」がどのように認識されているのかを確認する。

ダンは日本語に適切な訳語を探すのが難しい語だが、さしあたり、ラクダを売るほどの手段に訴えなければ解決することができないような規模の大きな問題を指すものとする。ダンとは何かについて考えるうえで参考になるのが、「ダンは腱である（*dan waa seeto*）」というソマリ語の格言（*mahmah*）である。ラクダのさまざまな部位の肉のほとんどは、何の道具も使わずに手と歯だけで食べることができるのに対して、腱だけはナイフの助けを借りなければ食べることができないとされる。つまり、腱と同様に、ダンも手と歯のような通常の手段だけでは解決することができず、ナイフのような特別な手段の使用が正当化されるというのが、この格言の含意である。ここでいう「手と歯」だけで解決できないような事態とは、具体的には右に挙げたように、教育費・授業料、商店への負債、病気の治療費、そして結婚の費用などがある。もちろん、一本のナイフは売却されるラクダの比喩である。

次の事例は、ダンが言及される典型的な状況のひとつである。

【事例四 - 二　売り手の言い訳[42]】

アフガブ（Afgab）のサブ・クランに属している牧夫のハッサンは、市場が開かれる数日前に代理人のモハメッドに電話で取引を依頼していた。モハメッドは、以前は牧夫として家畜を放牧していた人物であり、現在はモドガシ付近の集落で暮らしながらラクダや山羊、羊の取引の代理人を務めている。ハッサンが連れてくると約束したのは、大きくも小さくもない（*normanle*）八歳の雄ラクダである。しかし、ハッサンが市場に実際に連れてきたのはコブも胸もなく背の低い、モハメッドのいいかたを借りれば「ロバのような」雄ラクダだった。以下は、そのラクダをめぐる代理人モハメッドと売り手ハッサンのあいだのやりとりである。

ハッサン　モハメッド、お前は（このラクダについて）どう思う？

モハメッド　これはわるい。もう一頭についてはどうすればいいか、俺は知らない。[43] 神が価格を開いてくれるだろう。それは何も知らずに死ぬことだろう。あーあ（神よ）。

ハッサン　このラクダしかいないんだ。ダンが（ラクダを）売らせているだけなんだ。俺は知らないよ。

モハメッド　俺だったら、このラクダを種雄としては使わないだろう。

ハッサン　（あの）雄ラクダが産んだんだ。昔（種雄として）いたラクダが産んだんだ。（このラクダの）前歯は（昔いた種雄に似て）大きいだろう？　見えるか？

モハメッド　そのラクダはこいつを産んでいない。まったく！

ハッサン　そのラクダが産んだんだよ、大昔に産んだんだ。お前に言わなかったか？

モハメッド　アフワの者のラクダについている色をしていないな。……

ハッサン　印があるぞ。

モハメッド　なんだって？　それは自然についた印だろう。金が欲しいなら、お前は（金を）手に入れるだろうよ。ナディルが買うだろう。[44] もしも（金が）欲しいなら、お前は手に入れるだろうよ。

ハッサンが市場に連れてきたラクダは、モハメッドの想定からかけ離れていた。モハメッドは代理人の仕事を始める前にみずからの一族のラクダの放牧を任されており、その時期にハッサンの一族とも同じ地域でラクダを放牧していた。モハメッドはそのときの経験から、ハッサンの一族のラクダが共有している身体的な特徴について通暁していたために、ハッサンが今回連れてきたラクダがハッサンの一族に固有のラクダではないと判断し、彼を問い詰めたのである。

ハッサンは、下線部を引いた文章でモハメッドに対して弁明するなかで、ダンに言及している。彼は「ダンが（ラクダを）売らせているだけなんだ。俺は知らないよ」という発話によって、「ロバのような」ラクダの取引の交渉をモハメッドに依頼したみずからの、恐らくは幾分気まずい行為を正当化しようとしているように見える。ここでは、神や絶対的な権力者のように外在的な存在に言及することによって、当該の問題をみずからの意志と責任の範囲外に置くことが遂行されている。このように、ダンとは「差し迫った必要」に直面した状況の表現であるのと同時に、そのことについて周囲の他者から承認を要求する際に動員される語彙である。

売ることをめぐる諸行為と一族の秩序

それでは、ダンによって表現されるような火急の事態は、誰によって、そしてどのような手順で解決されるものなのだろうか。ここではこの問いについて、具体的な事例を検討しながら考察したい。

前項で確認したように、ラクダの所有と管理は一族という集団のまとまりと深くかかわっている。ラクダは、イドの差異を越えた一族の単位でまとめて管理、放牧される。したがって、ラクダを売る場合でも、その判断に妥当な理由がともなっているのか、それ以外に選択肢はないのか、そして売却によって得られた利益はどのように配分するかなどが、事前に一族の主要なメンバーのあいだで協議され、合意が形成される必要がある。

後述するようにアウリハン・ソマリのすべての一族に当てはまるわけではないとはいえ、たとえ一族を束ねる家長（*duq*）が売却を望んだとしても、年長の息子やラクダの世話をする息子から了解を得ることなく処分を判断するのは許されないというのが、おおかたの考えである。所有物と集団性のあいだに見られるこのような関係は、山羊と羊の場合とはかなり異なっている。山羊と羊の売却は、ラクダの場合のように一族全体の問題として理解されていない。先述のように、山羊と羊は所有者の母のイドの単位で管理されている。したがって、山羊と羊を売却する場合にはあらかじめ母から了解を得ることが望ましいとされるが、その強制性さえも強くはたらいていない。山羊と羊のケースと比較したとき、アウリハン・ソマリの人びとにとってラクダを売るという行為は一族という集団の秩序と密接にかかわっているということができる。

文化人類学者のファーガソンは、レソトのソト（Sotho）社会を対象として本書と同様に家畜の売却にともなう社会的論理を分析している。ファーガソンは、貨幣と牛が所有カテゴリーとして準拠している規則を「一方向のみ通過不可（one-way-barrier）」として定式化しているが、この議論では、牛を売却する行為の手前で社会のどのメンバーも明確な「差し迫った必要」の事態の認識を共有していることが前提されている（Ferguson 1990: 135-66）。それに対して本書では、差し迫った必要——つまり、ダンで表現されるような事態——に関する合意形成のプロセスとラクダの売却をめぐる決定のプロセスが、一族という集団のなかで同時的に進行していることを、以下で示す。

次の事例は、一族内で利益が配分される様子の一例である。

【事例四 - 三　アブドゥル家の交渉】

アブドゥルはモドガシ市に建てる家屋の建設費用を必要としていた。アブドゥルの一族では、息子のラクダを売るときには、息子と話し合い、同意をえることになっていた。そこで、ダーハンという名前のラクダを売ることを、息子のサイードとアリに相談した。アリはダーハンの持ち主で、普段は小家畜の放牧を管理していた。

一方おなじ時期にサイードは、自分の雌ラクダを売って、若い雌ラクダに買い換えることを考えていた。そこで、父の同意をえて雌ラクダを売り、その金で若い雌ラクダ（*kalin*）を買った。差額の五〇〇〇シリングのうち、三八〇〇シリングは家屋の建設費用として父のアブドゥルに与え、残りを商店に対する自分の負債の支払いに充てた。

次の事例四 - 四は、話し合いの結果ラクダを売らないことにした場面を扱っている。もっとも、そのように判断したところで売ることを動機づけたそもそもの問題がなくなるわけではない。学費を納入する期限は確実に迫ってくるし、行きつけの商店では買い物する度につけの支払いを督促されるだろう。ラクダの売却によってそれらの問題を解決することが容認されない場合、その問題は別の手段によって解決されなければならないのである。

【事例四 - 四　ラクダの代わりに金を与えたケース[45]】

イドリスは、衣服と食料を買う金が必要になって、父のオマルにグルド（Gurdo）という名前のラクダを売るよう持ちかけたが、拒否された。オマルは、その代わりに、それらを買うための金をいくらか与えた。しかし、その金額はイドリスにとって十分ではなかった。イドリスは、別の雄ラクダを売るよう相談しようと思っている、と語っていた。

説明を補足すると、オマルをこの家長とする一族ではすべてのラクダがオマルによって所有されている。彼は息子たち全員に対して、ラクダ以外の家畜と「臍の緒を結」ばせた。当然、この一族のラクダの処分についてもオマルが強い裁量を有している。

ここで注目したいのは、一族の家長とその年長の息子という集団のメンバーシップと、それぞれがとった行為のあいだの関係である。オマルはラクダの売却を認めない代わりに、衣服と食料の購入という経済的な問題に対処するためにその分の代金を与えるという代替的な手段を講じた。イドリスも同様に、オマルがラクダの売却を認めないのであれば、そうすべきであると期待している。ラクダの売却時に一族のメンバーのあいだで話し合って合意を形成するという行為が、「一族のメンバー」というカテゴリーと結びついているのと同様に、メンバーの問題解決のために援助するというオマルの行為と援助を要求するイドリスの行為は、それぞれ「一族の家長」と「一族のメンバー」というカテゴリーと不可分である[46]。ラクダを売却しないことに決めたあとでも、イドリスとオマルはそれぞれの「カテゴリーと結びついた行為」を遂行することによって、彼らを束ねている一族の秩序を可視化し、確認し合っているのである。このような意味で、一族の秩序は、そこに属するメンバーのカテゴリーと結びついた行為と再帰的な関係にあると考えられる。

一族の秩序と、カテゴリーと結びついた行為のあいだの再帰的な関係について、別の事例に基づいて検討する。次につづく三つの事例では、これまで取り上げた事例よりも家長の裁量が相対的に強い、やや例外的な一族を対象としている。

【事例四‐五　家長が無断で売ったケース[47]】

ユニスは、モドガシ近辺の集落に住んでいる。亡くなった彼の父親は高名なイスラーム指導者だった。ユニスは、以前は商店を経営したり家畜の転売をしたりしていたが、老衰した父とともに今の集落に移り住んだ。ユニスは、息子のアブドゥラヒ（四〇代男性）にアラメイという名前のラクダを与えた。ユニスは最近、アラメイの二頭を売った。一頭は息子のジブリル（三〇代男性）の二度目の結婚式のときに、もう一頭は息子のイサックの婚資交渉（*meher*）と挙式のためだったが、二頭ともユニスがひとりで売ることを決定した。持ち主のイサックには、売ったあとになってそのことを伝えた。

【事例四‐六　家長が無断で売ったケースその二[48]】

ユニスは、息子のイスマイルに与えたマルガレイという名の雄ラクダ二頭を売るときにも、彼ひとりで決めた。うち一頭は二〇〇六年に行われた息子のナセルの結婚式で使われた。ナセルは自分のラクダをもっていたが、結婚式に使うのに手頃な雄ラクダを当時もっていなかったのである。もう一頭は、二〇一〇年にジブリルの結婚式でふるまわれた。当時、イスマイルはモンバサで仕事をしていた。ユニスはそれらの二度とも、事後的にイスマイルに伝えた。ユニスに「イスマイルに与えたものの処分のしかたを勝手に決めていいのか」と尋ねると、「わたしが彼を生んで、ラクダを与えたのだ。相談する必要はない」と答えた。

右で述べたように、一般的にソマリではラクダを売却する前に一族の主要なメンバーで話し合いの場をもって、合意を形成しなければならない。このような一般的なやり方と比較すると、持ち主や他のメンバーに相談することなくみずから判断をくだすというFの行為は、いくら家長であってもやや独断的に見える。それは筆者だけが感じることではなく、筆者が質問をしたほかのアウリハン・ソマリの人びとも同意するところであった。とはいえ、Fは決してほかのメンバーに対して専制君主的に振る舞っていたわけでもなかった。合意形成を重視しないという例外的なやり方を選択しながらも、彼は一族のメンバーからの要求に応じて援助を与えており、そうすることによって彼を中心とする一族の秩序を日常的に再生産している。その意味で、独断でラクダを売却するという彼の行為は、アウリハン・ソマリのほかの牧畜民と同様に、彼の属している一族の秩序と結びついた問題となっている。

実際、事例四 - 六のやりとりがあったのちに、ユニスは筆者に次のように話を続けた。

【事例四 - 七　ユニスと筆者のやりとり[49]】

ユニス　息子がいて、その息子にはお前（父）のための蓄えがあるとする。

筆者　はい。

ユニス　そこに、娘がわたしのところに援助を求めてやってきたとする。お前ならどうする？

筆者　息子に許可してもらってから、蓄えのうちから援助してやります。
ユニス　もしも息子が拒否したらどうする？
筆者　説得しつづけます。
ユニス　それでも拒否したらどうするんだ。
筆者　……。
ユニス　息子には黙って、娘を支援してやって、あとでそうしたと伝えればいいんだ。
筆者　もしも事前に相談したら、反対するかもしれない？
ユニス　そうだ。

このやりとりからは、ユニスが一族のメンバーからもちかけられた問題に対処することによって家長としての責任を果たさなければならないことと、ほかのメンバーからもそのように期待されているのを自覚していることが分かる。ユニスは息子たちに諮ることなくみずから処分について決定しているものの、いずれにせよメンバーからの要求には応じている。つまり、ユニスの一族で再帰的に生成されている秩序はほかの一族とは別様ではあるとはいえ、それがメンバーの日常的な行為と再帰的な関係にあるという点では例外とはいえないのである。

次に、一族という集団の秩序の動態的な側面について考察する。右で指摘したように、人びとの日常的な行為は一族の秩序と再帰的な関係にある。家長は家長であるがゆえにメンバーを援助するのだが、同時に、援助することによって家長を中心とした一族の秩序は再生産されているのである。反対に、たとえば家長がメンバーの問題解決のために援助するという彼のカテゴリーと結びついた行為を選択しない場合、彼らの属する一族の秩序は大きく揺らぐことになるだろう。

次の事例四 - 八は、そのような状況に対して想定される対処の方法に関する語りである。「ラクダを売ることを父が反対した場合、どうしますか」という筆者の質問に対して、事例四‐一に登場したサラーは次のように答えた。

【事例四‐八　売ることが拒否された場合[50]】

サラー　父が話を聞いて、売る必要がないと判断した場合、売却によって得ることを期待していた金額の少なくとも半分は彼が支援すべきだ。それさえも彼が拒んだ場合、二つの手段が考えられる。第一に、父の許可なくラクダを連れ出して、売ることだ。売ったあとは、直接家に帰る前に父方ないし母方の叔父を訪ねて事情を説明し、父のもとに同行してもらって父に謝罪する。第二に考えられる手段は、父方ないし母方の叔父に相談に行って事情を説明し、一緒に父を説得することだ。

サラーは二つの対処方法を挙げているが、いずれも一族の家長を一族よりも上の階位のレールにおけるメンバーとして位置づけ直すことによって問題の解決を図るという点で、共通している。前者と後者の違いは、それをラクダを売ったあとで遂行するか売る前に遂行するかの点に過ぎない。いずれにしても、家長がみずからのカテゴリーと結びついてない行為を選択したとしても、一族の秩序維持は簡単に放棄されることなく、その回復に向けた試みがなされるのだ。

この項の最後に、今度は家長ではなく一族のメンバーがみずからのカテゴリーと結びついた行為を選択しないケースについて検討する。この事例に登場するのは事例四‐五で検討したユニスの一族で、具体的にはユニス、ユニスの息子のイスマイル、そしてイスマイルの妻のマリアムが現れる。

【事例四 - 九　息子が父親に偽ってみずからのラクダを売ったケース】[51]

イスマイルは、みずからに与えられたマルガレイ・グドゥドという名の雌ラクダを売る際に、事前に父のユニスに相談した。そのとき、売却の理由として当時居住していたモンバサに家を建てることを挙げた。その説明を受けて、ユニスは売却に許可を与えた。無事に売却が済んでしばらくしてから、イスマイルはある程度の額の現金を携えてユニスのもとに謝罪に訪れた。そこでイスマイルは、家を建設という説明がユニスから許可を得るための虚偽であり、実際には売却による代金を衣服と食糧の購入に充てたと語った。

「もしも、イスマイルが最初から衣服や食料を買うことを理由にラクダを売る許可を求めて来ていたら、どうしていただろうか」と尋ねると、ユニスは次のように答えた。「あそび（*iyar*）が目的でラクダを売ることは許されない。衣服や食料が理由だったのなら小家畜（*ari*）を売るように指示していただろう。」

この件について、後日イスマイルの妻であるマリアムから話を聞くことができた。彼女によると、当時イスマイルは小家畜を売却しても返せないほどの多額の負債を、商店に対して抱えていた。また、モンバサに家を買うためのお金や自分や子どもたちの衣服を買うための金も必要だった。しかし、ユニスがそのような理由でラクダの売却を承認するとは思えなかったことから、偽りの理由を述べて売却の許可を得たのだという。

同一の事態に関するユニスの説明とマリアムの説明は、微妙な食い違いを見せていた。ユニスはモンバサに家を建てる金を必要としていたことを、イスマイルがついた嘘と見なしていた。しかし、マリアムによるとそれはまったくの嘘ではなかったという。つまり、家の建設もラクダの売却をイスマイルとマリアムに動機づけた事情のひとつだったのだ。衣服や食料の購入を理由として挙げた場合にユニスがラクダの売却に反対することを予期して、彼が正当性を認めそうな事情のみを理由として説明したというのが、マリアムによる状況の説明であった。

イスマイルが最初にラクダの売却についての理由を説明した際には、負債の支払いや衣服・食料の購入といった目的は伏せることによってユニスから合意を取り付けた。そして、実際に売却したあとになってそのことについてユニスに謝罪したのだが、問題はそうすることでユニスの一族との関係で何が遂行されていたのかである。イスマイルが本来の理由を告げないままユニスを説得したのは、とくに家長の裁量が強いユニスの一族においては不適切な行為として理解される。少なくともユニスが適切だと考えている問題解決の手順は、問題を抱えているメンバーがまずは家長であるユニスに相談し、それを受けてユニスがみずからの判断で一族の財を采配することで問題に対処する、というものであった。しかし、今回イスマイルはそのような手順に従わず、それによってユニスの一族の秩序が揺さぶられる結果となった。このケースでは、イスマイルがユニスのもとを訪れて謝罪し、ユニスもそれを受け入れたことによって、両者を関係づけてきた一族のまとまりは崩壊に帰着しなかった。ただし、改めて強調しておくならば、一族の秩序をめぐる衝突が必ずしもこのようなかたちで収束を見るわけではないだろう。もしもイスマイルが事例四 - 九のような振る舞いを継続すれば、ユニスとイスマイルを結びつける一族はメンバーシップとしての有効性を失う可能性があり、それは、ひとつの一族から次世代の一族が生成するプロセスとして捉えることができるだろう。このように、アウリハン・ソマリの社会ではさまざまな日常的な行為と一族という集団の秩序が再帰的な関係にあることから、「差し迫った必要」に直面してメンバー間で利害を調整し、合意を形成しなければならないラクダの売却という事態は、一族というまとまりそのものを脅かしかねないという意味で、ある種の危機を孕んだ契機なのである。

(4) 代理人を介した取引

本節の最後に、売買交渉を代理するディラールと呼ばれる人びとの活動に着目しながら、モドガシ市のラクダ市場の取引実践を分析する。具体的には、公的な言説においてディラールをはじめとする「中間的」なアクターの活動がどのように評価されているのかを確認したあとで、そうした評価において看過されている彼らの社会的な意義を明らかにする。

公的な言説における評価

前節で述べたように、モドガシ市の市場におけるラクダの売り手の大半は、周辺の地域で家畜を放牧しながら暮らしているアウリハン・ソマリの牧畜民である。それに対して、ほとんどの買い手は都市部に拠点をもつ家畜商人である。後者は前者と同じソマリではあるものの、ほかの地域でも家畜の売買をおこなっていることからモドガシ市の人びととは日常的な接触が限られている。アウリハンの人びとにとって、家畜商人はほかの民族の人間と同様に他者である。そこで、市場において売り手と買い手の取引はディラールと呼ばれる代理人によって仲介されることになる。彼らのおもな仕事は、市場で売り手か買い手、あるいはその双方に代わってラクダの取引をおこなうことである。

しかし、彼らのような存在は畜産分野に関する公的な言説において否定的に評価されるのが一般的である。たとえば、前節で言及した畜産開発省の『畜産政策に関する政府白書』では、第三章に次のような記述が見られる。

> ケニアにおける家畜の市場取引の大半は、民間部門によって担われている。政府は規制と促進に関わるサービスを提供しているに過ぎない。市場取引の主要な担い手は、私的に活動する家畜商人、精肉店、そして中間業者である。……ケニアでは、家畜の生産物と副製品の流通システムは十分に整備されていない。流通における真空のようなもの（the apparent distribution vacuum）が中間業者と中間団体を惹きつけ、それが生産者の利益に反するかたちで市場取引を歪めている。この状況を効率化するために、政府は生産者市場グループの監督と規制を強化する予定である。[52]

この記述は、民間のアクターによって担われている畜産製品の流通が問題を抱えていることを示唆している。ただし、具体的に何が問題とされているのかがここで明確に述べられているわけではなく、「流通における真空のようなもの」という表現が何を含意しているのかも曖昧である。これらの点を理解するためには、「情報」について書かれた同章の別の箇所を参照する必要がある。

> 効率的な市場情報システムは、市場における競争性を高めるために不可欠の要素である。市場に関する情報が効率的に流れるシステムの場合、生産者、交易人、そして消費者の正しい選択をする能力が格段に向上する。他方で、情報の流れが非効率なシステムでは、市場に歪み（distortions）が生じる。その結果、ビジネスが生産者と消費者の双方にとって高くつくものになる傾向がある。……市場情報システムが未整備であることがおもな原因となって、市場価格は低くなる。それは、市場へのよいアクセスを制限するおもな要因となっている。このような歪みとその帰結を解消するために、政府は生産者と消費者への情報の普及を促進することによって、家畜の市場情報システムを強化する予定である。家畜生産量と生産者収入を決定するうえで、価格は重要な要素である。したがって、政府は市場情報システムを強化するとともに、国際的な家畜市場との結びつきを制度化するための機構を整備する予定である。[53]

この記述から、先ほどの「流通における真空のようなもの」が家畜市場における非効率的な情報の流れのもとで生じた現象として理解されているのが分かる。この問題は、「中間業者と中間団体を惹きつけ」、市場取引を歪める原因として捉えられていた。ここでは「家畜の市場情報システムを強化」することが目標として設定されているが、それが情報の流れを円滑にすることで中間的なアクターの活動を抑制し、生産者と消費者の利益を保護するための措置だということは、以上の記述からも明らかである。

この議論は、不完全情報の理論に基づいて制度について論じたスティグリッツ（Stiglitz 1986）の議論を想起させる。絵所の要約にしたがうと、スティグリッツの議論では「個々の経済主体は合理的な経済行動をし、環境の変化に適応する」と想定される。しかし、その経済主体は不完全な情報という条件下で経済活動をおこなっており、情報を獲得するためにはコストがかかる。制度はこうした情報獲得のコストを反映するように適合するが、そこにおける経済がパレート最適であるとは限らない。そして、そこにこそ政府の潜在的な役割がある——スティグリッツはこのように考えるのだ（絵所 一九九七：一七〇—七一）。

スティグリッツの議論は、右に引用した政府白書の記述から読み取ることができる現状認識を理解する手掛かりとなる。家畜の生産者も消費者も、市場という情報が不完全な空間で経済活動をおこなっている。個人が家畜の価格や取引の規模などの市場情報を入手するにはコストがかかるので、「中間業者と中間団体」が取引に介在し、このコストを代わりに負担する制度が内生的に生じることになる。しかし、その制度のもとでは「ビジネスが生産者と消費者の双方にとって高くつくものになる」ことから、政府が介入する必要が生じる。その具体的な手段としてここで提示されているのが、「生産者市場グループの監督と規制」と「家畜の市場情報システムの強化」である。

もっとも、少なくともモドガシ市ではこれらの目標を実現するうえで必要な体制が整っているようには思われなかった。隣国のソマリアの場合、ディラールのような中間的なアクターに納税、地方政府への登録、そして許可制の組合への所属を義務づけることによって市場流通をコントロールし、「生産者市場グループの監督と規制」をおこなっている（Samantar and Mohamud 1993）。しかし、この地域ではそうした取り組みは確認されなかった。また、「家畜の市場情報システムの強化」を実現するのにもっとも簡易で一般的な方法は、誰でも価格に関する情報を得ることができるように掲示板を設置することだが、モドガシ市の市場ではそれすら見られなかった。さらに、筆者がこの地域でフィールドワークをおこなっているあいだ、ラグデラ県の畜産局（Livestock Production Office）では市場流通担当官（Marketing Officer）のポストは空席のままであった。その代わりに研修期間中の男性がひとり派遣されていたものの、彼のおもな業務は市場でラクダの最高価格と最低価格を聞き取り、記録することに限られていた。つまり、この県では家畜市場に介入するだけでなく、そもそも介入の前提となる基礎的な情報を収集することすらできていない状況であった。体制の不備は畜産行政全体について言えることであり、畜産局には局長と市場流通担当官のほかにモニタリング・評価担当官（Monitoring and Evaluation Officer）、草地管理担当官（Range Officer）、そして家畜育種を管轄する家畜生産担当官（Animal Production Officer）の三つのポストが用意されていた。とはいえ、現実には前二者のポストをひとりの男性が担当しており、家畜生産担当官は不在の状況がつづいていた。

モドガシの市場における主要なアクターである売り手、買い手、そして代理人（ディラール）の三者のうち、取引の全容を把握し得るのは最後者のみであり、前二者よりも多くの確実性の高い情報にアクセスできる立場にある。代理人は、みずからをこの立場に身を置くことによって利益を得ている。そのため、売り手や買い手に対して取引の全体に関する情報をむやみに与えることはないし、ほかの代理人とのあいだで不用意に情報を共有することもない。たとえ売り手と買い手が近い親族関係にあったとしても、代金を受け渡しする最後の段階になるまで誰が交渉相手なのか分からなかったという話は、しばしば聞かれる。また、代理人はその立場を利用して購入価格と売却価格のあいだに密かにずれを生み出し、その差額分を懐に入れようとつねに機をうかがっていた。右で見たように、政府としてもこの問題を市場における非効率的な情報の流れを原因とする「真空のようなもの」として理解しているものの、モドガシ市の市場では解決に向けた具体的な方策はとられていなかった。しかし、市場でラクダを手放す牧畜民のほとんどが、強制されていないにもかかわらず、みずから直接交渉に臨むのではなく、代理人に取引を依頼していた。では、彼らは利益をかすめとられるリスクを承知しながらも、どうしてそのような選択をするのだろうか。

腫れ物をめぐる解釈

この理由について考えるうえでまず挙げることができるのが、親族関係による説明である。この点について、エチオピアのソマリ地域で家畜交易のネットワークについて調査したウマルとバウルチ（Umar and Baulch 2007: 26）は次のように述べている。「それぞれのクランは、市場で活動する代理人を抱えている。それぞれの代理人は、家畜の供出をみずからの属するクランに依存している。代理人は、市場におけるクランの大使だといわれる。彼らは、みずからの属するクランの評判を下げるような活動を阻止するよう努める。」実際に、モドガシの市場でも売り手の多くが代理人と同じクランかサブ・クランに属しており、日常的な付き合いがあった。しかし、個々の事例を見ていくとこのような親族関係による説明には限界があるように思われた。そこで、次に具体的な事例の検討を通して分析をすすめていく。

次の事例は、事例四 - 二に登場した代理人のモハメッドと牧夫のユスフのあいだのやりとりである。ユスフは普段モドガシから離れた牧野で家畜を放牧しており、モハメッドとは旧知の仲である。以下のやりとりは、ラクダ市場が開かれる日の朝にユスフがラクダを連れて街の近くを歩いていたところに、モハメッドが声をかけたことで始まった。そのときユスフは、みずからが所有する一頭のコドモ雌と知人から預かってきたコドモ雄とオトナ雌の、合計三頭のラクダをともなっていた。このやりとりは、このオトナ雌をめぐって展開された。なお、二人はこのやりとりのあとで共に市場に行き、そのままモハメッドが三頭の交渉を引き受けた。

【事例四 - 一〇　ゲルワル（*gerwar*）をめぐるやりとり】

モハメッド　どうだい？

ユスフ　平和か？

モハメッド　いいよ。すごくいい。この雌ラクダの大腿部はなんだ？

ユスフ　ゲルワル（*gerwar*）なんだ。

モハメッド　ここにいるラクダは、いなくなったの（迷子になっていたラクダ）を連れ歩いているのか？

ユスフ　いいや、市場に連れて行くんだ。

モハメッド　どうしてゲルワルのラクダを、お前はどうして持っていくのか？

ユスフ　どういうことだ？

モハメッド　ああっ！　お前は、間違った場所にいる。彼らはワーマ（*waama*）の人びとだ、そうだろう？

ユスフ　彼（ワーマの人びと）は拒む、お前はそういうのか？

モハメッド　彼（ワーマの人びと）は「これはいくらだ」と言うだろう。そうなれば、どうするのだ？

ユスフ　この雌ラクダはいま、いま、跳ねていない。見えないのか？

モハメッド　跳ねていない。あーあ。ゲルワルのラクダは問題をもたらさない。ガシル（*gasir*）、ゲルワル、そして

ガラルブロ（*galal buro*）、この三つのラクダはよい。そう（格言では）言われている。

モハメッドが簡単な挨拶を交わしたあとに「この雌ラクダの大腿部はなんだ?」と訊ねたのに対して、ユスフは「ゲルワルなんだ」と答えた。ゲルワルとは、腫物（*bura*）の一種である。ゲルワルと呼ばれるのは、以前の怪我が原因で後脚にでてきたりひっこんだりする腫物や、そうした腫物をもつラクダである。それに対して有効とされているのが、患部に火で熱した焼きゴテ（*madana*）によって焼印を焼きつける治療法である。焼印は腫れがひいたあとも痕跡として残り、そのラクダの病歴を物語りつづけるだろう（写真４‐５）。ソマリ語には、ゲルワルについて次のような格言がある。

Gerwar iyo gatir iyo wakled, sadaxdow geer laga ma tabo.

ゲルワル、ガティル、ワクレド、この三つのラクダは放っておかれてはならない。

この格言は、次の格言と対比的に捉えられている。

写真 4-5　焼きゴテによる治療痕（筆者撮影）

Maal sinta gashay, saracde naaske iyo ilacan, lama gadanayo.

マール（*maal*）が腰や乳房にあるラクダと盲目のラクダは、買われてはならない。[54]

マールとは、身体にささった棘を抜いたあとにできる、白色の水疱状の瘡である。これが腰（*sinta*）にできた場合、全身の機能が不調になって最悪の場合は歩行が難しくなるといわれる。また、マールが乳房（*saracde*）にできると、乳が汚染される。盲目のラクダや腰にマールがあるラクダは、ほかのラクダとともに群で放牧させることが難しい。また、これらのラクダはほかの市場や消費地に転売する目的にも適さない。モドガシからガリッサなどの近隣の都市までラクダを運ぶ場合、一般的には大型トラックで輸送するのではなく徒歩で連れて行くのだが、目が見えないラクダや歩行が困難なラクダは目的地まで辿り着くことができないだろう。以上の理由から、後者の格言はこれら三種類のラクダを購入したり交換によって入手したりするのを避けるべきだと教えているのだ。

マールとは対照的に、ゲルワル、ガティィル、そしてワクレドは、治療後もその痕跡が焼印という見えやすいかたちで残ることになる。しかし、だからといってマールのようにそれが日常的な行動に支障をきたすわけではない。したがって、これらのラクダの購入は忌避すべきではない――それが、前者のほうの格言の含意である。

しかし、そう考えるとモハメッドの「どうしてゲルワルのラクダを、お前はどうして持っていくのか?」という発言はこの格言の含意に背いているように思われるし、だからこそユスフは彼の発言の意図を読み取れないような反応を示したのだと考えられる。この一見して噛み合っていないやりとりを理解するうえで重要なのが、次の文章に登場する「ワーマの人びと(*reer waama*)」という表現である。[55] ワーマとは「いい土のたくさんある場所」を意味する語であり、具体的には、エワソ・ニロ川からインド洋にいたるまでの水の豊かな地域一帯を指している。ここでいう「ワーマの人びと」はその周辺に住んでいる集団を指しているが、より特定的にはダダーブからラクダを買い付けに来た商人のことである。アウリハン・ソマリの社会でこの語が用いられる場合、次の二つの含意がともなう。第一に、「ワーマの人びと」の住んでいるダダーブが、モドガシからのラクダの主要な供給先になっているということである。モドガシのラクダ市場における取引は、難民という巨大な人口を抱えたダダーブにおけるラクダ肉の消費に大きく依存しているといえるだろう。第二に、「ワーマの人びと」とモドガシ周辺のソマリとのあいだには、近年にいたるまで日常的なやりとりや商品の取引がほとんどなかったということである。ダダーブを含むケニアとソマリアの国境間地域で経済活動が活性化したのは、ソマリア共和国が崩壊した一九九〇年代以降と、比較的最近のことである。

モドガシの周辺に暮らす人口の大半を占めているのは、ソマリのアウリハン・ソマリである。彼らはラクダに関する認知や判断のしかたを境界線として、みずからの集団を「ワーマの人びと」から差異化している。[56] 彼らはしばしば、そのようにして「ワーマの人びと」から差異化されたみずからの集団に「ラクダの人びと(*reer garti*)」という自称を与える。次の事例四‐一一は、「ラクダの人びと」であるアウリハンの起源伝承のひとつである。

【事例四‐一一　アウリハンの起源伝承[57]】

バハゲリ（Bah Geri）、ムハンマドズベイル（Muhammad Zubeyr）、バラアディ（Bala Adi）、そしてアウリハンは、おなじ女性から産まれた。先にアウリハンを除く三人の父親が亡くなった後、その女性は別の男性と結婚した。アウリハンは、この男性とのあいだに産まれた。

アウリハンが生まれたのは特別な日の夜だったので、長じて兄弟を上まわる富を手に入れると予言された。そこで三人の兄は、アウリハンをまだ幼いうちに殺すことにした。赤子のアウリハンを道の上に置き、そこに多数のラクダを放ってアウリハンを踏み殺させそうとした。しかし、そのとき奇跡が起こってラクダの群は彼を境に二手に分かれ、アウリハンは踏み潰されずに済んだ。ただし、このとき白色のラクダだけがアウリハンを蹴とばしてしまい、そのラクダは呪われてしまった。今でも白いラクダが少ないのは、そのためである[58]。

殺害に失敗した三人の兄たちは、次に、アウリハンを置き去りにして移住し、彼を飢え死にさせようとした。このとき、神の導きで赤色のラクダだけがアウリハンのところに戻ってきた。アウラ（*aula*）というのが、このとき戻ってきたラクダの体色（*midib*）である。アウリハンという名称は、この色にちなんで名づけられた。すぐに彼の母親も戻ってきて、ラクダから乳を搾ってアウリハンに与えて、アウリハンはこのときも助かった。

この挿話は、アウリハン社会の起源がラクダによって授けられた恩恵——踏み潰されなかったことと、乳を与えられたこと——を背景としていることを示唆している。次の事例は、事例四‐一〇に登場した代理人モハメッドが周囲の人びとに「ワーマの人びと」について説明している場面である。

【事例四 - 一二 ワーマの人びと】

モハメッド 私たちが（ラクダを）売るのは、「ワーマの人びと」だ。そのことを知らないのか？ よく話を聞け。「ワーマの人びと」は、何がよいのかを知らない。彼らのラクダには、受け継がれてきた性質などがある。（だが）それは（私たちのラクダの性質からには）近くない。「ワーマの人びと」は肥えたラクダを求める。彼らのラクダはいい色をしているが、私たち（のラクダの色）に近くない。彼らは、ただ脂肪がたくさんついたラクダだけを知っている。私がお前ら（ワーマの人びと）に何か言ったとしても、お前はそれを嘘だと言う。彼らは、言葉に責任を持たない持つ人たちじゃない。理解することは、やめておけ。

ここでモハメッドは、いくつかの点に言及しながら「ラクダの人びと」と「ワーマの人びと」の差異を強調している。彼はここで、両者が飼養するラクダが体色（*midib*）などの性質において異なっていることを指摘しているだけでなく、ラクダに関する価値判断の点でも両者はかけ離れていると主張している。たとえば、「彼らはただ脂肪のたくさんついたものだけを知っている」という発話は、最終的に食肉として利用するためにできるだけ肥ったラクダを買い求めるという、ダダーブの商人の傾向に言及していると考えられる。それに対して、「ラクダの人びと」は生業対象として食用以外にさまざまな用途でラクダを利用しており、肥えていることを必ずしも高く評価しない。たとえば、去勢という技術によって雄ラクダを通常よりも肥らせることができるが、去勢したラクダは体力が落ちて荷運びに適さなくなるとして施術に慎重な人もいる。ラクダを放牧しているある男性によると、雄ラクダは二歳でも二、三個のテント（*akal*）を運ぶことができるが、去勢されたラクダだとその作業に耐えることができないという[59]。

また、「ラクダの人びと」と「ワーマの人びと」は別の側面についても差異化される。たとえば、「ラクダの人びと」は体色や大きさなど、そのラクダの個体的な性質にちなんだ個体名を付与する。それに対して「ワーマの人びと」はこうした名づけの方法に精通していないために、もとの所有者がつけた名称をそのまま引き継いだり、ラクダを購入した場所の名称などそのラクダの性質とかかわりのない名前をつけたりするという。また「ラクダの人びと」はラクダの個体が群から姿を消した（*mudo*）場合、わずかな足跡を頼りに何日もかけて追跡して捕まえることができるが、「ワーマの人びと」はどうやって探索すればいいかを知らないとも語られる。前者の探索能力が後者のそれよりも実際に優れているのかに筆者が答えることはできないものの、アウリハン・ソマリの人びとが両者を集団的に差異化する境界線としてその能力の優劣に言及していたのは確かである。また、両者のあいだに以上のような差異が生じる理由としては、モドガシ周辺よりも水資源の豊富な地域に居住する「ワーマの人びと」は牛を中心とした家畜を放牧してきたことから、ラクダの扱いに通暁していないためだと説明される。

事例四‐一〇の検討に戻ると、モハメッドが「彼らはワーマの人びとだ、そうだろう？」と述べたのに対して、ユスフはその発言の意図を汲み取ることができなかった。ユスフはその問いに答える代わりに「この雌ラクダはいま、いま、跳ねていない」と、そのラクダには現在なんら問題がないことを主張した。それに対してモハメッドは、その発言を肯定しただけでなく、ゲルワルに関する格言をもちだすことによってユスフの主張の妥当性を認めている。しかし、この発話は同時に、ユスフも当然知っていると思われる格言をわざわざもちだすことによって、「ワーマの人びと」がゲルワルについて同じような判断をするわけではないということをユスフに示唆しているとも考えられる。また、この示唆はユスフが普段ラクダを認知し、判断するやり方にも向けられている。牧野で家畜とともに暮らしているユスフにとって、自分が普段どのようなしかたでラクダに接しているのかをふりかえる機会は限られているだろう。たとえば、「ゲルワルには焼印を施せば問題がないことになっているが、そうは思わない人もいるかもしれない」という可能性は、その処置が慣習化されているからこそ日常的な反省の対象にはなりにくい。そうであるからこそユスフは、「彼らはワーマの人びとだ、そうだろう？」というモハメッドの発言の意図を即座に汲み取ることができなかったのだろう。つまり、この事例における代理人モハメッドの一連の発言は、ユスフに対してみずからがラクダを普段どのように認知し、判断しているのかの内省を促しているのだ。さらにいうと、そのようにラクダの扱いかたについて他者である家畜商人を相手にして、価格交渉においてラクダの価値を正当に主張してくれることを期待するからこそ、売り手である牧畜民は代理人に取引を託しているのだと考えられる。

乳頭をむすぶ紐

次に検討する事例も、ラクダの認知のしかたや扱いかたの差異に関連している。このやりとりは事例四 - 一〇につづいたもので、話題になっているのは先ほどと同じオトナ雌である。

【事例四 - 一三　乳頭をむすぶ紐】

ユスフ　今、なんと言った?

モハメッド　このラクダは、金をもつ(高く売れる)ラクダではない。

ユスフ　なにを言うのだ?

モハメッド　お前はこの雌ラクダから、最近乳を搾った。このラクダは、乳を吸われた。最近になって(乳頭を紐で)縛られたようだ。

ユスフ　なにを言っているのだ?

モハメッド　見てみろ!　もしそうしたい(売りたい)のならば、しばらくのあいだ雌ラクダの乳を出さないでおくべきだ。そうすれば、少しだけ肥る。もう一頭のラクダは、金を通過させる(高く売れる)だろう。

腫れ物についての指摘のあと、モハメッドは「このラクダは、乳を吸われた。最近(乳頭を紐で)縛られたようだ」と、ラクダの乳首(*naasa*)をむすんでいた紐に話題を転じた。産後の雌ラクダについて、モハメッドは次のように話す。

雌ラクダの授乳は、産後から二四ヶ月つづく。授乳期間が終わってすぐのラクダは痩せていて、売ろうにも高い値段がつかない。雨季が来て、太るのを待ってから売るのがいい。太らせるためには、四つある乳頭のうちのひとつを授乳にとっておいて、あとは紐（*marak*）で縛っておくのがいい。[60]

ここでもユスフは、事例四・一〇の場面と同様に、モハメッドが問題として指摘したラクダの身体上の痕跡をどのような観点から問題として認識すればいいのかに戸惑っているように見える。ユスフの目には、雌ラクダの乳頭を縛った紐跡の浅さは何でもないものとして映っている。しかし、モハメッドにとってその浅さは、その個体が授乳を終えたばかりで痩せた状態にあることの表徴である。ユスフはこの場面でも、ラクダをみずからとは異なるやりかたで認知する他者の論理に直面したことになる。そして、まさにそのことが、ユスフを代理人への取引の依頼に動機づけたのだろう。

本節のこれまでの議論をまとめると、次のようになるだろう。モドガシ市に二〇〇七年に設立された市場は、北ケニアのほかの一部の地域と同様に、政府にとって相対的に重要性が低いラクダの市場化を促進することを目的としていた。この地域で暮らすアウリハン・ソマリの人びとには、牛の飼育と売却という機会を徐々に失っていたこともあって、この市場の設立によってそれまでよりも多くの生活の選択肢がもたらされた。実際に、彼らは学費の支払いなど必要に迫られた場合に、一族内で合意をとりつけたうえで家畜を手放すようになった。また、ディラールと呼ばれる代理人がラクダの売り手と買い手のあいだの関係を取り持つことによって、円滑な取引と流通が可能になっている。このように、モドガシ市のラクダ市場は、人びとの自発的な活動や在来の実践とネットワークに依拠し、それらにはたらきかけることによって作動し、「みずからを助ける手助けをする」場になっている。一見してシンプルで、政府の手がほとんど及んでいないように見えるこの市場は、その意味で、新自由主義的な開発戦略におけるエンパワーメントの統治テクノロジーを構成しているのである。それは、国家にとって読解不可能（Scott 1998）な実践や知識が、統治の戦略に取り込まれていることを示唆している。

もっとも、だからといって抵抗が終焉し、在来性が統治に呑みこまれたわけでもないだろう。アウリハン・ソマリの人びとがラクダを個人ではなく集団で所有しており、その売却をめぐる交渉が一族という集団の秩序の問題とかかわっている以上、ラクダの市場化の促進には限界がともなうだろう。また、代理人の活動は、公的な言説において指摘されているように非効率な情報システムのもとで生じている問題である以上に、ラクダの身体を媒介とした社会関係によって正当化されている。そのことを踏まえるならば、政府がこれから流通における中間的なアクターの活動の規制を強化したとしても、彼らの活動の意味が失われるとは考えにくい。したがって、政府が現在の国家開発戦略のもとで構想しているＡＳＡＬｓに関する青写真を現実化していく過程で、家畜市場が統治テクノロジーの一部であるのと同時に、牧畜集合体による抵抗の拠点となる可能性も想定することができるだろう。統治の合理性や技術、戦略が調整されるとき、それまでとは異なる種類の抵抗が招来されるのであり、それに対処する取り組みもまた、別の抵抗の契機を孕んでいるのである（Li 2007a）。

4　新たな抵抗へ

本章では、ケニアの独立直前から現在までの半世紀強の歴史を、牧畜集合体に対する統治の観点から振り返ってきた。北ケニアでは独立に先立って、アフリカ分割によって五つの国に分かれたソマリの民族的な統一をめざす、大ソマリア主義の政治運動が活性化していた。とはいえ、政治的な折衝の結果、この理念が実現することはなく、独立とともに分離派の暴徒とそれを鎮圧する軍によって紛争と混乱がもたらされた。紛争の鎮圧後も開発について消極的な姿勢を貫いた政府とは対照的に、この地域でさまざまな開発プロジェクトを実施し、イニシアティブを握ったのが二国間・多国間の国際援助機関であった。ただし、牧畜集合体はこの時期になっても植民地期と基本的には同じ論理のもとで問題と見なされていた。しかし、一九八〇年代に構造調整政策が導入され、NARC政権以降は「ASALsのメインストリーム化」が進行するなかで、牧畜集合体について何をもって問題とするのかに関する新しい合理性が登場し、それまでとは異なる処方箋が提示された。したがって、畜産・家畜医療行政全体で自由化が推進され、政府による介入が縮小している現在の状況は、統治の撤退というよりはエンパワーメントという新自由主義的な統治的介入の舞台として捉えるべきである。さらに、モドガシ市のラクダ市場における取引の事例からは、このように新しい形式の統治が在来の実践やネットワークを取り込むことによって抵抗を無化しているのではなく、これまでとは異質な種類の抵抗を引き起こし、直面しつつあるといえるだろう。

終章　集合的な統治の歴史

本書はこれまで現在史の立場から、ケニア北部における国家の現在を批判的に捉えようとしてきた。この地域に関する研究では、当初は牧畜をおもな生業とする「国家なき社会」による秩序維持のメカニズムに関心が寄せられ、国家はその視野の外に置かれていた。一九七〇年代に入ると国家が分析の対象に含まれるようになったものの、国家を一枚岩で全能の存在として位置づけるとともに、おもにそれに対する地域社会の対応に目が向けられる傾向があった。これと似た傾向は、この地域の研究に限らず文化・社会人類学でもある時期まで広く共有されていた。しかし、この点は次第に問題として認識されるようになり、二〇〇〇年頃からは統治性と呼ばれる枠組みに依拠しながら、国家を特権的な探求の対象とすることなく、特定の技術、知識、実践の組み合わせと見なすことが試みられてきた。さらに、近年では生物医学やバイオテクノロジーが発展し、その知識と技術が日常生活のさまざまな場面で活用されているだけでなく、バイオセキュリティの確保が種の壁を越えた問題として浮上している。そうしたなかで、国家を人間以外の生き物を含む集合的な生の統治という視点から捉える動きが見られる。本書はこの理論的な文脈を背景としながら、牧畜民とその家畜からなる「牧畜集合体」という概念を導入し、一九世紀末の植民地化から現在までのこの集合体に対する統治と抵抗の系譜を描き出す——つまり、牧畜集合体がそのときどきでどのような合理性からどのような問題と見なされ、どのような処方箋を提示され、それに対してどのような抵抗が生じたのかを追いかける——という方向性を定めた。

以上の方針を念頭に置きながら、本書の第一章では一九世紀末から一九三〇年までのあいだにこの地域で牧畜民とその家畜がどのように統治されていたのかを考察した。この地域で統治実践を開始した植民地当局は牧畜集合体のモビリティの高さを警戒しており、そのポテンシャルに対して制限を設けていた。他方で、この地域で勤務していた地方行政官は乾燥地の環境に適応した牧畜民のラクダに目を付けて、輸送運搬や警察隊の巡察に使役したり、文化資源として活用したりした。また、北ケニアの牛のなかでも優れていると評価された品種は、ハイランド地方に供給されて入植者家畜の基礎畜を構成した。つまり、家畜とそれに関連した牧畜民の知識と実践は、統治の業務と入植者の事業にとって有用であるかぎりにおいて選択的に動員されていた。市民と原住民のあいだに差異を生み出し、管理することを本質的な特徴とする植民地統治は、人間だけでなくその家畜にも適用されていたのだが、その境界線は固定的でも絶対的でもなかったのである。

第二章では、第一次世界大戦後から第二次世界大戦終結までの統治の変容の問題を扱った。まず、それまで植民地行政と入植者の事業の双方にとって脅威と見なされてきた原住民の家畜が、一九二〇年代から三〇年代にかけてオーバーストッキングという生態学的な枠組みのもとで問題化されていったことを指摘した。この問題について各種の調査委員会や立法評議会で議論されるなかで、教育やデモンストレーションなどの長期的手段と「間引き」という短期的手段の組み合わせによって解決を図るという方向性が固まっていった。本書では、望ましい性質と頭数の家畜を近代的な育種と管理の方法によって飼育し、余剰分は市場で手放すことを求めるという点で、ここに牧畜集合体に対する新たな形式の統治の台頭を見出すことができると主張した。さらに、この統治的介入に対する牧畜集合体の抵抗について検討した。牧畜民はさまざまな地域で行政官や首長による監視の目をかいくぐって闇取引に従事し、品種としての優秀さを評価されていた彼らの羊は育種試験で望ましい結果をもたらすことはなかったものの、こうした抵抗に対して有効な対策は実行されなかった。以上を踏まえて、この時期に出現した新たな形式の統治が牧畜民と家畜の集合的な振る舞いを導く体制として具現化することはなかったと論じた。

次の第三章の目的は、戦間期に出現した新たな形式の統治が、第二次世界大戦後の開発体制のもとでどのように現実化していったのかを跡づけることであった。ここではまず、大戦後のイギリス政府が植民地における「信託」の責務を積極的に果たす姿勢を強く打ち出すなかで、ケニアでも原住民の「福祉」を高めるという観点から彼らの家畜の資源としての意義が評価されるようになったことを確認した。また、この時期の北ケニアで畜産・家畜医療分野の改革が実施され、放牧管理、家畜医療、そして市場流通のありかたが大きく変化したことを指摘した。さらに、牧畜民とその家畜がこうした取り組みの最中にありながらも闇取引に従事し、家畜医療のサービスを選択的に利用し、ワクチンの過剰摂取によって大量死をもたらすなど、異種混淆的な抵抗を引きつづき展開していたことを明らかにした。この章の結論としては、植民地当局は牧畜民が家畜とのつながりを失うことなく近代的な価値観と生活様式を受け入れることを希望していたものの、結果的にその構想が植民地統治の期間中に実現することはなかったと論じた。

第四章では、ケニアがイギリスから独立を果たしてから現在までのあいだに、それまでとは異なる牧畜集合体に対する統治が現れたプロセスについて考察した。独立後の北ケニアでは、政府が開発について中心的な役割を果たすことがない一方で、二国間・多国間の国際援助機関のプレゼンスが高まっていった。集合体の統治という点では、独立という政治体制の根本的な転換を経たこの時期になっても、植民地期と基本的に地続きであった。しかし、一九八〇年代にケニア政府が構造調整政策を実施し、自由化を推進していくなかで、牧畜集合体はそれまでとは異なる合理性、知識、そして技術のもとではたらきかけられるようになった。本章では、この時期に個人の自律性と自由によって基礎づけられた新自由主義的な統治が姿を現しており、国家はそれまでのように統治的介入を主導するのではなく、援助機関やＮＧＯとともに牧畜民とその家畜がともに「みずからのポテンシャルを十全に実現」できるような条件を整備するという役割を引き受けていると主張した。そのうえで、新たな統治的介入のひとつの例として、ラグデラ県モドガシ市のラクダ市場の事例を検討した。ここでは、ラクダ市場がこの地域に暮らすアウリハン・ソマリの人びとの在来の実践とネットワークに依拠することによって作動しているという点で、エンパワーメントの統治テクノロジーのひとつに位置づけられると指摘した。さらに、この市場の活動が牧畜集合体の在来性に根ざしているからこそ、新自由主義的な開発戦略の意図に反して、これまでとは異なる種類の抵抗の契機を孕んでいることを示唆した。

ここまでに要約した本書の内容を踏まえると、この地域における国家の現在は、一世紀強のあいだの統治と抵抗の連鎖の果てに位置づけることができるだろう。この間に、牧畜民とその家畜の集合的な振る舞いは一国や帝国の範囲を越えて流通するさまざまな言説、戦術、プログラムや、生態学、獣医学、土壌学などの科学的な知識と技術のときに場当たり的な組み合わせのもとでかたちづくられ、導かれてきた。さらに、第二章で取り上げた戦間期と第四章で扱った構造調整期には、処方箋の水準だけでなく特定の事態や実践を問題とみなすところの合理性についても、それまでとは異なる種類のものが台頭し、統治というゲームのありかたを大きく変えた。本書が強調したかったのは、権力という「夜から彼らを引き離す光」（フーコー 二〇〇六：二〇九）に照らされ、振り回されてきたのは、人間だけではなかったという点である。というのも、彼らと共生的な関係を築いてきた牛やラクダなどの家畜たちの生と健康もまた、統治によって左右されてきたからである。この点を考慮するならば、国家に対する抵抗をめぐる議論も見直す必要があるだろう。このテーマについてしばしば参照されるのが、序章でも言及したスコットの議論である。スコットは、抵抗を権威主義的な国家の支配に対するミクロな水準で捉え、支配からの避難や怠慢な態度などの日常的な振る舞いに目を向けた。それに対して、やはり序章で触れたホロウェイとモリスの二人は、家畜育種の遺伝学化という新たな技術的介入が、一部の家畜とその飼育者に予期せぬ結果をもたらしていることに着目した。そして、それらによる不完全で、複雑で、一貫性を欠いた振る舞いを、生社会集合体による抵抗として論じた。スコットとモリスらの議論は、一見して抵抗の捉えかたにおいて対照的であるように思われる。しかし、スコット自身も近代国家の権威主義的な特徴や高度近代主義のイデオロギーについて説明するなかで、社会の領域だけでなく自然の領域も取り上げていたことには、注意を向けるべきだろう。たとえば、単純化と呼ばれる国家の戦略について議論する際に、それが農民の逃亡という意図せざる結果をもたらしたことを指摘するだけでなく、アメリカの広大なトウモロコシ農園で害虫や雑草が薬剤に対して交差耐性を獲得したことを事例として紹介している（Scott 1998）。スコットは、自然の領域に関する議論は社会の領域に関する議論を説明するための限界のあるアナロジーに過ぎないと断っているものの、彼が取り上げている多様な事例は、両者のあいだの境界線を曖昧なものにしているともいえる。本書では、牧畜民研究で一般的に用いられる「牧畜社会」の代わりに「牧畜集合体」という概念を中心に議論を展開してきたが、その意図はこの境界線の多孔性をあえて強調するとともに、抵抗を複雑で、一貫性を欠いた、異種混淆的な振る舞いとして捉える可能性を示すことにあった。
また、統治としての国家とそれに対する抵抗がどのようにして今あるようにあるのかを歴史的に辿ることで、国家の現在を批判的に捉えなおす観点が用意されるだろう。第四章で論じたように、北ケニアにおける現在の統治的介入は個々人の自律性と在来の能力にはたらきかけ、自由市場での競争を優先する新自由主義的な戦略に沿っている。このことに留意するならば、自由でなにものにも束縛されないように見える牧畜民の生き様も、別様に理解することができるだろう。たとえば、牧畜民のサンプルを調査している中村は、ある青年（モラン）の次のような印象的な語りを紹介している。

「おカネには道がたくさんあって、足がたくさんはえている。自分はいろんな道を歩いてみたくなるだろう。それは酒につながっていたり、ミラー（覚醒作用のある植物）につながっていたりする。ナイロビやモンバサ、ひょっとすると外国にもつながっているかもしれない。そしてしまいには自分は道に迷ってしまうかもしれない。でもヤギはちがう。一〇〇頭のヤギにもそれぞれ足があるけれど、自分はソブア（放牧のときに家畜をコントロールするため杖）を一本持って群れをひとつにまとめるだけだ。彼らはひとかたまりになって、自分が進むべき道を教えてくれる」（中村 二〇〇二：七三―七四）。

中村が言うように、この言葉は「ひたひたと押し寄せる「近代化」の波に揺さぶられながら生きている彼らの「たのむからヤギ（＝伝統に）ついていかせてくれ」という気持ち」（中村 二〇〇二：七四）の表出として解釈することができるだろう。とはいえ同時に、現代において山羊の導きに身を委ねるのであれば、意図するかしないかにかかわらず、それは個のポテンシャルに呼びかけ、活動を促すエンパワーメントの統治テクノロジーに従うことにほかならないのも事実である。しかも、このエンパワーメントはポスト植民地期の再周縁化と、家畜のポテンシャルを共生的な関係のもとで発揮する機会の喪失という歴史的な文脈によって制約を受けている。本書で取りあげたラクダの市場化のほかにも、インデックス・ベースの家畜保険や家畜市場に関する情報共有システムなど、市場原理に基づきつつ新たな技術を活用したプログラムが政府、国際援助機関、研究機関、そして民間団体の連携のもとで試行、導入されているなかで、「みずからを助ける手助けをする」ために市場での競争を促進するこの動きは、今後ますます強まっていくと考えられる。ただし、こうした事態をもって新自由主義という怪物が北ケニアのような世界の周縁部をも呑みこみつつあると警鐘を鳴らすのは、早計に過ぎるのかもしれない。なぜなら、本書で述べてきたように、それらの取り組みが非合理な慣習に囚われた原住民を教化し、近代化に適応させるために国家主導のもとで開発を推進するという統治の試みと、その失敗を受けて姿を現したものだという点を踏まえるならば、新自由主義をマクロレベルの構造や政治的プロジェクトというよりは、特定の問題に対する処方箋（統治術）として捉えなければならないからである（Ferguson 2009）。ここで求められるのは新自由主義をイデオロギーとして非難することではなく、それらの言説や技術がどのように用いられ、どのような方向に牧畜集合体を導こうとしているのかに注視することだろう。

この点で興味深いのが、近年北ケニアで現実のものとなりつつあるラム港・南スーダン・エチオピア回廊（Lamu Port-South Sudan-Ethiopia Transport: LAPSSET）と呼ばれる構想である。これは、ケニアのラム港を開発し、道路、鉄道、そしてパイプラインによって南スーダンやエチオピアとむすびつけるという大規模な輸送インフラ開発プロジェクトであり、ビジョン二〇三〇の旗艦プロジェクトのひとつとして位置づけられている。実際に、ケニア北西部のトゥルカナ地域では石油が発掘され、パイプラインによる原油の輸送がすでに始まっている。国家がこのプロジェクトを通じて再び開発のイニシアティブを握りつつあるなかで、それが実際に果実をもたらすのかどうかは不透明な状況であり、むしろ土地をめぐる紛争の激化、格差の拡大、治安の悪化など意図せざる問題が湧出している（Elliot 2016; Mkutu 2014）。もっとも、そもそも過去を振りかえってみると北ケニアの統治史は失敗と抵抗の歴史でもあった。入植白人の産業を保護するためであれ、国家の経済発展を後押しするためであれ、あるいは地域社会のエンパワーメントを促進するためであれ、この地域の牧畜民とその家畜はさまざまな思考様式のもとで問題と見なされ、技術的な介入が処方されたとはいえ、そのほとんどが実行に移されないまま行政書類の山に埋もれ、そのままアーカイブの倉庫に眠ることになった。また、多くのアイディアが実現したとしても大した成果を挙げることなく終わったばかりか、逆に予期せぬ結果をもたらしてきた。しかし、だからといってそれらの非‐出来事や失敗の経験に意味がなかったわけでもないだろう。それらを手がかりとしながらそのときどきでどのようなユートピアが描かれていたのかを跡づけることは、その系譜に連なる現在のユートピア的な統治にアプローチする端緒となるのである。

本書の冒頭で述べた開発の約束とそれをめぐる熱狂もまた、これまでと同様にいつか叶う夢として待ち望まれつづけたり、その痕跡すら残すことなくいつの間にか立ち消えたりするのかもしれない。たとえそうだとしても、現在は、ユートピアとしての統治のもとで牧畜民とその家畜にどのような問題が指摘され、それを解決するためにどのような処方箋が構想され、それがどのような抵抗に直面するのかといった問いを絶えず喚起しながら、その過去性（Cooper 2002）を明らかにしつづけるのである。

謝辞

本書は、二〇一七年一一月に京都大学大学院アジア・アフリカ地域研究研究科に提出した博士論文「ケニア北部乾燥地域における家畜の国家統制と牧畜民の統治―植民地期から現在まで」を加筆修正したものです。本書のいくつかの章は、以下のとおりすでに発表したものを含んでいます。

「牛と土――植民地統治期ケニアにおける土壌侵食論と「原住民」行政」『アジア・アフリカ地域研究』（二〇一四年）。

「二〇世紀前半のケニア植民地北部における家畜の管理と牧畜民の統治――畜産・家畜衛生行政の検討から」『アフリカ研究』（二〇一五年）。

「ヒトコブラクダと砂漠の統治――二〇世紀前半の北ケニアにおける植民地統治と資源利用」『年報人類学研究』（二〇一六年）。

「開発のための家畜――第二次世界大戦後のケニアにおける家畜の市場化」『遊牧の思想』（太田至・曽我亨編、二〇一九年）。

本書のもとになった調査は、「地域研究のためのフィールドワーク活用型現地語教育」（二〇〇九年度）、「組織的な大学院教育改革プログラム」（二〇一〇年度）、フィールドワーク・インターンシッププログラム（二〇一二年度）、日本学術振興会特別研究員奨励費（二〇一三～二〇一四年度）による研究資金支援によって可能になりました。

ケニア滞在中は、駒澤大佐さんと明子さん、白石壮一郎さん、溝口大助さんなど学術振興会ナイロビ事務所の方々や、田村良雄さん、恵さん、茜さん、千葉康由さん、中原由美子さん、七海さん、土方明さん、そして栄子さんにお世話になりました。現地調査については、アイザック・ニャモンゴさんから調査許可の取得等で便宜を図っていただきました。ケニア国立文書館では、リチャード・アンバニさんなど司書の方々に助けられました。同じ時期に文書館で史料を繙いていたドナルド・フレーザーさんからは、ケニア植民地史の専門的な見地からアドバイスをいただきました。サンカ・ハッサンさんはソマリ語の知識だけでなく、ディアスポラとしての生き方について考える機会を与えてくれました。イシオロ市での調査は、ウェリ・シークさんによって大いに助けられました。モドガシ市での調査でも多くの方々からご協力いただきました。とくに、ラグデラ県長官補のケネディ・ケラロさんには調査について色々と相談に乗ってもらいました。地域の社会について職務上要求されるよりも広い知識と関心を持ち、ソマリの血償に関する論考まで発表されていたケラロさんに出会うことがなければ、植民地統治を担っていた「現場の人間」への興味が深まることはなかったと思います。また、家族の一員として受け入れ、ソマリの生き様（*dhaqanka soomaalida*）の一端を教えてくれたアブディ・シーク・アドウさんの一族のみなさまに深く感謝します。

本書のもとになった博士論文の執筆にあたっては、太田至さんに主査を、佐川徹さん、平野美佐さん、そして山越言さんには副査を引き受けていただきました。太田さんには、学部時代に調査の相談に乗っていただいたときから現在にいたるまで、長いあいだお世話になってきました。本書も博士論文も、太田さんから「書け」、「とにかく書け」と励ましの言葉を（おそらくうんざりしながらも）かけつづけてもらうことがなければ生まれることはなかったと思います。佐川さんからは、最初の調査時から現在まで折に触れて助言をいただいてきました。平野さんには、議論を広い枠組みに位置づけるよう促していただきました。山越さんは博士課程を通じて論文の指導だけでなく、つねに励ましをいただいてきました。

本書の構想を固める際には、西真如さんのアドバイスから多くを得ました。平山草太さんにはフィールドから本書の原稿にコメントを送ってもらい、助かりました。稲角暢さん、今中亮介さん、波佐間逸博さんは、本書のもとになった論考について貴重なコメントをしてくれました。また、池邉智基さん、泉直亮さん、川口博子さん、近藤有希子さん、酒井肇さん、高橋基樹さん、二ツ山達朗さん、松隈俊佑さん、そして和田理寛さんは、各種の研究会や読書会でともに学ぶ機会を共有していただきました。京都大学大学院アジア・アフリカ地域研究研究科の方々からも、さまざまな面で支援していただきました。

ほかにも、本書がかたちになるまではさまざまな方々に励まし、背中を押していただきました。とりわけ、以下のみなさまに感謝します。足立明さん、セリーヌ・ベルジェロンさん、コリン・デシャンさん、ミレナ・グジアクさん、池谷和信さん、ケネディ・ムクトゥさん、フランシス・ニャムンジョさん、呉基禎さん、清水展さん、イリア・スタトケヴィッチさん、ナタリー・スタトケヴィッチ－ミッシュチェンコさん、そしてニコル・コラー。

最後に、長い大学院生活を気長に見守りつづけてくれた家族――楠郁子、楠直樹、石本千裕――と、そんな人間たちを（おそらく）暖かく見守りつづけてくれた我が家の猫たちに、ありがとうございました。

本書は、京都大学アフリカ地域研究資料センターのアフリカ研究出版助成（平成三〇年度総長裁量経費：若手研究者に係る出版助成事業）を受けて刊行されました。出版に際しては、昭和堂の松井久見子さんにひとかたならぬお世話になりました。ここに記して感謝します。

二〇一八年一二月

楠　和樹

索　引

さ行

た行

な行

は行

ま行

や行

ら行

わ行

注

序 章

1 Colony and Protectorate of Kenya 1926: 42. この発言については、第3章で再び言及する。

2 バクスターによるイギリス領ソマリランドでの調査を拒否したのは、本書にもたびたび登場する北ケニアの行政官で当時はソマリランド総督を務めていたリース（Gerald Reece）である。リースと交替で人類学的調査に理解のある人物が総督に着任していたことから、バクスターと同様にオクスフォード大学で社会人類学を修めたルイスは1955年からソマリランドで調査をおこなうことができた。ルイスもまた、植民地社会科学研究会議のフェローであった（Lewis 1977）。

3 本書では、人類学と同様に現代アフリカの国家についてさまざまな枠組から分析してきた、政治学や国際関係論の議論にはほとんど触れていない。これらの分野については、川端・落合（2006）、高橋（2010）、武内（2009）を参照。

4 本項の以下の内容は、ビーアシェンクとオリヴィエ・ド・サルダン（Bierschenk and Olivier de Sardan 2015a）、ダスとポーレ（Das and Poole 2004）、そしてシャーマとグプタ（Sharma and Gupta 2006）による議論の整理を参照した。

5 植民地社会科学研究会議とは、植民地における社会科学的調査の促進を目的として、第4章で改めて触れる植民地開発福祉法（Colonial Development and Welfare Act）のもとで1944年に設置された機関である。社会人類学者のリチャーズとファース（Raymond Firth）はその中心的なメンバーであり、エヴァンズ＝プリチャードやフォーテス（Meyer Fortes）は同会議の社会人類学・社会学小委員会で委員を務めていた（Mills 2008: 86）。初期の社会人類学者によるフィールドワークの多くが、その資金によって可能になった。

6 ディーン（Dean 1999）、ローズ他（Rose et al. 2006）、ウォルターズ（2016）は、統治性研究における近年の動向と主要な論点を整理している。

7 Dean 1999: 33-34; Li 2007a: 17-19. 非‐出来事については、ストーラー（Stoler 2002, 2010）を、歴史研究におけるユートピア論についてはティリー（Tilley 2011）をそれぞれ参照。

8 スコットの国家論に対する批判的な検討として、リー（Li 2005）を参照。

9 ティリー（Tilley 2011: 117-21）は、1938年から65年までアフリカの各地の植民地で勤務し、ウガンダでは東アフリカ・トリパノソーマ症研究所（East African Tsetse and Trypanosomiasis Research Organization）の所長も務めたフォードの経歴を踏まえて、彼の議論は植民地主義的思考に切断をもたらしたというよりは、その連続線

上に位置づけられると指摘している。

10 Giblin 1990; Kjekshus 1996; Waller 2004, 2012. 歴史家のクジェクシュス（Helge Kjekshus）は、『東アフリカにおける生態的管理と経済開発』（初版 1977 年）の 1996 年版の序文において、ダルエスサラーム大学で受けたフォードの講義が同書の構想に転換をもたらしたと記している（Kjekshus 1996: xii-xiii）。

11 コーン 2016; ウィラースレフ 2018。もっとも、すでに 1970 年代中頃にはインゴルド（Tim Ingold）と谷泰が相互的なインタラクションの観点から人間と動物（家畜）の関係について考察していた（Ingold 1974; 谷 1976）。

12 Beinart and Brown 2013; Cranefield 1991; Gilfoyle 2003; Mwatwara and Swart 2015. ティリー（Tilley 2011）は、同様の観点から植民地開発と生態学、医学、人種科学、人類学などの諸科学の形成について考察している。なお、家畜医療と獣医学については 1990 年代からイギリス、アメリカ、ドイツ、そしてフランスを中心とした国々の科学史的な研究がすすんでおり、獣医師の専門職化と社会的地位の上昇、大学における制度化、そして獣医学と医学の関係の変化などのテーマが扱われている（Cassidy et al. 2017; Hardy 2002; Jones 2003; Mitsuda 2017; Swabe 1999）。

13 第 5 章第 3 節で後述するように、レールは血縁関係によらず単に「人びと」を指すときに用いられることもある。

第 1 章

1 シェーガトとは、ソマリ特有のパトロン・クライアント関係であり、通常はサブ・クランのレベルで形成されていた。シェーガトを結ぶことで、パトロン側は脅威をもたらす恐れがある外来者（*galti*）をコントロールすることができた。また、クライアント側はパトロン側と争うことなく水場や放牧地にアクセスできた。シェーガトの詳細については、ダレオ（Dalleo 1975: 25-30）とシュレー（Schlee 1989: 46-48）を参照。

2 この時期に南下してきたソマリは、プロト・レンディーレ・ソマリから派生してソマリア半島を北上したのちに再び北ケニアに勢力を拡大したものである。そのため、シュレー（Schlee 1989: 33）の表現を借りるならば、この移動を「振り子の揺り戻し」と見なすこともできる。

3 保護領は国王の支配領域ではなく、保護民は国王との忠誠関係にない「保護下にある外国人」の地位を指していた。ケニア領域の法的地位が植民地（Colony）に、そして原住民がイギリス臣民（British subject）となったのは、ケニア（併合）枢密院令（Kenya（Annexation）Order in Council）が施行された 1920 年のことである（平田 2009: 136-39）。

4 そのほかの州としては、カンバ（Kamba）の領域であるウカンバ（Ukamba）、タナ川流域のタナランド（Tanaland）、そしてモンバサ（Mombasa）を中心とするインド洋沿岸部のセイディ（Seyidie）があった。

5 エチオピアが領土を南に拡大していた危機感を覚えたイギリス政府は、1902年にバター（Archibald Butter）とマウード（Philip Maud）らを調査隊として派遣した。調査隊が持ち帰った報告に基づいて引かれた、いわゆるマウード・ライン（Maud Line）は、エチオピアとの話し合いを経て1907年12月に正式に認められた（Mungeam 1966: 229-30）。

6 ザフィロはエジプト生まれのギリシア人だったが、その出自とモヤレにおける任務は無関係ではなかった。ザフィロの赴任には、ギリシア人が法と秩序の責任を担うのであれば、トラブルが発生したとしてもイギリスの威信が損なわれないだろうという計算がはたらいていた（Chenevix-Trench 1965; Simpson 1996: 283）。

7 グウィンは、1907年にエチオピアとのあいだで合意されたマウード・ラインの詳細を確定するために、1908年から翌年にかけて調査を実施した。その報告書は、1909年7月に提出された（Mungeam 1966: 229-30; Simpson 1996: 282）。

8 もうひとつの背景として、1924年にはジュバランドがイタリアに割譲され、統治の負担がさらに軽くなったことも指摘できる。それは、第一次世界大戦にイタリアが連合国側から参戦したことに対する見返りであった（Dalleo 1975: 246-47）。

9 NFP: Notes of a Meeting held at Government House on the morning of the 7th October 1929: KNA/PC/NFD 8/2/1.

10 Memoranda: Agenda for DCs' Meeting, 1946: KNA/PC/ NFD 8/1/2.

11 Minutes of a DCs' Meeting held at Isiolo on 29th, 30th and 31st, December, 1941: KNA/PC/NFD 8/1/2. なお、引用中の括弧は筆者による加筆である。以下同様。

12 Native Affairs Department Annual Report 1931: 45.

13 ケニアの著名な入植白人であるデラメア卿の伝記的書物を著したことで知られるハクスリー（Elspeth Huxley）は、1937年に植物採集のためにNFDの地を踏んでいるが、それは、当時北ケニアで行政官として勤務していた友人のシャープ（Harry Sharpe）の巡回に同行してのことだった（Huxley 1985: 148）。

14 ソマリ - ガラ・ラインは、1935年に再設定された（Native Affairs Department Annual Report 1935）。

15 Northern Frontier Province Handing Over Report 1928.

16 北西部辺境州は、現在のパキスタンのカイバル・パクトゥンクワ州に当たる地域である。

17 Native Affairs Department Annual Report 1937: 185.

18 ターンブル（1909-1998）は、ユニヴァーシティ・カレッジ・ロンドン（University College London）で物理化学の学位を取得したのちに、給与面での厚待遇に魅かれて植民地官僚職に身を投じた。ケニアに赴任したのは、1931年のことである。1948年にはリースに代わってNFDの州長官に就任した。マウマウ内戦時の政務局長（Chief Secretary: CS）であり、1958年から1961年までは英委任統治領タンガニーカの最後

の総督として勤務した（Allen 1979: 35）。

19 BLCAS/Mss. Afr. s. 2108.

20 アレン（Allen 1979: 35）は、厳しい勤務環境の「砂漠地帯の周縁部」の例として、NFDのほかにナイジェリア北部とウガンダ北部、ソマリランド保護領、スーダンを挙げている。

21 リース（1897-1985）はニュージーランドに生まれ、戦列歩兵連隊での従軍や事務弁護士としての勤務を経て、1925年に行政官としてケニアに赴任した。おもに北ケニアの県を任地とし、1939年にグレンディ（Vincent Glenday）の後任としてNFDの司令官に就任した。1948年にはケニアを離れ、ソマリランド保護領の総督に着任した（Baker 2004）。

22 Huxley 1985: 164. しかし、実際に対面したグレンディは「ミルクのように穏やか」で、彼女を拒まなかった（Huxley 1985: 164）。

23 Gauthier-Pilters and Dagg 1981. そのほかのラクダの砂漠に対する適応的な特徴として、ゴーティエーピルテールとダグ（Gauthier-Pilters and Dagg 1981: 59-77）は、排尿を少量にし糞尿を乾燥させることで体内に水分を保持する、目が強い太陽光に対して適応し、砂からも保護されている、コブに脂肪としてエネルギーを貯蔵できる、といった点を挙げている。

24 Anderson et al.. 2012: 387. ラクダは10日から15日のあいだ給水なしで生存することができる。さらにそのあいだ1日に20リットルの乳を出すことができる。また、ラクダの乳は牛の乳と比べてタンパク質と乳糖に富み、脂肪分が少なく、ビタミンとミネラルも豊富である（Anderson et al. 2012: 387）。

25 この交易活動は単独の集団が独占していたものではなく、いくつかの強力なクランが支配する領域をまたぐものであった。南部ソマリア研究者のカッサネリ（Cassanelli 1982: 156）によると、この地域のキャラバン交易ではアバーン（*abaan*）と呼ばれる者が異なる集団間の仲介役を引き受け、関税や旅の安全などについて交渉していた。他方でダレオ（Dalleo 1975: 52-53）は、北部ソマリアとは異なり南部ソマリアには本当の意味でアバーンの制度は機能していなかったとしている。

26 ダレオ（Dalleo 1975: 79-90）は、ラクダのキャラバン交易活動に影響を与えたほかの要因として、19世紀後半以降ソマリとボラナのあいだの関係が徐々に悪化していった点と、19世紀末からエチオピアがルークやモヤレなどの交易拠点に軍事討伐隊を差し向け、交易活動を規制し始めた点を挙げている。

27 正確には、レンディーレの人びとは衣服とラクダの直接的な交換に難色を示したので、まず衣服を羊と交換し、その羊と交換にラクダを入手する、という迂回手順を踏むことになった。デラメア卿はこのときレンディーレから、ラクダと衣服を交換する場合、その衣服は友人や親族に分けなければならないが、羊であれば誰にも分ける必要がないという話を聞いて、彼らにとって家畜とは衣服のような奢侈品とは異なるカテゴ

リーに属す富だという理解を得たという（Huxley 1935: 44）。東アフリカ保護領で最初の入植者団体である入植者協会（Colonists' Association）を務め、立法評議会の非公式評議員として初めて選出された人物であるデラメア卿は、入植者の政治的な利益を擁護、拡大するために多大な影響力を行使した。

28 Northern Province Handing Over Report 1930.

29 Letter from Wajir DC to Northern Province PC on 15 April 1960; Circular No. 1/60 on 2 May 1960: KNA/DC/ISO 3/4/8.

30 Memorandum by Lieutenant Pope-Hennessy on the Formation and Organization of a Camel Corps for Service in Jubaland on 15 October 1901: TNA/FO 403/311. この時期のインド帝国におけるラクダの利用については、ヘビア（Hevia 2018）を参照。

31 ケニア警察隊と部族警察隊はともに、放牧地管理と不法な領地侵入の監視、首長の職務の補助など、北ケニアの法と秩序の維持を担っていた（Isiolo District Handing Over Report 1957; Allen 1979: 103-104）。ドゥバス（*dubas*）と呼ばれた部族警察隊は、ソマリとボラナの名家の子弟から選出され、サファリの際は県長官の警護だけでなく通訳やメッセンジャーの役目も果たした（Allen 1979: 103-104; Dalleo 1975: 225-27）。

32 Allen 1979: 106-107. イギリス領の東アフリカでは、地方行政官のみならず、科学者も実験室に籠るのではなく、サファリによって現場で問題を見聞きすることが求められていた。農業分野の専門担当官であるスウィナートン（R. Swynnerton）は、ケンブリッジ大学とトリニダードの帝国熱帯農業カレッジ（Imperial College of Tropical Agriculture）で学んだあとの 1934 年に、当時イギリスの委任統治領であったタンガニーカに赴任した。その際に彼は、上官から 1 ヶ月に 20 日以上サファリをして過ごさなければ離任させると言われた。実際、サファリを十分おこなわなかった 2、3 名の職員は、職を解かれたという（BLCAS/Mss. Afr. s. 1426）。

33 Northern Frontier District Policy on 23 August 1945: KNA/DC/ISO 1/5/1.

34 シェネヴィクス＝トレンチがガリッサ県に長官として着任したばかりの頃、60 マイルに及んだサファリのあいだに誰とも会わなかったと報告すると、当時州長官だったターンブルは次のように答えたという。「君が彼らを目にしたかどうかは、少しも重要ではない。重要なのは、彼らが君を目にすることだ。なぜかというと、彼らが砂地に君の足跡を見つければ、それで十分だからだ」（Chenevic-Trench 1964: 23-24）。この逸話は、サファリにおいて任地の状況を直接確認するのと同じくらい、足跡というわずかな痕跡を通してでも植民地当局の威信を示すことが重視されていたことを示唆している。

35 Masabit District Annual Report, 1910-1911.

36 KNA/PC/NFD 5/5/10.

37 部族間の家畜略奪は経過観察の方針のもとで黙認されることもあったが、第一次世界大戦頃から介入の対象となった。1915 年 12 月にソマリのアウリハン・クランがサン

ブルを襲撃して家畜を奪った際には、懲罰隊を派遣して1800頭の家畜を没収した。植民地当局はしばしばソマリの政治に、そうすることが必ずしも直接的な利益にならないにもかかわらず、法と秩序の維持者として介入していた（Simpson 1999）。

38　イサック・ソマリについては次章で改めて取り上げる。

39　Extract from Telemugger District Annual Report, 1927: KNA/PC/NFD 7/4; Northern Frontier Province Annual Report, 1928.

40　Isiolo District Annual Report, 1934; The Future of Stock Trading in the N. F. D. 1944: KNA/PC/NFD 8/1/2. カンバの居住域における検疫の弊害とそれに対する地方行政官の不満についてはSpencer（1983: 117）を参照。

41　Northern Province Handing Over Report 1930; Mburu 2005: 65.

42　Native Affairs Department Annual Report 1929: 43; Department of Agriculture Annual Report 1934 Volume 1: 122. たとえば1934年には、牛969頭と山羊・羊4,601頭がマコウェの検疫所を通過している（Native Affairs Department Annual Report 1934: 60-61）。

43　Native Affairs Department Annual Report 1929: 43; Department of Agriculture Annual Report 1934.

44　Meeting of DOs of the NFP held at the PC's Office Meru on 10th October and following days, 1929; Meeting of DOs of the NFP held in the DO's House, Isiolo on 25th August 1930: KNA/PC/NFD 8/1/1.

第2章

1　Spencer 1983: 120; Tignor 1976: 316-17. 例外として、1910年に北カビロンド（North Kavirondo）県で牛疫が発生した際には20,000頭の牛に血清が投与された。しかし、それによって感染の拡大が阻止されることはなかった（Spencer 1983: 115-16）。また、1917年と1922年にマサイ居留地で牛肺炎が発生した際にもワクチンが接種されたが、それはこの地域が入植地域と境を接していたための例外的な措置であった（Tignor 1976: 320）。

2　Spencer 1983: 126. なお、モンゴメリーはコリンドンによる家畜医療改革を不十分と見なし、1923年に改めて食肉加工工場の建設を提案した。この提案はイギリス本国では承認されたものの、企業の誘致に失敗して頓挫した（Spencer 1983: 127）。

3　居留地の設定過程については津田（2015）を参照。

4　Frankel 2006. ストーラー（Stoler 2010）は、オランダ領東インドという植民地の文脈における調査委員会の特徴について検討している（とくに第5章を参照）。

5　委員会を任命したのは、労働党政権時の植民地大臣トーマス（James Henry Thomas）である。しかし、調査期間中に政権交代があったために、その報告書は保守党の第二次ボールドウィン（Stanley Baldwin）内閣の植民地大臣アメリー（Leo

Amery）に提出された。報告書はアメリーによって1925年4月に議会に提出された。東アフリカ委員会の設置から報告書の提出にいたる経過についてはグプタ（Gupta 1975: 71-80）を参照。

6 Ormsby-Gore 1925: 174.

7 報告書で植民地開発の科学化が勧告された背景として、委員のひとりであるチャーチの態度が全国科学技術者組合（National Union of Scientific Workers）の利益を反映していたことが挙げられるという（Gupta 1975: 77-78）。チャーチは、植民地における科学技術サービスの拡大に関心を抱いていた同組合の書記を務めており、労働党員でありながら東アフリカの視察後に入植者擁護の立場に転じていた。

8 ただし、委員のなかでも報告書の本文とは別に追加的覚書を作成したリンフィールドは、原住民に対して相対的に同情的だったと思われる（Government of the United Kingdom 1925: 183-92）。

9 反対意見を述べたのは、ネラ（R. S. Nehra）、デサーイー（Manilal Ambalal Desai）、パンディ（J. B. Pandy）の3名である。原住民の利益を代表した立法評議員であるアーサー師（Rev J. W. Arthur）も賛成側にまわった。

10 Colony and Protectorate of Kenya 1926: 42.

11 ホールはサウスイースタン農業カレッジの学長やロザムステッド農業試験場の場長などを務めた、当時のイギリスにおける代表的な農業科学者である。また、開発委員会（Development Commission）の委員として、20世紀初頭のイギリスにおける科学研究体制の確立にも貢献していた。並松（2016）を参照。

12 イギリス科学振興協会の第97回の会議は、南アフリカ科学振興協会との共催で1929年7月22日から8月3日にかけて実施された。会議の終了後、ホールをふくむ参加者の一部はケニアを訪問し、講演をおこなったりケニアの行政官や科学者、入植者と交流したりした（Colony and Protectorate of Kenya 1926）。

13 1927年から1929年までと、1933年から翌年まで、ケニア各地で大規模な旱魃が発生した（Anderson 1984: 332-33）。

14 その他にも、家畜を彫り込んだコインを製作するという興味深い案が出された（Colony and Protectorate of Kenya 1929: 129）。しかし、残念ながら実現にはいたらなかった。

15 Department of Agriculture Annual Report 1929, 1934.

16 サヒワール種は、パキスタンを原産地とするゼブー種の一種である。ケニアでは、ヨーロッパ産の品種とは異なりケニアの環境に耐えることができるし、アフリカ人による管理にも適していると評価されていた（Post War Development Plan for the Veterinary Department: 14: KNA/PC/NFD 5/1/2）。

17 Colony and Protectorate of Kenya, Ministry of Agriculture, Animal Husbandry and Water Resources 1961: 16-18.

18 Government of the United Kingdom 1936. 1930年代後半に世界各地のイギリス植民

地で社会的・政治的混乱が生じるなかで、ピムはケニアをふくむ多数の植民地で経済・財政状況に関する調査をおこなっていた（Constantine 1984: 229）。

19 スクはポコット（Pokot）の別称である。

20 Government of the United Kingdom 1934: 494.

21 Union of South Africa 1932: 16.

22 カマシアはトゥゲン（Tugen）の別称である。

23 Native Affairs Department Annual Report 1937.

24 BLCAS/Mss. Afr. s. 1426.

25 植民地省の任用制度改革についてはプライアー（Prior 2013）を参照。

26 BLCAS/Mss. Afr. s. 2024.

27 Export of Cattle, from Provincial Commissioner of Rift Valley to the Deputy Director of Animal Industry and Chief Veterinary Officer on 6 February 1935: KNA/PC/RVP.6A 7/9.

28 Letter from the Director of Department of Agriculture and Fisheries of Palestine to Chief Veterinary Research Officer on 26 August 1936: KNA/PC/RVP.6A 7/9.

29 Monthly Report of Northern Province on June 1955: KNA/AGR 1/35; Wilde and Scott, 1961.

30 Native Affairs Department Annual Report 1937; Department of Agriculture Annual Report 1937.

31 Colony and Protectorate of Kenya 1950: 1219-22.

32 Northern Frontier Province Annual Report 1929.

33 Wajir District Handing Over Report 1924.

34 Baraza Held by His Excellency the Governor at Moyale on 11 July 1928; TNA/CO 533/380/1.

35 Native Affairs Department Annual Report 1930: 84; Northern Frontier Province Handing Over Report 1934.

36 Native Affairs Department Annual Report 1936: 26; Mburu 2005: 58-59.

37 Native Affairs Department Annual Report 1930: 17.

38 Department of Agriculture Annual Report 1929: 147-49; Native Affairs Department Annual Report 1929: 26.

39 Department of Agriculture Annual Report 1930: 90.

40 Department of Agriculture Annual Report 1934; Native Affairs Department Annual Report 1930.

41 Native Affairs Department Annual Report 1934: 123.

42 Isiolo District Handing Over Report 1940.

43 Memorandum on the Administration of the Somalis: KNA/GP. 572. KEN.

44 The Origin of Somalis with Special Relation to Their Political Development in Kenya: KNA/GP. 572. KEN.

45 Memorandum on the Administration of the Somalis: KNA/GP. 572. KEN.

46 NFD Handing Over Report 1934.

47 Extract from DOA 1928: KNA/PC/NFD 7/4.

48 DCs' Meeting on 25 to 28 August 1930: Minute No. 7. Taxation: KNA/PC/NFD 8/1/1; The Future of Stock Trading in the NFD 1944: KNA/PC/NFD 8/1/2.

49 NFD Handing Over Report 1934.

50 Northern Province Handing Over Report 1939. ウェイツバーグ（Weitzberg 2013）によると、現在もケニアに暮らすイサックにとって、1930年代の政治運動に関する記憶は抑圧されている。そこには、みずからを独立後のケニアで主流となった民族主義的な言説のなかに位置づけるとともに、ソマリに「異邦人」のレッテルを貼る排外主義に対抗する意図があるという。

51 DCs' Meeting on 20 to 23 August 1929: Minute No. 16. Trading Policy; DCs' Meeting on 25 to 28 August 1930: Minute No. 7. Taxation: KNA/PC/NFD 8/1/1.

52 Native Affairs Department Annual Report 1931, 1934, 1935; NFD Handing Over Report 1934.

53 Minutes of a DCs' Meeting held at Isiolo on 29 to 31 December 1941; Minutes of DCs' Meeting on 16 to 20 October 1944: KNA/PC/NFD 8/1/2; Stock Trading by Shopkeepers from Isiolo DC to OIC of NFD on 3 July 1944: KNA/PC/NFD 8/1/2.

54 Meat Marketing in Native Areas, from MAAHNR to all PCs and DCs: KNA/DC/GRSSA 2/21/3.

55 Post War Development Plan for the Veterinary Department: KNA/PC/NFD 5/1/2; Importance of Marketing Organization for Native Areas, East African Standard on 1 December 1944: KNA/BV 12/301; KNA/PC/NFD 5/1/8.

56 Marsabit District Handing Over Report 1943.

57 Letter from the OIC of NFD to all DCs of NFD on 15 June 1944: KNA/DC/GRSSA 2/21/3.

58 Post War Five Year Development Plan of NFD of Kenya: KNA/PC/NFD 5/1/8; Minutes of DCs' Meeting held at Wajir on 16 to 20 October 1944: KNA/PC/NFD 8/1/2. ある入植者は『東アフリカ・スタンダード（East African Standard)』紙の投書欄でこの問題を取り上げて、政府を批判している（Profits of the Livestock Control, East African Standard on 1 October 1943: KNA/BV 12/269）。

59 Isiolo District Handing Over Report 1946; Mandera District Handing Over Report 1943, 1946; Letter from the OIC of NFD to Livestock Controller on 11 July 1945: KNA/BV 12/301.

60 Livestock Control and Proposed Livestock Marketing Board, from Marsabit DC to the OIC of NFD on 28 November 1945; Livestock Prices, from Marsabit DC to Livestock Controller on 3 August 1946: KNA/PC/RVP.6A 7/9.

61 Isiolo District Handing Over Reports 1943, 1945; Marsabit Handing Over Report 1943; Minutes of DCs' Meeting held at Wajir on 16 to 20 October 1944; Memoranda, Agenda for DCs' Meeting, Marsabit DC on 26 April 1946: KNA/PC/NFD 8/1/2.

62 Auctioneers, from Moyale DC to all the other DCs on 11 December 1946; Exchange of Camels for Sheep and Goats, from the OIC of NFD to all DCs on 13 August 1946: KNA/DC/GRSSA 2/21/3.

63 Illegal Stock Trade, from the OIC of NFD to Isiolo DC on 3 September 1945; Illegal Stock Trade, from the Isiolo DC to the OIC of NFD on 25 October 1946: KNA/DC/GRSSA 2/21/3.

64 Northern Province Annual Report 1945; Letter from Garissa DC to the OIC of NFD on 8 November 1944; Habaswein, from Wajir DC to the OIC of NFD on 24 March 1947; Cattle Sale-Habaswein, from Garissa DC to the OIC of NFD on 26 March 1947: KNA/DC/GRSSA 2/21/3.

65 Sale of Stock between Wakamba and Oroma（Galla）, from Garissa DC to Kitui DC on 2 December 1943; Report on the Illegal Stock Trade in Isiolo District, from Isiolo DO to Isiolo DC on 19 October 1946: KNA/DC/GRSSA 2/21/3.

66 Letter from Garissa DC to the OICe of Northern Frontier District on 8 November 1944: KNA/DC/GRSSA/2/21/3.

67 Illegal Stock Trade, from Garissa DC to Isiolo DC on 14 August 1945: KNA/DC/GRSSA 2/21/3.

68 Report on the Illegal Stock Trade in Isiolo District, from Isiolo DC to Garissa DC on 19 October 1946: KNA/DC/GRSSA 2/21/3.

69 Report on the Illegal Stock Trade in Isiolo District, Isiolo DO to Isiolo DC on 19 October 1946: KNA/DC/GRSSA 2/21/3.

70 Illegal Stock Trade, from Isiolo DC to the OIC of NFD on 30 August 1945; Illegal Stock Trade, from the OIC of NFD to Isiolo DC on 3 September 1945: KNA/DC/GRSSA 2/21/3.

71 Blackmarketing of Livestock, from the OIC of NFD to PC of Central Province: KNA/DC/GRSSA 2/21/3.

第３章

1 ケニアではこれ以前にも開発計画の策定に向けた動きはあったが、実現にはいたっていなかった。当時総督を務めていたブルック＝ポッファム（Henry Brooke-Popham）

は1937年7月に、開発計画の作成を指示する覚書を執行評議会に提出した。しかし、財務局長代理のベレスフォード＝ストーク（George Beresford-Stooke）によって、長期の開発計画を立てるには財政基盤が脆弱であるとして、反対された（Gardner 2012: 142）。

2 Post War Development Plan For the Veterinary Department: KNA/PC/NFD 5/1/2.

3 Meat Marketing, from MAAHNR to all PCs and OICs on 28 December 1946: KNA/DC/GRSSA 2/21/3.

4 Resolution passed at a Meeting of Directors of the Stockbreeders Co-operative Society Limited on 30 October 1945; Report on the Livestock Control, from Livestock Controller to MAAHNR on 7 November 1945: KNA/BV 12/301; Livestock Control and Proposed Livestock Marketing Board, from CS to all DCs on 21 November 1945; Extract of a Minute by His Excellency the Governor on 28 February 1945: KNA/PC/RVP.6A 7/9.

5 Livestock Control and Proposed Livestock Marketing Board, from CS to all DCs on 21 November 1945: KNA/PC/RVP.6A 7/9.

6 Livestock Marketing, from MAAHNR to all PCs and OICs on 15 July 1945 and 31 December 1945; Meat Marketing, from MAAHNR to all PCs and OICs on 28 December 1946: KNA/PC/RVP.6A 7/9.

7 先述のように、牧場主協会は食肉流通を管理する機関の案を以前から支持していた。

8 Meat Marketing, from MAAHNR to all PCs and OIC on 28 December 1946: KNA/PC/RVP.6A 7/9.

9 Sale and Purchase of Slaughter Stock Order, 1947, from Kabarnet DC to Rift Valley PC on 18 April 1947; Sale and Purchase of Slaughter Stock Order, 1947, from the Executive Officer of Meat Marketing Board to Rift Valley PC on 21 April 1947: KNA/PC/RVP.6A/7/9.

10 Cattle Sale -Habaswein, from Garissa DC to the OIC of NFD on 26 March 1947: KNA/DC/GRSSA 2/21/3.

11 Circular Letter No. 39, from CS to all PCs on 18 April 1947: KNA/PC/RVP.6A 7/9.

12 Circular Letter No. 44, from CS to all PCs on 29 April 1947: KNA/DC/GRSSA 2/21/3.

13 Meat Supplies for Mombasa, from Garissa DC to Executive Officer of Meat Marketing Board on 5 July 1947; Letter from Letter from Livestock Buyer of Meat Marketing Board to DVS on 7 June 1947: KNA/DC/GRSSA 2/21/3.

14 Purchase of Stock -Turkana, from DVS to the OIC of NFD on 18 July 1947: KNA/DC/GRSSA 2/21/3.

15 Letter from Executive Officer of Meat Marketing Board to Garissa DC on 13 June

1947: KNA/DC/GRSSA 2/21/3.

16 Meat Supplies for Mombasa, from Garissa DC to Executive Officer of Meat Marketing Board on 5 July 1947; Letter from Livestock Buyer of Meat Marketing Board to DVS on 7 June 1947: KNA/DC/GRSSA 2/21/3.

17 Letter from Livestock Buyer of Meat Marketing Board to the Supervisor of Meat Marketing Board on 6 June 1947; Meat Supplies for Mombasa, from Garissa DC to Executive Officer of Meat Marketing Board on 5 July 1947: KNA/DC/GRSSA 2/21/3.

18 Meat Supplies for Mombasa, from Garissa DC to the Executive Officer of Meat Marketing Board on 3 July 1947: KNA/DC/GRSSA 2/21/3; Meat Marketing from Garissa DC to Northern Province PC: KNA/PC/NFD 8/1/2.

19 Letter from MAAHNR to Northern Province PC on 12 September 1947: KNA/DC/GRSSA 2/21/3: Veterinary Department Annual Report, 1947: 5.

20 The Development of the Livestock Industry of the Native areas of Kenya: Policy and Plans, 1949-1958: KNA/PC/NFD 5/5/3.

21 Movement of Slaughter Stock from African Areas Standard Facilities in African Producing Districts, from DVS to all field stations on 26 April 1956: KNA/BV 12/268.

22 現在はニャフルル（Nyahururu）と呼称されている。

23 Extract from Minutes of the Meeting of Meat Marketing Board on 24 March 1948: KNA/BV 12/270. そのほかにマチャコス県からキアンブ（Kiambu）までの輸送路も地元の入植者と交渉の途上だったが、それはこの案が提起されたばかりであったためである。

24 Copy of the Statement for Circulation to Members of the Highlands Board, Kirimun Holding Ground, from Secretary for MAAHNR on 21 April 1947; Re: Stock Route for Samburu Cattle, from Acting-Clerk to the Aberdare District Council to the Commissioner for Local Government on 14 April 1947: KNA/BV 12/270. 政府内でも一時はナニュキ案が検討されたものの、土壌保全官補佐のラック（Ruck）が環境への影響の観点から、そしてナニュキ農場主協会（Nanyuki Farmers' Association）と牧場主協会ケニア山支部（Mt Kenya Branch of the Stock Owners' Association）が家畜疾病の蔓延への懸念からそれぞれ反対意見を表明し、実現の見通しが立たなかった（Stock Route from Samburu and Adjacent Areas, from DVS to MAAHNR on 3 April 1947; Stock Route for Samburu Cattle, from DVS to MAAHNR on 10 January 1947: KNA/BV 12/270）。

25 Stock Routes from Samburu Reserve, from DVS to Rift Valley PC on 6 May 1947; Copy of the Statement for Circulation to Members of the Highlands Board, Kirimun

Holding Ground, from Secretary for MAAHNR on 21 April 1947: KNA/BV 12/270.

26 Extract from Minutes of the Sub-Committee of Meat Marketing Board on Stock Routes date 8th December 1947, Samburu Stock Route: KNA/BV 12/270.

27 Extract from Minutes of Meat Marketing Board held on 28th September 1948: KNA/BV 12/270.

28 Application -Colonial Development and Welfare Fund, from DVS to MAAHNR on 12 September 1949; Letter from MAAHNR to DVS on 16 May 1950; Application for a Colonial Development and Welfare Fund Grant to Complete the Fencing of the Principal Stock Routes in the Colony, thereby Facilitating the Marketing of Cattle, from the Governor of Kenya to Secretary of State for the Colonies on 14 March 1950; Fencing of Stock Routes from Native Areas to Consuming Areas, Application for a free Grant of £28,000: KNA/BV 12/271.

29 The Development of the Livestock Industry of the Native areas of Kenya: Policy and Plans, 1949-1958: KNA/PC/NFD 5/5/3.

30 Sessional Paper No. 90 of 1956/57, Report of Enquiry into the Kenya Meat Industry, 1956: KNA/BV 12/268.

31 Veterinary Department Annual Report, 1947: 2-3.

32 Legislative Council Debate, 1950: 1224-25; Sessional Paper No. 90 of 1956/57, Report of Enquiry into the Kenya Meat Industry, 1956: KNA/BV 12/268.

33 Colony and Protectorate of Kenya, 1951: 61-79.

34 Draft, Reduction of Livestock in African Areas, Field Abattoir, from Secretary for MAAHNR to MAAHNR on 12 January 1951: KNA/BV 12/323.

35 Isiolo District Handing Over Report, 1950.

36 Colony and Protectorate of Kenya, 1950: 1219; Press Handout No. 373, Press Office of Department of Information on 11 April 1957: TNA/CO 822/1748.

37 1951年に開かれたガルバトゥーラの家畜競売では、KMCが提示した価格はメルーやキクユの精肉店の額よりも20パーセント下回っていた（Northern Province Handing Over Report, 1951）。

38 Memorandum on the Proposed Operation of a Field Abattoir in Samburu, from DVS to the Commissioner of African Land Utilization and Settlement Board on 28 December 1950: KNA/BV 12/323.

39 Draft, Reduction of Livestock in African Areas, Field Abattoir, from Secretary for MAAHNR to MAAHNR on 12 January 1951; Extract from the Minutes of the 35th Meeting of Development and Reconstruction Authority Held on the 25th January, 1951: KNA/BV 12/323.

40 Field Abattoir, Samburu Reserve, from DVS to the Secretary for MAAHNR on 5

September 1951; Notes on Progress made on Abattoir Scheme at Archer's Post, from DVS to MAAHNR on 30 November 1951: KNA/BV 12/323.

41 Letter from Gilbert Colvile to MAAHNR on 19 May 1952; Archer's Post Field Abattoir, from DVS to MAAHNR on 29 March 1952; Archer's Post Field Abattoir, from General Manager of KMC to MAAHNR on 13 March 1952: KNA/BV 12/323.

42 Letter from MAAHNR to the Clerk to Legislative Council on 31 March 1951: KNA/BV 12/268.

43 Minutes of the 6th Meeting of the Board of the African Livestock Marketing Organization on 8 February 1956: KNA/DC/KTI 3/24/3.

44 Letter from DVS to Kitui DC and Livestock Officer of Kitui on 1 September 1953; Letter from Kitui DC to PC of Southern Province on 7 September 1953: KNA/DC/KTI 3/24/3.

45 Minutes of the 6th Meeting of the Board of the African Livestock Marketing Organization on 8 February 1956: KNA/DC/KTI 3/24/3.

46 南部州は1953年に新設された州であり、マチャコス、キトゥイ、マサイの3つの県によって構成されていた。

47 Minutes of the 6th Meeting of the Board of the African Livestock Marketing Organization held at the Offices of the Secretary for Agriculture on 8th February 1956: KNA/DC/KTI 3/24/3. バリンゴ県の場合、ALMOによる家畜の買い取り価格はソマリなどの家畜商人が提供する価格より50パーセントも安かった（Anderson 2002: 201）。

48 Letter from Kitui DC to PC of Southern Province on 5 October 1955: KNA/PC/NGO 1/7/24.

49 Extract from a Meeting of PCs held in Nairobi on 29 September 1955: KNA/PC/NGO 1/7/24.

50 Letter from Kitui DC to PC of Southern Province on 6 October 1955: KAN/PC/NGO 1/7/24.

51 Colony and Protectorate of Kenya, Ministry of Agriculture, Animal Husbandry and Water Resources 1959: 7.

52 Letter from PCr of Southern Province to Kitui DC on 3 October 1955: KNA/PC/NGO 1/7/24.

53 Extract from Kitui DIC, on 17 October 1955: KNA/PC/NGO 1/7/24.

54 県評議会とは、県長官、首長、選挙によって選出されたアフリカ人によって構成されており、地域の問題について意思決定をおこなう場であった。

55 このときに唱導された「多人種主義（multiracialism）」の理念は、1963年にケニアが独立を果たすまで政治的な議論の焦点でありつづけた（Berman 1990: 286-92）。

56 Minutes of a Meeting of the ALDEV Board on 18 July 1955: KNA/AGR 1/9.

57 Ministry Directive on ALMO Policy attached the Minutes of the First Meeting of the Standing Committee of the African Livestock Marketing Board held on 26 July 1955: KNA/PC/NGO 1/7/24.

58 Press Office Handout No. 373, Press Office of Department of Information on 11 April 1957: TNA/CO 822/1748.

59 Minutes of a DCs' Meeting held at Isiolo on 29 to 31 December 1941: KNA/PC/NFD 8/1/2.

60 Letter from the OIC of NFD to CS on 15 December 1941: KNA/PC/NFD 8/1/2.

61 OIC's Circular No. 3/1942: NFD Policy 1942: KNA/PC/NFD 8/1/2.

62 BLCAS/Mss. Afr. s. 2108.

63 Northern Frontier District Policy on 23 August 1945: KNA/DC/ISO 1/5/1.

64 NFD Districts Five Year Development Plans: KNA/PC/NFD 5/1/1; Post War Five Year Development Plan, Northern Frontier District of Kenya: KNA/PC/NFD 5/1/8.

65 Report on the Grazing Areas of the Northern Frontier District of Kenya: KNA/PC/NFD 5/5/1.

66 Hydrographical Reports on the Northern Frontier District, Samburu and Turkana and Report on the Hydrology of the Uaso Nyiro: KNA/BV 16/165.

67 NFD Districts Five Year Development Plans: KNA/PC/NFD 5/1/1; Post War Five Year Development Plan, Northern Frontier District of Kenya: KNA/PC/NFD 5/1/8.

68 Third, Fourth and Final Reports on Rinderpest Campaign in Garissa District from Livestock Officer, Garissa to DVS: KNA/DC/GRSSA 12/1.

69 Department of Veterinary Services（Northern Province）Annual Report: KNA/AGR 1/30; Department of Veterinary Services Annual Report, 1956, 1957: 6.

70 ただし、ラクダの場合でもブルース・トリパノソーマ（*Trypanosoma brucei*）とコンゴ・トリパノソーマ（*Trypanosoma congolense*）の原虫がツェツェバエによって媒介されることで感染することはある（Röttcher et al. 1987）。

71 ドゥカンは、*dhukan* や *dhuukaan* と表記されることもある。ドゥカンがツェツェバエによって媒介されないトリパノソーマ症として理解されていたのか、いいかえるとドゥカンとスーラが同じ疾病として認識されていたのかについては、留保が必要である。前述のフォザリンガムが作成したと思われる家畜疾病のリストでは、アブなどが媒介するトリパノソーマ症であるドゥカンは、ツェツェバエが媒介するトリパノソーマ症のゲンディ（Gendi）と区別されていた（Notes on Diseases of Stock: KNA/DC/ISO 1/5/1）。しかし、実際には後者の語はほとんど使用されることがなく、ツェツェバエによって媒介されたと思われる事例についても「ドゥカン」の語が用いられていた。したがって、植民地期を通して併用されつづけたドゥカンとスーラという二つの

語のあいだの関係について、現時点では決定的なことをいうことができないと考える。なお、両者の疾病が具体的に何を意味しているのかを考察する重要性については、筆者が『アフリカ研究』誌に論文を投稿した際に匿名の査読者の方から指摘していただいた。

72 このとき開発されたバイエル 205（Bayer 205）という新薬については、磯部（2018）の第 8 章を参照。

73 NFD Policy 1945: KNA/PC/NFD 8/1/2.

74 北部辺境県が設置された直後には植民地当局内でラクダの疾病に対する関心が高まった時期があり、1912 年には獣医師のリース（Arnold Leese）がラクダ担当官（Camel Officer）として赴任した。ラクダの疾病の専門家として知られていたリースは、このポストの前にはインドの帝国細菌学研究所で研究に取り組んでおり、とくにスーラが機械的に伝播することを明らかにするという重要な功績を残した（Hevia 2018: 227-49）。ケニアではジュバランドに派遣されたリースだったが、上司である主任家畜医務官との対立もあってラクダ、ロバ、ラバの疾病に関する報告書をまとめるほかに重要な仕事が任されることはなく、研究の機会も与えられず、1914 年の終わりに職を辞した（Leese 1951: 22-27）。なお、彼はその後王立陸軍獣医部隊（Royal Army Veterinary Corps）での勤務を経てイギリスに帰国し、ファシズム運動に身を投じている。

75 Northern Province Handing Over Report 1951, 1953.

76 Minutes of DCs' Meeting held at Wajir on 24-26 July 1945: KNA/PC/NFD 8/1/2.

77 Letter from Isiolo DC to Northern Province PC on 1 June 1961: KNA/AGR 1/55.

78 Archer's Post Abattoir, from the Secretary of MAAHNR to Press Officer of Department of Information on 31 October 1955: KNA/BV 12/323.

79 Camel Disease "Dukan" from Garissa DC to Wajir DC on 31 March 1942: KNA/DC/GRSSA 12/1; Mandera District Handing Over Report, 1949.

80 Minutes of the African District Council of Mandera, Full Council Meeting held at Mandera on 7 to 8 May 1962: KNA/DC/ISO 3/9/8.

81 Memorandum by Mr. Ahmed Farah: ALMO in the Northern Province, with Special Reference to Cattle Exports from the Moyale and Mandera Districts: KNA/AGR 1/55.

82 Minutes of the Eleventh Meeting of the NP Livestock Marketing Committee on the 14 May 1962: KNA/DC/ISO 4/17/2.

83 Principal Livestock Marketing Officer for Director of Veterinary Services to the Secretary for Agriculture, on 27 January 1956: KNA/BV 12/268.

84 Memorandum by Mr. Ahmed Farah: ALMO in the Northern Province, with Special Reference to Cattle Exports from the Moyale and Mandera Districts: KNA/AGR

1/55. この覚書が作成された日付けは不明だが、1961 年 6 月にイシオロで開かれた北部州家畜流通委員会の会議で配布された資料の一部であると考えられる。

85 Northern PC to DCs of the Province on 26 May 1959; Minutes of the 9th Meeting of the NP Livestock Marketing Committee held on 28 August 1961; Extract from the Minutes of the DCs' Meeting held in Isiolo from 10 to 11 October 1962: KNA/DC/ISO 4/17/2.

86 Northern PC to DCs of the Province on 26 May 1959: KNA/DC/ISO 4/17/2.

87 Purchase by ALMO of Immature Steers for Ranching in the Settled Areas, from the Secretary for Agriculture to the Director of Veterinary Services on 25 January 1956: KNA/BV 12/267.

88 Colony and Protectorate of Kenya, Ministry of Agriculture, Animal Husbandry and Water Resources 1961: 19-20; Duncanson, 1975; Post War Development Plan for the Veterinary Department: KNA/PC/NFD 5/1/2.

第 4 章

1 Government of the United Kingdom 1962b: 8-11.

2 Draft CPC Paper, Kenya Constitutional Conference, Future of the Northern Frontier District, Joint Memorandum by the Secretary of State for Foreign Affairs and the Secretary of State for the Colonies: TNA/FCO 371/165453.

3 Kenya Constitutional Conference, from Foreign Office to certain of Her Majesty's Representatives on 26 March 1962: TNA/FCO 371/165453. Whittaker（2015b: 89-90）も参照。

4 Kenya Constitutional Conference 1962, Record of the First Meeting between the Northern Frontier District Delegation and a Group of Representatives of the Conference held in the Music Room Lancaster House on 16 March 1962: TNA/FCO 371/165453.

5 Kenya Constitutional Conference 1962, Record of the Second Meeting between the Northern Frontier District Delegation and a Group of Representatives of the Conference held in the Music Room Lancaster House on 23 March 1962: TNA/FCO 371/165453.

6 Somalis in Kenya, from R.S. Scrivener to R. Stevens on 14 March 1962: TNA/FCO 371/165453.

7 Government of the United Kingdom 1962b.

8 Government of the United Kingdom 1962a.

9 Thompson 2015: 94-96. KANU 政府が成立する前の 5 月にも、エチオピアのアディスアベバで開催されたアフリカ統一機構（Organization of African Unity: OAU）の会

議でこの問題は取り上げられていた（Thompson 2015: 96-98）。

10 Thompson 2015: 94-95; Whittaker 2015b. イシオロでのフィールドワーク中、ワベラについては政府の方針に忠実な人物であったという声が聞かれた一方で、それとは異なる語りも得られた。2012年11月24日におこなった50代のボラナ人男性への聞き取りによると、ケニアの独立後、大統領のケニヤッタは分離に向けたNFDの動きを警戒しており、県長官のワベラに弾圧に協力することを要請した。しかし、ワベラは住民を保護することを選んでこの要請を拒んだために、ケニヤッタとの関係が悪化した。そのため、ワベラはイシオロからワジアに向かう車中で、ケニヤッタの指示を受けたワベラの妻のキョウダイによって襲撃され、殺害された。銃撃を免れた車の運転手は草むらのなかに逃げ込んで助かり、人びとに変事が起こったことを伝えた。以上のワベラに関する語りの揺れは、現在までつづく中央に対する北ケニアの距離感を表しているように思われる。

11 1970年6月には免責法（Indemnity Act）が成立し、NFDとその周辺の県における政府関係者や治安部隊の法的責任が免除された（Anderson 2014: 661）。

12 2012年11月24日の聞き取りより。

13 Khalif and Oba 2013; Whittaker 2015b. 政府はシフタ紛争による死者を2,000人弱としている。しかし、2007年の選挙後暴動のあとに設置された真実・正義・和解委員会（Truth, Justice and Reconciliation Commission）は、この数字が少なすぎるとして否定している（Anderson 2014: 661）。

14 Duncanson 1975; Colony and Protectorate of Kenya, Ministry of Agriculture, Animal Husbandry and Water Resources 1961: 19-20.

15 Department of Veterinary Services Annual Report, 1963: 74; 1964: 2; 1967.

16 Kenya African National Union 1963: 7.

17 World Bank 1968. 3,600万ドルの運用資金は1968年9月には用意されていたが、制度上の問題で開始が1971年1月まで遅れた（Cronin 1978: 1-2）。

18 1962年には世界銀行内に畜産部門が設置されている。ジャービス（Jarvis 1986: 123-45）を参照。

19 Chambers 1969: 17. このプロジェクトの評価チームにはチェンバース以外にも、その社会的な影響について検討するためにウガンダ北部の牧畜民カリモジョン（Karimojong）の調査で知られるアメリカ人文化人類学者のダイソン＝ハドソン（Neville Dyson-Hudson）が参加していた。これは、世界銀行がプロジェクト評価に職業的な人類学者を雇用した最初の例であり、その後もジェイコブス（Alan Jacobs）、ハーランド（Gunner Haaland）、ヘランド（John Helland）、リトル（Peter Little）、ホッグ（Richard Hogg）らが牧畜社会の開発プロジェクトに関与した（McCabe 1991）。

20 Ministry of Agriculture, Livestock Marketing Division Annual Report 1973.

21 一期目の畜産開発プロジェクトが1974年7月に終了すると、同年の12月には規模を

拡大して2期目の畜産開発プロジェクトが開始された第二次畜産開発計画の予算規模は5,970万ドルで、ケニア政府のほかに世界銀行グループの国際開発協会（International Development Association）、USAID、イギリス、そしてカナダが資金を提供した（Cronin 1978: 4）。

22 IPALは1985年に終了した。その後、1984年10月にはIPALのフォローアップ・プロジェクトとして、ケニア乾燥地調査拠点プロジェクト（Kenya Arid Lands Research Station）が開始された（Hansen 2015: 223; Integrated Project in Arid Lands 1985: 68-69）。

23 Ministry of Agriculture and Livestock Development, Department of Livestock Production, Livestock Marketing Division Annual Report, 1998.

24 2015年3月2日にLMDでおこなった聞き取りより。Ministry of Agriculture and Livestock Development, Department of Livestock Production, Livestock Marketing Division Annual Report（1998）も参照。

25 Republic of Kenya 2003: vii.

26 ひとつはタナ川流域で実施されるASAL開発プロジェクトで、もうひとつはASAL地域を含めて全国の少なくとも4カ所に疾病無発生地域（Disease-Free Zones）を設置する計画であった（Republic of Kenya 2007: 59-60）。

27 『北ケニア・ビジョン2030』では、前述の『エンパワーメントと貧困削減』を作成したナラヤン（Deepa Narayan）らの編著が引用されている。

28 この市場ではロバや牛も取引の対象である。したがって本来は「大家畜の市場（*suuq ishiqin*）」と表記すべきところである。しかし、現実にはロバが売買されることはほとんどなく、牛にいたっては筆者は一度も確認していない。本書では、取引のこのような状況と調査地の人びとによる呼称を尊重して、以下では「ラクダ市場」と表記する。

29 湖中（2006）は、スグタマルマル（Suguta Marmar）の市場でサンブルの人びとが家畜を取引する様子を民族誌的に記述した研究である。

30 アウリハンとアブドワクの系譜上の関係については、図0-3を参照。

31 2010年10月22日と同年12月17日の聞き取りより。

32 2010年11月2日と同年12月17日の聞き取りより。

33 Republic of Kenya 2008b: 8-9.

34 Republic of Kenya 2008b: 53. なお、下線部は原文では斜字体。

35 ただし、ソマリのすべての集団がラクダをもっとも重視する価値基準にしたがっているわけではなく、群の構成は地域や歴史的背景によって多様である。たとえば、ソマリのクランのなかでももっとも南方のタナ川東岸を領域とするアブダラーは、おもに牛を飼養することで知られている。また、アウリハン・クランのなかでもアフワ（Afwa）と呼ばれる集団は、ラグデラ県の南方の湿地帯付近をおもな放牧地として

おり、やはりラクダよりも牛の放牧を重視している。

36 小田（2010）は、レヴィストロースによって定義された「家」概念に依拠しながら、日本社会のような「家のある社会」を、ヌアーやクリアなど「家のない社会」から区別する。後者は、社会人類学において「リネージ」という分析概念によって記述されてきた社会である。小田は、分節リネージ体系の社会におけるリネージは生産手段や生産関係を持続させているものの、それ自体は「家」のように法人として永続しないことを理由に、リネージを「家」概念の範疇から除くことを主張している（小田 2010: 126-27）。本書では彼の議論を念頭に置きながら、誤解を招きやすい「家」概念を用いることを避けて「一族」という用語を選択した。

37 ただし、反対に売り手ないし買い手の側から代理人に交渉を依頼することもある。

38 小数点第2位以下は四捨五入した。以下同様。

39 これらの集団の系譜上の関係については、図 0-3 を参照。

40 2011 年 2 月 15 日の聞き取りより。以下､事例に登場する人物については偽名を用いた。

41 2018 年 12 月の時点で、1 ケニア・シリングは約 1.03 円。

42 この事例は、2011 年 2 月 7 日に記録されたものである。このやりとりがあったとき、筆者もそばにいたものの、ソマリ語能力の不足から部分的にしか内容を理解できなかった。そこで、モハメッドに携帯を依頼していた IC レコーダーに記録されていた会話を、あとで書き起こした。不明な点については、後日行なったモハメッドへの聞き取りで補足した。なお、以下の事例 4-10、事例 4-12、そして事例 4-13 も同様である。

43 ハッサンが連れてきていた別のラクダを指していると思われる。

44 ナディルはモドガシの市場で頻繁に買い付けをおこなっている商人のひとり。

45 2011 年 1 月 30 日の聞き取りより。

46 エスノメソドロジーにおけるカテゴリーと、カテゴリーと結びついた行為について、小宮（2007）を参照。

47 2011 年 2 月 15 日の聞き取りより。

48 2011 年 2 月 15 日の聞き取りより。

49 2011 年 2 月 15 日の聞き取りより。

50 2011 年 2 月 15 日の聞き取りより。

51 2011 年 2 月 15 日および同 20 日の聞き取りより。

52 Republic of Kenya 2008b: 49-50. なお、傍線部は原文では斜字体。

53 Republic of Kenya 2008b: 51-52. なお、傍線部は原文では斜字体。

54 正確には､「手に入れられてはならない」。*la-ma* は受け身と否定を表わす。動詞 *gado*（*gadanayo*）は「買う」（金銭と交換で何かを手に入れる）だけでなく、広く「手に入れる」という動作について用いられる。ソマリ語で「買う」にあたる動詞は *iibso*（*iibsaday*）だが、*gado* のほうが頻繁に用いられている。

55 本節の第 2 節ですでに説明したように、ここで「人びと」と訳したソマリ語のレール

（*reer*）は一般的に血縁的な集団を指す語彙である。しかし、この語は血縁に関係なく特定の集団やまとまりを表す際に用いられることもある。たとえば、ソマリアの港湾都市ベナディールに住む人びとはレール・ベナディールと呼ばれる。もちろん、この呼称は特定のクランやクラン群を指すものではない（Lewis 2008）。

56　先に述べたように、一般的にソマリではラクダが家畜としてもっとも重視されているとはいえ、おもに牛を飼養する集団も存在している。アウリハンを含めて、ラクダをおもに飼養するクランがそれらの集団に対して示す軽視には、Chenevix-Trench（1964: 21-22）が指摘しているように、牛飼養をボラナへの接近と見なす人種主義的な側面があるように思われる。

57　2010年12月2日の聞き取りより。

58　100頭のうち1、2頭の割合とされる。

59　2011年1月27日の聞き取りより。

60　2011年2月10日の聞き取りより。

参考文献

1. 未刊行史料

ケニア国立文書館（KNA）

AGR: Agriculture
BV: Veterinary
DC/GRSSA: Garissa District
DC/ISO: Isiolo District
DC/KTI: Kitui District
PC/NFD: Northern Frontier District
PC/NGO: Southern Province
PC/RVP: Rift Valley Province
そのほかに、さまざまな省庁や部局の年次報告書（Annual Report）と引継報告書（Handing Over Report）を利用した。

イギリス国立文書館（TNA）

CO 533: Kenya Original Correspondence
CO 822: Colonial Office, East Africa
CO 927: Colonial Office, Research Department
FCO 371: Foreign Office, Political Departments, General Correspondence from 1906-1966
FO 403: Foreign Office, Confidential Print Africa
INF 10: British Empire Collection of Photographs

オックスフォード大学ボドレアン図書館（BLCAS）

Mss. Afr. s. 1426: Interview with Sir Roger Swynnerton
Mss. Afr. s. 2024: Papers of Robert O. Barnes
Mss. Afr. s. 2108: Interview with Sir Richard Turnbull

2. 刊行史料

Beckley, V. 1935 *Soil Erosion*, Colony and Protectorate of Kenya, Department of Agriculture, Bulletin No. 1 of 1935. Nairobi: The Government Printer.

Chambers, R. 1969 *Report of Social and Administrative Aspects of Range Management Development in the Northeastern Province of Kenya*. Nairobi, Ministry of Agriculture.

Colony and Protectorate of Kenya. 1926 *Legislative Council Debates, 1926*. Volume 1.

Nairobi, The Government Printer.

——. 1929 *Report of the Agricultural Commission*. Nairobi, The Government Printer.

——. 1934 *Legislative Council Debates*, Volume 1. Nairobi, The Government Printer.

——. 1935 *Ordinances: Enacted during the Year 1934*. Nairobi, The Government Printer.

——. 1937 *Report of the Meat and Live Stock Inquiry Committee*. Nairobi, The Government Printer.

——. 1950 *Legislative Council Debates Official Report*. Second Series, Volume 35. Nairobi, The Government Printer.

——. 1951 *Ordinances: Enacted during the Year 1950*. Nairobi, The Government Printer.

——. 1956 *Report of Enquiry into the Kenya Meat Industry, 1956*. Nairobi, The Government Printer.

Colony and Protectorate of Kenya, Ministry of Agriculture, Animal Husbandry and Water Resources. 1959 *The Marketing of African Livestock: Report of Enquiry Made by Mr. P. H. Jones into the Whole Problem of the Marketing of African Stock*. Nairobi, The Government Printer.

——. 1961 *The Kenya Veterinary Department: Fifty Years of Service*. Nairobi, The Government Printer.

Cronin, A. 1978 *Kenya Second Livestock Development Project*. London, Ministry of Overseas Development.

Food and Agriculture Organization (FAO). 1967 *East African Livestock Survey: Regional -Kenya, Tanzania, Uganda*, Vol. 1. Rome, FAO.

Food and Agriculture Organization (FAO) /World Bank. 1977 *The Outlook for Meat Production and Trade in the Near East and East Africa*, Volume 1. Washington DC, World Bank.

Government of the United Kingdom. 1925 *Report of the East Africa Commission*, Cmd. 2387. London, H. M. S. O.

——. 1929 *Colonial Veterinary Service: Report of a Committee Appointed by the Secretary of State for the Colonies*, Cmd. 3261. London, H. M. S. O.

——. 1934 *Report of the Kenya Land Commission*, Cmd. 4556. London, H. M. S. O.

——. 1936 *Report of the Commission Appointed to Enquire into and Report on the Financial Position and System of Taxation of Kenya*, Col 116. London, H. M. S. O.

——. 1962a *Report of the Regional Boundaries Commission*, Cmnd. 1899. London, H. M. S. O.

——. 1962b *Kenya: Report of the Northern Frontier District Commission*, Cmnd. 1900.

London, H. M. S. O.
Integrated Project in Arid Lands (IPAL). 1985 *Project Findings and Recommendations.* Paris, UNESCO.
Kenya African National Union. 1963 *What a KANU Government Offers You.* Nairobi, The Government Printer.
Kenya Meat Commission (KMC). 1951 *First Report and Accounts for the Period of 1st June to 31st December, 1950.* Nairobi, East African Standard.
Republic of Kenya. 1965 *Sessional Paper No. 10: African Socialism and Its Application to Planning in Kenya.* Nairobi, The Government Printer.
——. 2003 *Economic Recovery Strategy for Wealth and Employment Creation, 2003-2007.* Nairobi, The Government Printer.
——. 2007 *Kenya Vision 2030: A Globally Competitive and Prosperous Kenya.* Nairobi, The Government Printer.
——. 2008a *Lagdera District Development Plan 2008-2012.* Nairobi, Government Printer.
——. 2008b *Sessional Paper No. 2 of 2008 on National Livestock Policy.* Nairobi, Government Printer.
——. 2011 *The Vision 2030 Development Strategy for Northern Kenya and other Arid Lands.* Nairobi, The Government Printer.
Union of South Africa. 1932 *Report of Native Economic Commission 1930-1932.* Pretoria, The Government Printer.
World Bank. 1963 *The Economic Development of Kenya.* Baltimore, Johns Hopkins Press.
——. 1968 *Livestock Development Project Kenya.* Washington DC, World Bank.

3. 日本語文献（著者名五十音順）

池谷和信 2002『国家のなかでの狩猟採集民——カラハリ・サンにおける生業活動の歴史民族誌』国立民族学博物館。
磯部裕幸 2018『アフリカ眠り病とドイツ植民地主義——熱帯医学による感染症制圧の夢と現実』みすず書房。
伊東剛史 2008「「幸福な家族」の肖像——19世紀ロンドンの動物史」『史学』77(2/3): 329-59。
ウィラースレフ、レーン 2018『ソウル・ハンターズ——シベリア・ユカギールのアニミズムの人類学』奥野克巳・近藤祉秋・古川不可知訳、亜紀書房。
ウォルターズ、ウィリアム 2016『統治性——フーコーをめぐる批判的な出会い』阿部潔他訳、月曜社。
エヴァンズ＝プリチャード、エドワード 1997『ヌアー族——ナイル系一民族の生業形態

と政治制度の調査記録』向井元子訳、平凡社。
絵所秀紀 1997『開発の政治経済学』日本評論社。
太田至 1998「アフリカの牧畜社会における開発援助と社会変容」高村康雄・重田眞義編『アフリカ農業の諸問題』pp. 287-318、京都大学学術出版会。
小田亮 2010「「家」の比較研究に向けて」出口顕・三尾稔編『人類学的比較再考』pp. 125-46、国立民族学博物館。
川端正久・落合雄彦編 2006『アフリカ国家を再考する』晃洋書房。
木畑洋一 1987『支配の代償』東京大学出版会。
クーパー、アダム 2000『人類学の歴史――人類学と人類学者』鈴木清史訳、明石書店。
クリフォード、ジェイムズ／マーカス、ジョージ編 1996『文化を書く』春日直樹他訳、紀伊國屋書店。
湖中真哉 2006『牧畜二重経済の人類学――ケニア・サンブルの民族誌的研究』世界思想社。
小宮友根 2007「規範があるとは、どのようなことか」前田泰樹・水川喜文・岡田光弘編『エスノメソドロジー――人びとの実践から学ぶ』pp. 99-120、新曜社。
米谷園江 1996「ミシェル・フーコーの統治性研究」『思想』876: 77-105。
コーン、エドゥアルド 2016『森は考える――人間的なるものを超えた人類学』奥野克巳・近藤宏監訳、亜紀書房。
近藤英俊 2007「瞬間を生きる個の謎、謎めくアフリカ現代」阿部年晴・小田亮・近藤英俊編『呪術化するモダニティ』pp. 17-110、風響社。
スネラール、ミシェル 2007「講義の位置づけ」ミシェル・フーコー『安全・領土・人口――コレージュ・ド・フランス講義 1977-78 年度』pp. 453-97、高桑和巳訳、筑摩書房。
孫暁剛 2012『遊牧と定住の人類学――ケニア・レンディーレ社会の持続と変容』昭和堂。
高橋基樹 2010『開発と国家――アフリカ政治経済論序説』勁草書房。
武内進一 2009『現代アフリカの紛争と国家』明石書店。
谷泰 1976「牧畜文化考――牧夫―牧畜家畜関係行動とそのメタファ」『人文學報』42: 1-58。
ダーントン、ロバート 1986『猫の大虐殺』海保真夫・鷲見洋一訳、岩波書店。
津田みわ 2015「ケニアにおける土地政策――植民地期から 2012 年の土地関連法制定まで」武内進一編『アフリカ土地政策史』pp. 31-61、アジア経済研究所。
ドーキンス、リチャード 2014『好奇心の赴くままに ドーキンス自伝 I――私が科学者になるまで』垂水雄二訳、早川書房。
中村香子 2002「おカネはミルク、おカネは水――牧畜民サンブルのレトリック」小馬徹編『カネと人生』pp. 53-75、雄山閣。
並松信久 2016『農の科学史――イギリス「所領知」の革新と制度化』名古屋大学出版会。
ハラウェイ、ダナ 2013『伴侶種宣言――犬と人の「重要な他者性」』永野文香訳、以文社。
平田真太郎 2009『ケニアにおける土地所有権の社会分析――法システムの機能と進化の

観点から』横浜国立大学提出博士論文。

フーコー、ミシェル 2006「汚辱に塗れた人々の生」丹生谷貴志訳『フーコー・コレクション6 生政治・統治』pp. 201-37、筑摩書房。

—— 2007a『社会は防衛しなければならない——コレージュ・ド・フランス講義 1975-76年度』石田英敬・小野正嗣訳、筑摩書房。

—— 2007b『安全・領土・人口——コレージュ・ド・フランス講義 1977-78年度』高桑和巳訳、筑摩書房。

—— 2008『生政治の誕生 1978-79年度』慎改康之訳、筑摩書房。

ヘッドリク、ダニエル 1989『帝国の手先——ヨーロッパ膨張と技術』原田勝正ほか訳、日本経済評論社。

ペトリーナ、アドリアナ 2016『曝された生——チェルノブイリ後の生物学的市民』粥川準二監修、人文書院。

西真如 2017「公衆衛生の知識と治療のシチズンシップ——HIV流行下のエチオピア社会を生きる」『文化人類学』81(4): 651-69。

ニーチェ、フリードリヒ 1993『ツァラトゥストラ　上』吉沢伝三郎訳、筑摩書房。

松原洋子 2002「優生学の歴史」廣野喜幸・市野川容孝・林真理編『生命科学の近現代史』pp. 199-226、勁草書房。

山崎吾郎 2011「研究動向——生政治と統治性の現在」檜垣立哉編『生権力論の現在——フーコーから現代を読む』pp. 217-50、勁草書房。

リトヴォ、ハリエット 2001『階級としての動物——ヴィクトリア時代の英国人と動物たち』三好みゆき訳、国文社。

レヴィ=ストロース、クロード 1970『今日のトーテミスム』仲澤紀雄訳、みすず書房。

ローズ、ニコラス 2014『生そのものの政治学——21世紀の生物医学、権力、主体性』檜垣立哉監訳、法政大学出版局。

—— 2016『魂を統治する——私的な自己の形成』堀内進之介・神代健彦監訳、以文社。

4. 英語文献（著者名アルファベット順）

Abdullahi, A. 1997 *Colonial Policies and the Failure of Somali Secessionism in the Northern Frontier District of Kenya Colony, c. 1890-1968*. Master Thesis, Rhodes University.
Allen, C. 1979 *Tales from the Dark Continent.* London, Andre Deutsch.
Anderson, D. 1984 Depression, dust bowl, demography and drought: The colonial state and soil conservation in East Africa during the 1930s. *African Affairs* 83: 321-43.
——. 1986 Stock theft and moral economy in colonial Kenya. *Africa* 56(4): 399-416.
——. 2002 *Eroding the Commons: The Politics of Ecology in Baringo, Kenya 1890s-1963.* Oxford, James Currey.

——. 2010 Kenya's cattle trade and the economics of empire, 1918-48. In Brown, K. and D. Gilfoyle (eds.) *Healing the Herds: Disease, Livestock Economies, and the Globalization of Veterinary Medicine*, pp. 250-68. Athens, Ohio University Press.

——. 2014 Remembering Wagalla: State violence in northern Kenya, 1962-1991. *Journal of Eastern African Studies* 8(4): 658-76.

Anderson, J. 1935 Improvement of native cattle by selective breeding and herd management. *The East African Agricultural Journal* 1(3): 251-58.

——. 1942 Artificial insemination and community breeding of cattle. *The East African Agricultural Journal* 8(1): 2-8.

Anderson, D., H. Elliott, H. Kochore, and E. Lochery 2012 Camel herders, middlewomen, and urban milk bars: the commodification of camel milk in Kenya. *Journal of Eastern African Studies* 6(3): 383-404.

Archer, G. 1963 *Personal and Historical Memoirs of an East African Administrator*. London, Oliver & Boyd LTD.

Baker, A. 2004 Reece, Sir Gerald (1897-1985). In H. Matthew and B. Harrison (eds.) *Oxford Dictionary of National Biography Volume 46*, pp. 290-91. Oxford, Oxford University Press.

Barber, J. 1968 *Imperial Frontier: A Study of Relations between the British and the Pastoral Tribes of North East Uganda*. Nairobi, East African Publishing House.

Behnke, R. and D. Muthami 2011 *The Contribution of Livestock to the Kenyan Economy*. IGAD LPI Working Paper. Addis Ababa, IGAD Livestock Policy Initiative.

Beinart, W. and K. Brown 2013 *African Local Knowledge and Livestock Health: Diseases and Treatments in South Africa*. Woodbridge, James Currey.

Beisel, U. and C. Boëte 2013 The flying public health tool: Genetically modified mosquitoes and malaria control. *Science as Culture* 22(1): 38-60.

Berman, B. 1990 *Control and Crisis in Colonial Kenya: The Dialectic of Domination*. London, James Currey.

Bierschenk, T. and J-P. Olivier de Sardan 2015a Studying the dynamics of African bureaucracies: An introduction to States at Work. In Bierschenk, T. and J-P. Olivier de Sardan (eds.) *States at Work: Dynamics of African Bureaucracies*, pp. 1-33. Leiden, Brill.

——. 2015b Ethnographies of public services in Africa: An emerging research paradigm. In Bierschenk, T. and J-P. Olivier de Sardan (eds.) *States at Work: Dynamics of African Bureaucracies*, pp. 35-65. Leiden, Brill.

Blue, G. and M. Rock 2010 Trans-biopolitics: Complexity in interspecies relations. *Health* 15(4): 353-68.

Branch, D. 2011 *Kenya: Between Hope and Despair, 1963-2011*. New Haven, Yale University Press.

Brantley, C. 1981 *The Giriama and Colonial Resistance in Kenya, 1800-1920*. Berkeley, University of California Press.

——. 2002 *Feeding Families: African Realities and British Ideas of Nutrition and Development in Early Colonial Africa*. Portsmouth, Heinemann.

Buhler, W., M. Stephen, A. Eddie, S. Bolton, J. Mann 2002 *Science, Agriculture and Research: A Compromised Participation?* London, Earthscan Publications Ltd.

Bundy, C. 1979 *The Rise and Fall of the South African Peasantry*. London, Heinemann.

Caldeira, T. and J. Holston 2004 State and urban space in Brazil: From modernist planning to democratic intervention. In: Ong, A. and S. Collier (eds.) *Global Assemblages: Technology, Politics, and Ethics as Anthropological Problems*, pp. 393-416. Oxford, Blackwell Publishing.

Campbell, C. 2007 *Race and Empire: Eugenics in Colonial Kenya*. Manchester, Manchester University Press.

Carruthers, J. 1989 Creating a national park, 1910 to 1926. *Journal of Southern African Studies* 15(2): 188-216.

Cashmore, T. 1965 *Studies in District Administration in the East Africa Protectorate, 1895-1918*. Ph. D Thesis, Cambridge University.

Cassanelli, L. 1982 *The Shaping of Somali Society: Reconstructing the History of a Pastoral People, 1600-1900*. Philadelphia, University of Pennsylvania Press.

Cassidy, A., Dentinger, R., Schoefert, K., and A. Woods 2017 Animal roles and traces in the history of medicine, c. 1880-1980. *BJHS Themes* 2: 11-33.

Chalfin, B. 2010 *Neoliberal Frontiers: An Ethnography of Sovereignty in West Africa*. Chicago, The University of Chicago Press.

Chambers, D. and R. Gillespie 2000 Locality in the history of science: Colonial science, technoscience, and indigenous knowledge. *Osiris* 15: 221-40.

Chenevix-Trench, C. 1964 *The Desert's Dusty Face*. Edinburgh, W. Blackwood.

——. 1965 Why a Greek: An East African frontier in 1905. *History Today* 15: 48-56.

——. 1993 *Men Who Ruled Kenya*. London, Radcliffe Press.

Coldham, S. 1979 Colonial policy and the highlands of Kenya, 1934-1944. *Journal of African Law* 23(1): 65-83.

Collier, S. 2011 *Post-Soviet Social: Neoliberalism, Social Modernity, Biopolitics*. Princeton, Princeton University Press.

Collier, S. and A. Lakoff 2008 The problem of securing health. In Lakoff, A. and S. Collier (eds.) *Biosecurity Interventions: Global Health and Security in Question*, pp. 7-32.

New York, Columbia University Press.

Comaroff, J. and J. L. Comaroff 1992 *Ethnography and the Historical Imagination.* Boulder, Westview Press.

Conelly, W. 1998 Colonial era livestock development policy: Introduction of improved dairy cattle in high-potential farming areas of Kenya. *World Development* 26(9): 1733-48.

Constantine, S. 1984 *The Making of British Colonial Development Policy 1914-1940.* London, Frank Cass.

Cooper, F. 2002 *Africa since 1940: The Past of the Present.* Cambridge, Cambridge University Press.

Coronil, F. 1997 *The Magical State: Nature, Money, and Modernity in Venezuela.* Chicago, The University of Chicago Press.

Cranefield, P. 1991 *Science and Empire: East Coast Fever in Rhodesia and the Transvaal.* Cambridge, Cambridge University Press.

Cranworth, B. 1912 *A Colony in the Making: Or Sport and Profit in British East Africa.* London, Macmillan and Co.

Cruikshank, B. 1999 *The Will to Empower: Democratic Citizens and Other Subjects.* Ithaca, Cornell University Press.

Curd, F. and D. Davey 1950 "Antrycide": A new trypanocidal drug. *The British Journal of Pharmacology and Chemotherapy* 5(1): 25-32.

Dalleo, P. 1975 *Trade and Pastralism: Economic Factors in the History of the Somali of Northeastern Kenya, 1892-1948.* Ph. D Thesis, Syracuse University.

Das, V. and D. Poole eds. 2004 *Anthropology in the Margins of the State.* Oxford, Oxford University Press.

Daubney, R. 1928 Observations on rinderpest. *The Journal of Comparative Pathology and Therapeutics* 41(4): 228-48, 263-87.

——. 1942 The suitability of the White Highlands of Kenya for grade cattle of European breeds. *The East African Agricultural Journal* 7(3): 127-41.

Dean, M. 1999 *Governmentality: Power and Rule in Modern Society.* London, Sage Publications.

Douglas, M. 1957 Animals in Lele religious symbolism. *Africa* 27(1): 46-58.

Duncanson, G. 1975 The Kenya National Artificial Insemination Service. *World Animal Review* 16: 37-41.

Dyson-Hudson, N. 1966 *Karimojong Politics.* Oxford, C larendon.

——. 1985 Pastoral production systems and livestock development projects: An East African perspective. In Cernea, M. (ed.) *Putting People First: Sociological Variable*

in Rural Development, pp. 157-86. Oxford, Oxford University Press.

Eliot, C. 1905 *The East Africa Protectorate*. London, Edward Arnold.

Elliott, H. 2016 Planning, property and plots at the gateway to Kenya's 'new frontier'. *Journal of Eastern African Studies* 10(3): 511-29.

Elmi, M. and I. Birch 2013 *Creating Policy Space for Pastoralism in Kenya*. Working Paper for Future Agricultures Consortium.

Elyachar, J. 2005 *Markets of Dispossession: NGOs, Economic Development, and the State in Cairo*. Durham, Duke University Press.

Escobar, A. 1994 *Encountering Development: The Making and Unmaking of the Third World*. Princeton, Princeton University Press.

Ewald, F. 1991 Insurance and risk. In Burchell, G., Gordon, C. and P. Miller (eds.) *The Foucault Effect: Studies in Governmentality*, pp. 197-210. Chicago, The University of Chicago Press.

Fabian, J. 1983 *Time and the Other: How Anthropology Makes its Object*. New York, Columbia University Press.

Fassin, D. 2009 Another politics of life is possible. *Theory, Culture, and Society* 26(5): 44-60.

Ferguson, J. 1990 *The Anti-Politics Machine: "Development," Depoliticization, and Bureaucratic Power in Lesotho*. Cambridge, Cambridge University Press.

——. 1999 *Expectations of Modernity: Myths and Meanings of Urban Life on the Zambian Copperbelt*. Cambridge, Cambridge University Press.

——. 2009 The uses of neoliberalism. *Antipode* 41(1): 166-84.

Ferguson, J. and A. Gupta 2002 Spatializing states: Toward an ethnography of neoliberal governmentality. *American Ethnologist* 29(4): 981-1002.

Finnemore, M. 1997 Redefining development at the World Bank. In Cooper, F. and R. Packard (eds.) *International Development and the Social Sciences: Essays on the History and Politics of Knowledge*, pp. 203-28. Berkeley, University of California Press.

Firth, R. 1936 *We the Tikopia: A Sociological Study of Kinship in Primitive Polynesia*. London, Allen and Unwin.

Foote, R. 2002 The history of artificial insemination: Selected notes and notables. *Journal of Animal Science* 80: 1-10.

Ford, J. 1971 *The Role of the Trypanosomiases in African Ecology: A Study of the Tsetse Fly Problem*. Oxford, The Clarendon Press.

Foucault, M. 1977 *Discipline and Punish: The Birth of the Prison*. translated by Alan Sheridan. New York, Vintage Books.

——. 1988 On problematization. *History of the Present* 4: 16-17.

Fox, R. and B. King eds. 2002 *Anthropology Beyond Culture*. Oxford, Berg.

Frankel, O. 2006 *States of Inquiry: Social Investigations and Print Culture in Nineteenth-Century Britain and the United States*. Baltimore, The Johns Hopkins University Press.

Franklin, S. 2007 *Dolly Mixtures: The Remaking of Genealogy*. Durham, Duke University Press.

Fratkin, E. 1991 *Surviving Drought and Development: Ariaal Pastoralists of Northern Kenya*. Boulder, Westview Press.

Fratkin, E., Roth, E. A., and M. Nathan 1999 When nomads settle. *Current Anthropology* 40(5): 729-35.

Garcia-Parpet, M. F. 2007 The social construction of a perfect market: The strawberry auction at Fountaines-en-Sologne. In D. MacKenzie, Muniesa, F., and I. Siu (eds.) *Do Economics Make Markets?*, pp. 20-53. Princeton, Princeton University Press.

Gardner, L. 2012 *Taxing Colonial Africa: The Political Economy of British Imperialism*. Oxford, Oxford University Press.

Garland, David. 2014. What is a "history of the present"?: On Foucault's genealogies and their critical preconditions. *Punishment and Society* 16(4): 365-84.

Gauthier-Pilters, H. and A. I. Dagg 1981 *The Camel: Its Evolution, Ecology, Behavior, and Relationship to Man*. Chicago, University of Chicago Press.

Geshiere, P. 1997 *The Modernity of Witchcraft: Politics and the Occult in Postcolonial Africa*. Charlottesville, University of Virginia Press.

Giblin, J. 1990 Trypanosomiasis control in African history: An evaded issue? *The Journal of African History* 31(1): 59-80.

Gilfoyle, D. 2003 Veterinary research and the African rinderpest epizootic: The Cape Colony, 1896-1898. *Journal of Southern African Studies* 29(1): 133-54.

Gluckman, M. 1940 Analysis of a social situation in modern Zululand. *Bantu Studies* 14 (1): 1-30.

Gordon, R. 2003 Fido: Dog tales of colonialism in Namibia. In Beinart, W. and J. McGregor (eds.) *Social History and African Environments*, pp. 240-54. Oxford, James Currey.

Gupta, A. 1995 Blurred boundaries: The discourse of corruption, the culture of politics, and the imagined state. *American Ethnologist* 22(2): 375-402.

Gupta, P. 1975 *Imperialism and the British Labour Movement, 1914-1964*. London, The Macmillan Press.

Gupta, A. and J. Ferguson 1992 Beyond "culture": Space, identity, and the politics of difference. *Cultural Anthropology* 7(1): 6-23.

Hall, D. 1936 *The Improvement of Native Agriculture in Relation to Population and Public Health*. London, Oxford University Press.

Hansen, J. 2015 *Development at the Margins: Missionaries, the State, and the Transformation of Marsabit, Kenya in the Twentieth Century*. Ph. D Thesis, Vanderbilt University.

Hansen, K. T. 2010 Changing youth dynamics in Lusaka's informal economy in context of economic liberalization. *African Studies Quarterly* 11(2 & 3): 13-27.

Hansen, T. B. and F. Stepputat eds. 2001 *States of Imagination: Ethnographic Explorations of the Postcolonial State*. Durham, Duke University Press.

Hardy, A. 2002 Pioneers in the Victorian provinces: Veterinarians, public health and the urban animal economy. *Urban History* 29(3): 372-87.

Harris, M. 1974 *Cows, Pigs, Wars and Witches: The Riddles of Culture*. New York, Random House.

Hevia, J. 2018 *Animal Labor and Colonial Warfare*. Chicago, The University of Chicago Press.

Hindess, B. 2001 The liberal government of unfreedom. *Altenatives* 26: 93-111.

Hodge, J. 2002 Science, development, and empire: The Colonial Advisory Council on Agriculture and Animal Health, 1929-43. *The Journal of Imperial and Commonwealth History* 30(1): 1-26.

——. 2007 *Triumph of the Expert: Agrarian Doctrines of Development and the Legacies of British Colonialism*. Athens, Ohio University Press.

——. 2015 Writing the history of development: The first wave. *Humanity: An International Journal of Human Rights, Humanitarianism and Development* 6(3): 429-63.

Hodgson, D. 2000 Taking stock: State control, ethnic identity and pastoralist development in Tanganyika, 1948-1958. *The Journal of African History* 41(1): 55-78.

——. 2001 *Once Intrepid Warriors: Gender, Ethnicity, and the Cultural Politics of Maasai Development*. Bloomington, Indiana University Press.

Hogg, R. 1987 Development in northern Kenya: Drought, desertification and food scarcity. *African Affairs* 86: 47-58.

Holloway, L. and C. Morris 2012 Contesting genetic knowledge-practices in livestock breeding: Biopower, biosocial collectivities, and heterogeneous resistances. *Environment and Planning D: Society and Space* 30: 60-77.

Hopkins, B. 2015 The frontier crimes regulation and frontier governmentality. *The Journal of Asian Studies* 74(2): 369-89.

Hornby, H. 1936 Overstocking in Tanganyika territory. *The East African Agricultural*

Journal 1(5): 353-60.

Hornsby, C. 2012 *Kenya: A History since Independence*. London, I. B. Tauris.

Hutchinson, S. 1996 *Nuer Dilemmas: Coping with Money, War and the State*. Berkeley, University of California Press.

Huxley, E. 1935 *White Man's Country: Lord Delamere and the Making of Kenya. Volume I, 1870-1914*. London, Chatto and Windus.

——. 1985 *Out in the Midday Sun: My Kenya*. London, Chatto and Windus.

Inda, J. X. ed. 2005 *Anthropologies of Modernity: Foucault, Governmentality, and Life Politics*. Malden, Blackwell Publishing.

Ingold, T. 1974 On reindeer and men. *Man*, New Series 9(4): 523-38.

Jarvis, L. 1986 *Livestock Development in Latin America*. Washington, D. C., World Bank.

Johnson, D. 1982 Evans-Pritchard, the Nuer, and the Sudan Political Service. *African Affairs* 81: 231-46.

Jones, S. 2003 *Valuing Animals: Veterinarians and Their Patients in Modern America*. Baltimore, The Johns Hopkins University Press.

Kennedy, D. 1987 *Islands of White: Settler Society and Culture in Kenya and Southern Rhodesia, 1890-1939*. Durham, Duke University Press.

Khalif, Z. and G. Oba 2013 *Gaafa dhaabaa* -the period of stop: Narrating impacts of shifta insurgency on pastoral economy in northern Kenya, c. 1963 to 2007. *Pastoralism: Research, Policy and Practice* 3(1).

Kjekshus, H. 1996 *Ecology Control and Economic Development in East African History: The Case of Tanganyika, 1850-1950*. London, Heinemann.

Kosek, J. 2010 Ecologies of empire: On the new uses of the honeybee. *Cultural Anthropology* 25(4): 650-78.

Kuklick, H. 1991 *The Savage Within: The Social History of British Anthropology, 1885-1945*. Cambridge, Cambridge University Press.

Lan, D. 1985 *Guns and Rain: Guerillas and Spirit Mediums in Zimbabwe*. California, University of California Press.

Law, J. and A. Mol 2008 The actor-enacted: Cumbrian sheep in 2001. In Knappett, C. and L. Malafouris (eds.) *Material Agency: Towards a Non-Anthropocentric Approach*, pp. 57-77. London, Springer.

Leach, E. 1954 *Political Systems of Highland Burma: A Study of Kachin Social Structure*. Cambridge, Harvard University Press.

Leach, T. 1961 Observations on the treatment of Trypanosoma evansi infection in camels. *Journal of Comparative Pathology and Therapeutics* 71: 109-17.

Leese, A. 1951 *Out of Step: Events in the Two Lives of an Anti-Jewish Camel-Doctor*.

Guildford, A. Leese.

Lewis, I. 1961 *A Pastoral Democracy: A Study of Pastoralism and Politics Among the Northern Somali of the Horn of Africa*. London, Oxford University Press.

——. 1977 Confessions of a 'government' anthropologist. *Anthropological Forum* 4(2): 226-38.

——. 2008 *Understanding Somalia and Somaliland: Culture, History, Society*. London, Hurst & Company.

Lewis, J. 2000 *Empire State-Building: War and Welfare in Kenya 1925-52*. Oxford, James Currey.

Li, T. M. 2005 Beyond the "state" and failed schemes. *American Anthropologist* 107(3): 383-94.

——. 2007a *The Will to Improve: Governmentality, Development, and the Practice of Politics*. Durham, Duke University Press.

——. 2007b Practices of assemblage and community forest management. *Economy and Society* 36(2): 263-93.

——. 2014 Fixing non-market subjects: Governing land and population in the global south. *Foucault Studies* 18: 34-48.

Little, P. 1992 *The Elusive Granary: Herder, Farmer, and State in Northern Kenya*. Cambridge, Cambridge University Press.

——. 2009 *Hidden Value on the Hoof: Cross-Border Livestock Trade in Eastern Africa*. COMESA Policy Brief No. 2.

Livingstone, J. 2005 *A Comparative Study of Pastoralist Parliamentary Groups: Kenya Case Study*. Report for the NRI/PENHA Research Project.

Lochery, E. 2012 Rendering difference visible: The Kenyan state and its Somali citizens. *African Affairs* 111: 615-39.

Maciel, M. 1985 *Bwana Karani*. London, Merlin Books.

MacKenzie, J. 1988 *The Empire of Nature: Hunting, Conservation and British Imperialism*. Manchester, Manchester University Press.

——. 1997 Empire and the ecological apocalypse: The historiography of the imperial environment. In Griffiths, T. and L. Robin (eds.) *Ecology and Empire: Environmental History of Settler Societies*, pp. 215-28. Edinburgh, Keele Unversity Press.

Mahmoud, H. A. 2003 *The Dynamics of Cattle Trading in Northern Kenya and Southern Ethiopia: The Role of Trust and Social Relations in Market Networks*. Ph. D Thesis, Kentucky University.

Mamdani, M. 2012 *Define and Rule: Native as Political Identity*. Cambridge, Harvard

University Press.

Mann, G. 2015. *From Empires to NGOs in the West African Sahel: The Road to Nongovernmentality*. Cambridge, Cambridge University Press.

Mavhunga, C. 2011 Vermin beings: On pestiferous animals and human game. *Social Text* 29: 151-76.

Maxon, R. and P. Ndege 1995 The economics of structural adjustment. In Ogot, B. and W. Ochieng (eds.) *Decolonization and Independence in Kenya, 1940-1993*, pp. 151-86. London, James Currey.

Maxon, R. and T. Ofcansky eds. 2014 *Historical Dictionary of Kenya: Third Edition*. Lanham, Rowman & Littlefiled.

Meagher, K. 2010. *Identity Economics: Social Networks and the Informal Economy in Nigeria*. Woodbridge, James Currey.

McCabe, J. 1991 Livestock development, policy issues, and anthropology in East Africa. In McMillan, D. (ed.) *Anthropology and Food Policy: Human Dimensions of Food Policy in Africa and Latin America*, pp. 66-85. Athens, The University of Georgia Press.

McPeak, J. 2005 Individual and collective rationality in pastoral production: Evidence from northern Kenya. *Human Ecology* 33(2): 171-97.

Mburu, N. 2005 *Bandits on the Border: The Last Frontier in the Search for Somali Unity*. Asman, The Red See Press.

Miller, P. and N. Rose 2008 *Governing the Present: Administering Economic, Social and Personal Life*. Cambridge, Polity Press.

Mills, D. 2008 *Difficult Folk: A Political History of Social Anthropology*. New York, Berghahn Books.

Milton, S. 1996 *'To Make the Crooked Straight': Settler Colonialism, Imperial Decline and the South African Beef Industry, 1902-42*. Ph. D Thesis, University of London.

——. 1998 Western veterinary medicine in colonial Africa: A survey, 1902-1963. *Argos* 18: 313-22.

Mitchell, T. 1991 The limits of the state: Beyond statist approaches and their critics. *American Political Science Review* 85(1): 77-96.

——. 2002 *Rule of Experts: Egypt, Techno-Politics, Modernity*. Berkeley, University of California Press.

——. 2005 The work of economics: How a discipline makes its world. *European Journal of Sociology* 46(2): 297-320.

Mitsuda, T. 2017 Entangled histories: German veterinary medicine, c. 1770-1900. *Medical History* 61(1): 25-47.

Mkutu, K. 2014 'Ungoverned space' and the oil find in Turkana, Kenya. *The Round Table* 103(5): 497-515.

Mosse, D. 2004 *Cultivating Development: An Ethnography of Aid Policy and Practice*. Chicago, The University of Chicago Press.

Mullin, M. 1999 Mirrors and windows: Sociocultural studies of human-animal relationships. *Annual Review of Anthropology* 28: 201-24.

Mungeam, G. 1966 *British Rule in Kenya 1895-1912: The Establishment of Administration in the East Africa Protectorate*. Oxford, Clarendon Press.

Mwatwara, W. and S. Swart 2015 'If our cattle die, we eat them but these white people bury and burn them!': African livestock regimes, veterinary knowledge and the emergence of a colonial order in Southern Rhodesia, c. 1860-1902. *Kronos* 41: 112-41.

——. 2016 'Better breeds?': The colonial state, Africans and the cattle quality clause in Southern Rhodesia c. 1912-1930. *Journal of Southern African Studies* 42(2): 333-50.

Nading, A. 2013 Humans, animals, and health: From ecology to entanglement. *Environment and Society: Advances in Research* 4: 60-78.

Narayan, D. 2002 *Empowerment and Poverty Reduction: A Sourcebook*. Washington, DC, World Bank Publications.

Newland, R. 1908 Review of the cattle trade in B. E. A., 1904-1908. *The Agricultural Journal of British East Africa* 1: 264-68.

Nori, M., M. Kenyanjui, M. Yusuf, and F. Mohammed 2006 Milking drylands: The marketing of camel milk in north east Somalia. *Nomadic Peoples* 10(1): 9-28.

Nugent, D. 1994 Building the state, making the nation: The bases and limits of state centralization in "modern" Peru. *American Anthropologist*, New Series 96(2): 333-69.

Ochieng', W. and R. Maxon 1992 *An Economic History of Kenya*. Nairobi, East African Educational Publishers Ltd.

Odhiambo, M. 2014 *The Unrelenting Persistence of Certain Narratives: An Analysis of Changing Policy Narratives about the ASALs in Kenya*. IIED Country Report. London, IIED.

Olivier de Sardan, J-P. 1999 A moral economy of corruption in Africa. *The Journal of Modern African Studies* 37(1): 25-52.

Ong, A. 1987 *Spirits of Resistance and Capitalist Discipline: Factory Women in Malaysia*. Albany, State University of New York Press.

van Onselen, C. 1972 Reactions to rinderpest in southern Africa 1896-97. *Journal of African History* 13(3): 473-88.

Ormsby-Gore, W. 1925 The work of the East Africa Commission. *Journal of the African Society* 24(95): 165-77.

Pavanello, S. 2010 *Livestock Marketing in Kenya-Ethiopia Border Areas: A Baseline Study*. HPG Working Paper. London, Overseas Development Institute.

Porter, N. 2013 Bird flu biopower: Strategies for multispecies coexistence in Viet Nam. *American Ethnologist* 40(1): 132-48.

Prior, C. 2013 *Exporting Empire: Africa, Colonial Officials and the Construction of the British Imperial State, c. 1900-39*. Manchester, Manchester University Press.

Rabinow, P. 1996 *Essays on the Anthropology of Reason*. Princeton, Princeton University Press.

Raikes, P. 1981 *Livestock Development and Policy in East Africa*. Uppsala, Scandinavian Institute of African Studies.

Ranger, T. 1985 *Peasant Consciousness and Guerrilla War in Zimbabwe: A Comparative Study*. Oxford, James Currey.

——. 1992 Plagues of beasts and men: Prophetic responses to epidemic in eastern and southern Africa. In Ranger, T. (ed.) *Epidemics and Ideas: Essays on the Historical Perception of Pestilence*, pp. 241-68. Cambridge, Cambridge University Press.

Richards, P. 1985 *Indigenous Agricultural Revolution: Ecology and Food Production in West Africa*. London, Hutchinson.

Rock, M., B. Buntain, J. Hatfield, and B. Hallgrimsson 2009 Animal-human connections, "one health," and the syndemic approach to prevention. *Social Science and Medicine* 68: 991-95.

Roitman, J. 2005 *Fiscal Disobedience: An Anthropology of Economic Regulation in Central Africa*. Princeton, Princeton University Press.

Rose, N. 1999 *Powers of Freedom: Reframing Political Thought*. Cambridge, Cambridge University Press.

Rose, N., P. O'Malley, and M. Valverde 2006 Governmentality. *Annual Review of Law and Social Science* 2: 83-104.

Rossi, B. 2015 *From Slavery to Aid: Politics, Labour, and Ecology in the Nigerien Sahel, 1800-2000*. Cambridge, Cambridge University Press.

Röttcher, D. et al. 1987 Trypanosomiasis in the camel (Camelus dromedaries). *Revue Scientifique et Technique* 6(2): 463-70.

Rutten, M. 1992 *Selling Wealth to Buy Poverty: The Process of the Individualization of Landownership among the Maasai Pastoralists of Kajiado District, Kenya, 1890-1990*. Saarbrücken, Verlag Breitenbach Publishers.

Samantar, M. S. and A. D. Mohamud 1993. The channels of distribution in a Somali camel marketing system. In Hjort, A (ed.) *The Multi-Purpose Camel: Interdisciplinary Studies on Pastoral Production in Somalia*, pp. 83-96. Uppsala, EPOS, Uppsala

University.

Sayre, N. 2008 The genesis, history, and limits of carrying capacity. *Annals of the Association of American Geographers* 98(1): 120-34.

Schlee, G. 1989 *Identities on the Move: Clanship and Pastoralism in Northern Kenya*. Manchester, Manchester University Press.

Scott, J. 1985 *Weapons of the Weak: Everyday Forms of Peasant Resistance*. New Haven, Yale University Press.

——. 1998 *Seeing Like a State: How Certain Schemes to Improve the Human Condition Have Failed*. New Haven, Yale University Press.

Shadle, B. 2012 Cruelty and empathy, animals and race, in colonial Kenya. *Journal of Social History* 45(4): 1097-116.

Sharma, A. 2008 *Logics of Empowerment: Development, Gender, and Governance in Neoliberal India*. Minneapolis, University of Minnesota Press.

Sharma, A. and A. Gupta 2006 Rethinking theories of the state in an age of globalization. In Sharma, A. and A. Gupta (eds.) *The Anthropology of the State: A Reader*, pp. 1-41. Malden, Blackwell Publishing.

Simpson, G. 1996 Frontier banditry and the colonial decision-making process: The East Africa Protectorate's northern borderland prior to the First World War. *The International Journal of African Historical Studies* 29(2): 279-308.

——. 1999 British perspectives on Aulihan Somali unrest in the East Africa Protectorate, 1915-1918. *Northeast African Studies* 6(1-2): 7-43.

Simpson, J. and E. Weiner ed. 1989 *The Oxford English Dictionary*. Second Edition, Volume X. Oxford, Clarendon Press.

Sobania, N. 1988 Pastoralist migration and colonial policy: A case study from northern Kenya. In Johnson, D. and D. Anderson (eds.) *The Ecology of Survival: Case Studies from Northeast African History*, pp. 219-39. London, Lester Crook Academic Publishing.

Spencer, I. 1980 Settler dominance, agricultural production and the second world war in Kenya. *Journal of African History* 21(4): 497-514.

——. 1983 Pastoralism and colonial policy in Kenya, 1895-1929. In Rotberg, R (ed.) *Imperialism, Colonialism and Hunger*, pp. 113-40. Lexington, Lexington Books.

Spencer, P. 1997 *The Pastoral Continuum: The Marginalisation of Tradition in East Africa*. Oxford, Clarendon Press.

Stiglitz, J. 1986 The new development economics. *World Development* 14(2): 257-65.

Stocking Jr., G. 1995 *After Tylor: British Social Anthropology 1888-1951*. London, The Athlone Press.

Stoler, A. L. 2002 Developing historical negatives: Race and the (modernist) visions of a colonial state. In Axel, B. (ed.) *From the Margins: Historical Anthropology and Its Futures*, pp. 156-85. Durham, Duke University Press.

——. 2010 *Along the Archival Grain: Epistemic Anxieties and Colonial Common Sense*. Princeton, Princeton University Press.

Stoler, A. L. and F. Cooper 1997 Between metropole and colony: Rethinking a research agenda. In Cooper, F. and A. L. Stoler (eds.) *Tensions of Empire: Colonial Culture in a Bourgeois World*, pp. 1-56. Berkeley, University of California Press.

Sumberg, J. 1998 Mixed farming in Africa: The search for order, the search for sustainability. *Land Use Policy* 15(4): 293-317.

Sunseri, T. 2013 A political ecology of beef in colonial Tanzania and the global periphery, 1864-1961. *Journal of Historical Geography* 39: 29-42.

Swabe, J. 1999 *Animals, Disease and Human Society: Human-animal Relations and the Rise of Veterinary Medicine*. London, Routledge.

Swart, S. 2010 *Riding High: Horses, Humans and History in South Africa*. Johannesburg, Wits University Press.

Taussig, K., Rapp, R., and D. Heath 2005 Flexible eugenics: Technologies of the self in the age of genetics. In Inda, J. X. (ed.) *Anthropologies of Modernity: Foucault, Governmentality, and Life Politics*, pp. 194-212. Malden, Blackwell Publishing.

Thompson, V. 2015 *Conflict in the Horn of Africa: The Kenya-Somalia Border Problem 1941-2014*. Lanham, University Press of America.

Tignor, R. 1976 *The Colonial Transformation of Kenya: The Kamba, Kikuyu, and Maasai from 1900 to 1939*. Princeton, Princeton University Press.

Tilley, H. 2011 *Africa as a Living Laboratory: Empire, Development, and the Problem of Scientific Knowledge, 1870-1950*. Chicago, The University of Chicago Press.

Tilley, H. and R. Gordon 2007 *Ordering Africa: Anthropology, European Imperialism, and the Politics of Knowledge*. Manchester, Manchester University Press.

Torry, W. I. 1976 Residence rules among the Gabra nomads: Some ecological considerations. *Ethnology* 15(3): 269-85.

Tsing, A. L. 1993 *In the Realm of the Diamond Queen: Marginality in an Out-of-the-Way Place*. Princeton, Princeton University Press.

Turton, E. 1972 Somali resistance to colonial rule and the development of Somali political activity in Kenya 1893-1960. *The Journal of African History* 13(1): 119-43.

——. 1975 Bantu, Galla and Somali migrations in the Horn of Africa: A reassessment of the Juba/Tana area. *Journal of African History* 16(4): 519-37.

Umar, A. and B. Baulch 2007 *Risk Taking for a Living: Trade and Marketing in the*

Somali Region of Ethiopia. Adis Ababa, UN OCHA-PCI.

Valverde, M. 1996 'Despotism' and ethical liberal governance. *Economy and Society* 25 (3): 357-72.

——. 1998 *Diseases of the Will: Alcohol and the Dilemmas of Freedom*. Cambridge, Cambridge University Press.

Waller, R. 1976 The Maasai and the British 1895-1905: The origins of an alliance. *The Journal of African History* 17(4): 529-53.

——. 2004 'Clean' and 'dirty': Cattle disease and control policy in colonial Kenya, 1900-40. *The Journal of African History* 45(1): 45-80.

——. 2012 Pastoral production in colonial Kenya: Lessons from the past. *African Studies Review* 55(2): 1-28.

Waller, R. and L. Homewood 1997 Elders and experts: Contesting veterinary knowledge in a pastoral community. In Cunningham, A. and B. Andrew (eds.) *Western Medicine as Contested Knowledge*, pp. 69-93. Manchester, Manchester University Press.

Walters, W. 1994 The discovery of "unemployment." *Economy and Society* 23(3): 265-90.

Watson, E., Kochore, H., and B. H. Dabasso 2016 Camels and climate resilience: Adaptation in Northern Kenya. *Human Ecology* 44: 701-13.

Weitzberg, K. 2013 Producing history from elisions, fragments, and silences: Public testimony, the Asiatic poll-tax campaign, and the Isaaq Somali population of Kenya. *Northeast African Studies* 13(2): 177-205.

Whittaker, H. 2015a Legacies of empire: State violence and collective punishment in Kenya's North Eastern Province, c. 1963-present. *The Journal of Imperial and Commonwealth History* 43(4): 641-57.

——. 2015b *Insurgency and Counterinsurgency in Kenya: A Social History of the Shifta Conflict, c. 1963-1968*. Leiden, Brill.

Wilde, J. and C. Scott 1961 Rinderpest interference with caprinized rinderpest virus. *Journal of Comparative Pathology and Therapeutics* 71: 222-27.

Wilson, F. 2001 In the name of the state?: Schools and teachers in an Andean province. In. Hansen, T. B. and F. Stepputat (eds.) *States of Imagination: Ethnographic Explorations of the Postcolonial State*, pp. 313-44. Durham, Duke University Press.

Wolmer, W. and I. Scoones 2000 The science of civilized agriculture: The mixed farming discourse in Zimbabwe. *African Affairs* 99: 575-600.

■著者紹介

楠　和樹（くすのき かずき）

1987年広島県生まれ。京都大学教育学部卒業、同大学大学院アジア・アフリカ地域研究研究科博士課程研究指導認定退学。博士（地域研究）。現在、同研究科特任研究員。専門はアフリカ地域研究、植民地史研究。おもな論文に「20世紀前半のケニア植民地北部における家畜の管理と牧畜民の統治――畜産・家畜衛生行政の検討から」（『アフリカ研究』第87号、2015年）、「ヒトコブラクダと砂漠の統治――20世紀前半の北ケニアにおける植民地統治と資源利用」（『年報人類学研究』第6号、2016年）。

地域研究ライブラリ 6

アフリカ・サバンナの〈現在史〉

――人類学がみたケニア牧畜民の統治と抵抗の系譜

2019年3月30日　初版第1刷発行

著　者　楠　和樹

発行者　杉田啓三

〒607-8494　京都市山科区日ノ岡堤谷町3-1

発行所　株式会社　昭和堂

振替口座　01060-5-9347

TEL（075）502-7500／FAX（075）502-7501

ホームページ　http://www.showado-kyoto.jp

印刷　亜細亜印刷

ISBN978-4-8122-1812-9

＊乱丁・落丁本はお取り替えいたします。

Printed in Japan

細谷広美
佐藤義明 編

グローバル化する〈正義〉の人類学
国際社会における法形成とローカリティ

本体5400円

信田敏宏
白川千尋
宇田川妙子 編

グローバル支援の人類学
変貌するNGO・市民活動の現場から

本体3700円

太田至
曽我亨 編

遊牧の思想
人類学者がみる激動するアフリカ

本体3300円

清水貴夫
亀井伸孝 編

子どもたちの生きるアフリカ
伝統と開発がせめぎあう大地で

本体2700円

深山直子
丸山淳子
木村真希子 編

先住民からみる現代世界
わたしたちの〈あたりまえ〉に挑む

本体2500円

油井美春 著
現代インドにおける暴動予防の政策研究
コミュニティ・ポリシング活動の挑戦
本体7200円

齋藤 剛 著
〈移動社会〉のなかのイスラーム
モロッコのベルベル系商業民の生活と信仰をめぐる人類学
本体6000円

湖中真哉
太田 至 編
孫 暁剛
地域研究からみた人道支援
アフリカ遊牧民の現場から問い直す
本体6400円

藤井 勝
平井晶子 編
外国人移住者と「地方的世界」
東アジアにみる国際結婚の構造と機能
本体5800円

栗田和明 編
移動と移民
複数社会を結ぶ人びとの動態
本体5500円

昭和堂 地域研究ライブラリ
(表示価格は税別)